L'INDUSTRIE

ET

LA MORALE,

CONSIDÉRÉES

DANS LEURS RAPPORTS AVEC LA LIBERTÉ.

DE L'IMPRIMERIE DE E. DUVERGER,
RUE DE VERNEUIL, N° 4.

L'INDUSTRIE

ET

LA MORALE

CONSIDERÉES DANS LEURS RAPPORTS

AVEC

LA LIBERTÉ

Par Charles-Barthélemy DUNOYER,

ANCIEN RÉDACTEUR DU CENSEUR EUROPÉEN.

Nous ne devenons libres qu'en devenant industrieux et moraux.

PARIS

CHEZ A. SAUTELET ET C.ie LIBRAIRES,

PLACE DE LA BOURSE, PRÈS LA RUE FEYDEAU.

1825.

TABLE DES CHAPITRES.

		Pages
Préface.		j
Introduct.	Objet et plan de cet ouvrage. — Méthode que l'auteur a suivie.	1
Chap. Ier.	Ce qu'il faut entendre par le mot *liberté*.	28
II.	Que les races les plus susceptibles de culture sont les plus susceptibles de liberté.	55
III.	Que les peuples les plus cultivés sont les plus libres.	91
IV.	Du degré de liberté qui est compatible avec la vie des peuples sauvages.	119
V.	Du degré de liberté qui est compatible avec la vie des peuples nomades.	155
VI.	Du degré de liberté qui est compatible avec la vie des peuples sédentaires qui se font entretenir par des esclaves.	189
VII.	Du degré de liberté qui est compatible avec la vie des peuples qui n'ont pas d'esclaves, mais chez qui tout se fait par privilége.	238
VIII.	Du degré de liberté qui est compatible avec la vie des peuples qui n'ont pas de priviléges, mais chez qui tout le monde est emporté vers la recherche des places.	278
IX.	Du degré de liberté qui est compatible avec la vie des peuples purement industrieux.	321
X.	Des obstacles qui s'opposent encore à la liberté dans le régime industriel, ou des bornes inévitables qu'elle rencontre dans la nature des choses.	369
XI.	Résumé et conclusions. — Objections et réponses.	397
Table analytique.		437

a

PRÉFACE.

Cet Ouvrage n'est que le recueil des leçons que j'ai faites cet hiver[1], à l'Athénée, sous le titre d'*Economie* et de *Morale*[2]. Ce titre avait le défaut de ne pas énoncer assez clairement l'objet de mon cours, et quelques personnes étaient d'abord incertaines de savoir comment je pourrais réunir dans un même cadre deux choses aussi distinctes que l'Industrie et la Morale, et traiter convenablement de ces deux choses à la fois. Cette incertitude était naturelle; mais il m'était aisé de la dissiper : il m'a suffi de dire que je me proposais de considérer ces deux choses moins en elles-mêmes que dans leur application à une troisième, à la Liberté, et que celle-ci serait le véritable et unique objet de mon étude.

On m'a demandé plusieurs fois, dans le cours de mes recherches sur la liberté, si ce que je faisais n'était pas un traité de politique. Il me semble qu'il n'y avait pas lieu à m'adresser une telle question; car mon objet n'offrait rien d'équivoque, et j'aurais pu

(1) Dans l'hiver de 1825.

(2) Je dois dire que j'ai fait à plusieurs de ces leçons des changemens assez considérables.

me borner à répondre simplement que je traitais de la liberté. Cependant je ne demande pas mieux que de dire si traiter de la liberté c'est traiter de la politique. Mais pour cela il faut que nous sachions ce qu'il convient d'entendre par ce dernier mot.

Le mot *Politique* dit par lui-même assez peu de chose touchant l'objet de la science qu'il désigne. Les seules idées qu'il réveille immédiatement sont les idées de *ville*, de *cité*, de *société*[1] : il nous apprend que la *politique* a la *société* pour objet.

Mais sous quel rapport la société est-elle l'objet de sa politique ? Car il n'est pas de science qui, d'une manière plus ou moins directe, ne s'occupe aussi de la société : l'Économie, en enseignant comment se forment les richesses ; la Morale, en exposant les conséquences des bonnes et des mauvaises actions ; la Physique, la Chimie, en recherchant comment agissent les forces répandues dans la nature et quel parti les hommes peuvent en tirer, travaillent toutes, chacune à leur façon, pour la société humaine.....

Il est vrai ; mais en travaillant pour la société, ce n'est pas la société que ces sciences considèrent ; elles ont chacune leur fin spéciale et ne s'occupent qu'indirectement de la société. La politique au contraire fait de la société son objet spécial et ne

---

(1) Politique de POLIS *ville*, *cité*. On sait que par *cité* les Grecs entendaient moins l'assemblage des demeures que la réunion des *citoyens*, et que ce mot chez eux était synonyme de *société*.

s'occupe qu'indirectement de ce qui entre dans le domaine particulier des autres sciences. Elle ne recherche précisément ni comment se forment les richesses, ni comment agissent les forces de la nature, ni quels sont les effets moraux de nos actions. Elle est loin sans doute de dédaigner ces études ni aucune autre, car il n'en est point qui ne se rattachent plus ou moins à son sujet; mais elle ne les considère que dans leur rapport avec son sujet même; elle ramène tout à l'objet fondamental de ses considérations, à l'étude de la société, c'est-à-dire à la recherche de ce qui la constitue, de ce qui l'a fait être et de sa meilleure manière d'être.

Il est, comme on le sait, pour les sociétés humaines des manières d'être presque infinies. Un peuple peut exister à l'état de pêcheur, de chasseur, de pasteur; il peut se nourrir par le pillage, la guerre, l'esclavage; il peut se nourrir aussi par l'agriculture, le commerce et les arts; il fonde ordinairement sa subsistance sur plusieurs de ces moyens ensemble; quelquefois sur tous ces moyens réunis. Un peuple a aussi des manières extrêmement diverses de s'ordonner et d'agir conséquemment à sa manière fondamentale de vivre. Tous les peuples guerriers ne sont pas organisés de la même façon, ni tous les peuples industrieux non plus : le peuple guerrier de Rome n'était pas constitué comme le peuple guerrier de Sparte ; les nations industrieuses seront ordonnées sous le régime de la libre concurrence tout autrement qu'elles ne l'étaient sous le régime du privilége et des corporations. Quelle est la manière générale de vivre, et dans ce mode d'existence quelle est la manière de s'arranger et d'agir la plus favorable à la société? Quelle est celle où l'homme peut tirer le plus grand et le meilleur parti de ses forces? celle où il peut davantage les développer et les perfectionner? Voilà sans doute ce que, dans des études bien faites, doit se proposer de découvrir la science qui traite spécialement de la société, la science politique.

On définit souvent la politique la science de l'organisation du gouvernement. Cette définition a pu être vraie aux époques où la société était toute dans le gouvernement, et où le gouvernement était l'unique objet de la société. La politique a pu être la science du gouvernement chez les peuples dominateurs de l'antiquité et du moyen âge, par exemple, où les gouvernans formaient à eux seuls toute la société, et où le gouvernement, l'exercice du pouvoir, était l'unique affaire sociale. Mais aujourd'hui que les gouvernans ne sont pas tout; aujourd'hui que le gouvernement ne tient plus dans la société qu'une place circonscrite, il est clair que définir encore la politique la science du gouvernement, ce serait employer ce mot dans une acception beaucoup trop restreinte. La politique considère la société non-seulement dans son activité collective, mais dans tous ses modes d'activité; non-seulement dans les fonctions qui sont du ressort du gouvernement, mais dans tous ses ordres de fonctions ; elle l'embrasse tout entière ; elle cherche à la fois quelle est l'espèce de travaux sur lesquels elle doit fonder sa subsistance, et comment elle doit s'organiser conséquemment à cette espèce de travaux; c'est-à-dire qu'elle cherche, comme je viens de l'énoncer plus haut, quels sont à la fois le genre de vie et le mode d'organisation les mieux appropriés à la nature de l'homme et les plus favorables à son perfectionnement; ou bien quelles sont les conditions auxquelles, par la nature des choses, se trouve subordonné le développement des facultés humaines.

Si tel est véritablement l'objet de la politique, il n'est pas douteux que je ne traite de cette science en traitant de la liberté ; car en traitant de la liberté je n'ai pas un autre objet que celui que je viens d'assigner à la politique : mon seul dessein est de chercher quel est le mode d'existence le plus naturel à notre espèce, le plus favorable à ses progrès, celui où nous parvenons à user de nos forces avec le plus de perfection et d'étendue.

J'ai vu élever dans quelques écrits de ce temps une discussion en vérité bien frivole. On demande à qui doit appartenir l'empire, du sentiment ou de la raison, de la réflexion ou de l'entraînement, de l'imagination ou des idées positives. En 1751, l'académie de Corse avait proposé cette question : « Quelle est la vertu la plus nécessaire aux héros » ? La discussion actuelle est à peu près aussi raisonnable. On ne demande pas quelle est la vertu la plus nécessaire à l'humanité ; mais quel est l'ordre de ses facultés qui doit prévaloir, quel est celui qu'il faut préférablement cultiver: nous livrerons-nous tout entiers à l'exercice de nos facultés productives? ne nous occuperons-nous que du perfectionnement de nos facultés morales? voilà ce que j'ai vu mettre en question. Je ne saurais rien imaginer de plus futile. Il faut cultiver toutes nos facultés : cela peut-il faire l'objet d'un doute? J'ose dire que cela n'est douteux pour qui que ce soit : nos philosophes platoniciens, tout en déclamant contre l'industrie et son prétendu matérialisme, ont une sincère admiration pour la beauté de ses produits et ne sont point indifférens aux jouissances qu'ils procurent ; nos stoïques ont le bon goût de vouloir être agréablement logés, élégamment vêtus, d'aimer à faire une chère délicate ; et de leur côté, nos épicuriens, il faut leur rendre ce témoignage, ont l'esprit trop cultivé et l'âme trop noble pour être insensibles aux plaisirs de l'intelligence et pouvoir se passer d'indépendance et de considération. Il n'y a donc pas à demander quelles sont celles de nos facultés que nous devons préférablement développer; car, encore une fois, nous devons et nous voulons les développer toutes.

Mais quel est le genre de vie le plus favorable au développement de toutes nos facultés? voilà la question importante ; voilà celle qu'il est utile et raisonnable de discuter. C'est aussi celle que j'examine dans ce livre.

Je peux annoncer d'avance que cette recherche me conduit au régime industriel[1], et que ce mode d'existence me paraît être celui où peuvent se perfectionner ou plus ou point non-seulement les arts qui nous enrichissent, mais le savoir et les vertus qui nous honorent. Qu'on déclame tant qu'on voudra contre les hommes qui chercheraient à borner l'activité humaine aux soins de la vie physique : je dis que l'industrie est surtout favorable à la vie intellectuelle et morale ; je dis que le régime où notre existence devient la plus douce est en même temps celui où elle acquiert le plus d'éclat et de dignité.

Si cet ouvrage obtient d'être lu, j'ai l'espérance que la société industrielle y trouvera les moyens d'éclairer et d'affermir sa marche ; qu'elle y apprendra à se connaître ; qu'elle y verra d'où elle vient, où elle va, à quelles causes tiennent ses progrès et comment elle travaille efficacement à se rendre libre.

Bien des choses sans doute m'ont manqué pour rendre ce travail aussi utile que je l'aurais voulu. J'ai souvent regretté de n'avoir pas une instruction plus vaste, une connaissance plus précise et plus circonstanciée de beaucoup de faits. J'ai dû regretter aussi de ne pouvoir donner à mon langage

---

[1] On verra dans le chapitre IX de cet ouvrage ce que j'entends par les mots de *régime industriel*, de *société industrielle*. On a tellement abusé de ces termes, que j'aurais voulu pouvoir me dispenser de les employer. Dans l'impuissance de les remplacer, j'ai tâché du moins de les bien définir.

des formes plus neuves, plus saillantes, plus propres à produire une forte impression sur les esprits. J'espère, quant aux faits, que j'ai connu les plus essentiels et que j'ai su les choses avec assez de détail pour ne pas m'être trompé dans mes conclusions générales. Quant au langage, j'ai tâché de suppléer par la clarté à la richesse des images, par la franchise de l'expression à ce qui peut lui manquer du côté de la nouveauté; et quoique, pour certains esprits, ce ne soient là que des qualités fort secondaires, je me trouverai encore assez éloquent si j'ai bien su me faire entendre, et assez original si je suis vrai.

L'INDUSTRIE

ET

LA MORALE,

CONSIDÉRÉES

DANS LEURS RAPPORTS AVEC LA LIBERTÉ.

INTRODUCTION.

Objet et plan de cet ouvrage. — Méthode que l'auteur a suivie.

1. Nous ne sortons de l'état de faiblesse et de dépendance où la nature nous a mis que par nos conquêtes sur les choses et par nos victoires sur nous-mêmes; nous ne devenons *libres* qu'en devenant *industrieux* et *moraux*. Telle est la vérité fondamentale qui sera développée dans ce livre. Je ne veux faire ni un traité de morale, ni un traité sur l'industrie : je veux, comme mon titre l'annonce, montrer l'influence de ces deux choses sur l'exercice de nos facultés; mon dessein est de faire voir comment elles donnent naissance à la liberté humaine.

2. Que l'on considère la société dans toutes ses manières d'agir, dans tous les ordres de fonctions et de travaux que sa conservation et son développement réclament, et l'on verra que depuis le plus simple jusqu'au plus élevé, depuis le labourage jusqu'à la politique, il n'en est pas un qui, pour s'exercer avec facilité, avec puissance, avec liberté, ne demande aux hommes deux choses : du savoir-faire et du savoir-vivre ; de la morale et de l'industrie.

3. Je ne sais point si je m'abuse ; mais il me semble que, dans notre tendance vers la liberté, nous commettons de fâcheuses méprises.

La première, et à mon sens la plus capitale, c'est de ne pas assez voir les difficultés où elles sont, c'est de ne les apercevoir que dans les gouvernemens. Comme, en effet, c'est ordinairement là que les plus grands obstacles se montrent, on suppose que c'est là qu'ils existent, et c'est là seulement qu'on s'efforce de les attaquer. On ne veut pas arriver jusqu'aux nations qui sont par derrière. On ne veut pas voir que les nations sont la matière dont les gouvernemens sont faits ; que c'est de leur sein qu'ils sortent ; que c'est dans leur sein qu'ils se recrutent, qu'ils se renouvellent ; que par conséquent, lorsqu'ils sont mauvais, il faut bien qu'elles ne soient pas excellentes. On ne veut pas voir que tout le mal qu'ils font alors a ses véritables causes ou dans la corruption du public qui le provoque, ou dans son ignorance qui l'approuve, ou dans sa pusillanimité qui le tolère, quand sa raison et sa conscience le condamnent. On ne veut voir que le gouvernement : c'est contre le gouvernement que se dirigent toutes les plaintes, toutes les censures ; c'est sur le gouvernement que portent tous les projets de réformation ; il ne s'agit que de réformer le gouvernement ; il n'est pas question que la société s'amende ; on ne paraît pas admettre qu'elle en ait besoin ; on nous dit bien assez que nous sommes victimes des excès du pouvoir : on ne s'avise point de nous dire que nous en sommes coupables, et ceci, qui n'est pas moins vrai, serait pourtant un peu plus essentiel à nous apprendre [1].

---

(1) Cette censure a été l'objet d'un reproche grave : « Ne découragez pas, m'a-t-on dit, les esprits positifs et les caractères énergiques qui se mettent à travers le torrent du mal pour en retarder le cours. » (*Rev. encyclop.*, janv. 1825.) On ne sau-

Ce n'est pas tout. Tandis qu'on ne veut pas voir les obstacles où ils sont, on ne veut apercevoir qu'une partie de ces obstacles, on ne veut considérer que ceux qui naissent des vices du gouvernement, ou, comme il serait plus exact et plus juste de s'exprimer, ceux qui résultent de l'imperfection de nos idées et de nos habitudes politiques. Cependant il est sûrement très possible que nous ne soyons pas imparfaits seulement dans cette partie de nos moyens d'agir. Il est possible que nous ignorions la plupart des arts et des sciences; il est possible que nous ayons beaucoup de vices personnels; il est possible que nous tombions, les uns envers les autres,

---

rait trop estimer les esprits positifs, ni trop honorer les caractères énergiques; mais si le mal vient du public, est-il *positif* qu'on peut l'arrêter en faisant la guerre à des noms propres? et si cela n'est pas positif, est-ce faire un bon emploi de son *énergie* que de le combattre de cette façon? Je ne voudrais sûrement pas décourager les hommes qui se dévouent pour empêcher le mal; mais je voudrais qu'un si beau dévouement ne fût pas en pure perte; je voudrais qu'on ajoutât au prix du sacrifice, en le rendant aussi fructueux qu'il est susceptible de le devenir. Or, se sacrifie-t-on aussi utilement qu'il serait possible de le faire? Cette question est assez importante pour mériter d'être examinée avec soin. J'y reviendrai à la fin de ce volume, en répondant aux diverses objections qu'on a élevées contre les doctrines qu'il renferme.

dans un grand nombre d'injustices et de violences particulières. Or très certainement cette ignorance et ces désordres *privés*, s'ils n'affectent pas la liberté au même degré que le manque d'instruction et de moralité *politiques*, ne laissent pas de lui être encore excessivement pernicieux. On a donc tort de ne pas les comprendre au nombre des causes qui nous empêchent d'être libres.

Une troisième erreur fort accréditée, et qui peut-être n'est pas moins grave, c'est, en même temps que nous ne voulons pas prendre garde à tous nos défauts, ni même en général tenir compte de nos défauts, de croire que certains de nos progrès nous sont nuisibles, de prétendre, par exemple, que l'industrie, l'aisance, les lumières sont des obstacles à la liberté. Il n'est sûrement personne parmi nous qui n'ait fréquemment entendu dire que nous sommes trop civilisés, trop riches, trop heureux pour être libres. C'est une expression universellement reçue et dont les beaux esprits, et quelquefois même les bons esprits se servent comme le vulgaire. Un de nos publicistes les plus justement renommés, M. B. de Constant, dans son ouvrage *sur les religions*, croit que l'Europe marche à grands pas vers un état pareil à celui de la Chine, qu'il représente à la fois comme très civilisée et très asservie. M. de Châteaubriand, dans un pamphlet en faveur de la septennalité, enseigne expressément que plus les hommes sont éclairés et moins ils sont capables d'être libres. De sorte que, suivant ces écrivains, l'espèce humaine se trouverait réduite à la triste alternative de rester barbare ou de devenir esclave, et qu'il lui faudrait nécessairement opter entre la civilisation et la liberté.

Enfin, tandis qu'on veut que la liberté soit diminuée par de certains progrès, il semblerait, à voir l'insouciance que l'on montre pour des perfectionnemens d'un ordre plus élevé, qu'on regarde ces perfectionnemens comme inutiles. Nous travaillons de toutes nos forces à l'accroissement de cette industrie, de cette aisance, qui sont mortelles, disons-nous, pour la liberté, et, en même temps, nous ne mettons aucun zèle à développer nos facultés morales qui lui pourraient être si favorables. Nous faisons aux arts de merveilleuses applications de la mécanique, de la chimie et des autres sciences naturelles, et nous ne songeons point à y appliquer la science des mœurs, qui pourrait tant ajouter à leur puissance [1]. Nous ne voulons pas voir combien sont encore imparfaits les peuples qui ne sont qu'habiles, et combien se montrent plus habiles ceux qui sont aussi moraux. Nous ne sentons pas assez d'ailleurs qu'il n'est pas seulement question d'habileté, mais aussi de dignité, d'honneur, de liberté; et que si la liberté naît de l'industrie, elle naît surtout des bonnes habitudes, soit privées, soit publiques.

4. Je m'écarterai, sur ces points fondamentaux, des idées qui paraissent le plus généralement reçues.

D'abord, je ne parlerai point des gouvernemens, ou du moins ce que j'en pourrai dire ne se distinguera pas de ce que j'ai à dire des populations. Je ne porterai mes regards que sur

[1] Il y aurait à faire, sous le titre de *Morale appliquée aux arts*, quelque chose de très neuf et d'éminemment utile. Je ne sais pas si l'on enseigne rien de semblable dans les écoles d'arts et métiers des départemens; mais je sais bien qu'il ne se fait à Paris, de cours de ce genre dans aucun établissement public, et cela est sûrement très regrettable. Je ne pense pas qu'il y ait d'enseignement que réclament davantage les besoins de l'industrie et des classes industrieuses.

les masses; leur industrie et leur morale seront le sujet de toutes mes observations, la matière de toutes mes expériences. C'est en effet là que sont tous les moyens de la liberté, et aussi tout ce qu'elle peut rencontrer d'obstacles, même ceux qui naissent du gouvernement, ordre de travaux ou de fonctions, qui, comme tous les autres, n'est jamais, à dire vrai, que ce que l'état des peuples veut qu'il soit. Je trouverai les obstacles dans le défaut d'industrie, de savoir, de capitaux, de bonnes habitudes particulières et politiques. Les moyens sortiront du progrès de tout cela [1].

[1] On a dit que, par cette manière d'envisager les choses, « Je transportais la théorie politique hors de la sphère trop « sujette à controverse des institutions, pour la ramener dans « les termes beaucoup plus positifs de l'amélioration morale « et industrielle de l'homme. » (*Rev. encyclop.*, janv. 1825.) Il est très vrai que je fais dépendre la perfection de la société de la perfection des arts et de celle des mœurs. Cependant il ne faudrait pas induire de là que je ne tiens pas compte des institutions, et que j'exclus le gouvernement des considérations de la politique. J'évite seulement de séparer le gouvernement de la société; mais je considère la société dans son activité politique comme dans tous ses autres modes d'activité. Je la considérerai même dans celui-là avec plus de soin que dans aucun autre; parce qu'il n'en est pas dans lequel il lui importe davantage de bien agir, et je montrerai qu'elle est d'autant plus libre qu'elle déploie à cet égard plus d'art et de moralité. Je ferai sur cet ordre de faits les mêmes raisonnemens que sur tous les autres.

Je considérerai ce progrès dans les masses, parce que c'est là qu'il doit se faire pour être de quelque effet, et aussi parce que c'est réellement là qu'en est le mobile et que s'en opère le développement. Les nations vivent d'une vie qui leur est propre. Elles ont, en toutes choses, l'initiative des améliorations. Ce sont les agriculteurs qui perfectionnent l'agriculture; les arts sont avancés par les artistes, les sciences par les savans, la politique et la morale par les moralistes et les politiques. Il y a seulement, entre les choses qui sont l'affaire particulière de chacun et celles qui sont l'affaire de tout le monde, cette différence que, dans les premières, les perfectionnemens sont immédiatement applicables pour celui qui les invente, tandis que, dans les secondes, à savoir dans les politiques, les applications ne peuvent avoir lieu que lorsque la pensée du publiciste est devenue la pensée commune du public, ou du moins d'une portion très considérable du public. Jusque-là, on ne peut faire, pour les réaliser, que des tentatives impuissantes. Il est possible qu'un pouvoir de bonne volonté entreprenne de les établir; mais il ne fera point œuvre qui tienne. Il est possible que la chose soit essayée, malgré le pouvoir, par un parti qui le renverse et le remplace; mais les insurrections les plus heureuses n'auront pas plus d'effet que les concessions les plus bienveillantes. La chose ne s'établira que fort à la longue, à mesure qu'elle passera dans les idées et les habitudes du grand nombre. Par où l'on voit que ce dernier ordre de perfectionnemens, qu'on voudrait réserver exclusivement à certains pouvoirs ou à certains hommes, est, plus qu'aucun autre, l'affaire de la société; puisqu'aucune amélioration de ce genre n'est praticable que lorsque la société y donne son consentement, et ne devient effective que lorsqu'elle l'a réellement adoptée.

Encore une fois, je n'envisagerai donc que la société; je ne chercherai les moyens de la liberté que dans les progrès de la société.

Ensuite je me garderai bien de ne considérer qu'une partie de ces progrès : je tiendrai compte de tous. Je me garderai bien de dire que certains sont nuisibles à la liberté, ou d'avoir l'air de croire que d'autres lui sont inutiles : je dirai qu'ils lui sont tous favorables et nécessaires, les progrès industriels comme les progrès moraux, les moraux comme les industriels. Telle est l'idée que je me fais des uns et des autres, qu'il me serait fort difficile de dire lesquels la servent le mieux, et quels hommes travaillent davantage à se rendre libres, de ceux qui acquièrent de l'industrie, de ceux qui contractent de bonnes habitudes personnelles, ou de ceux qui se forment à de bonnes habitudes civiles. Cet homme est un habile nautonier : il ne sera pas embarrassé pour conduire une barque et franchir une rivière; cet autre a vaincu son penchant à l'intempérance : l'ivresse ne le fera plus trébucher malgré lui; ceux-là renoncent mutuellement à toute prétention injuste : ils vont cesser par cela même de s'entraver dans l'usage inoffensif de leurs facultés. On voit ainsi que nos progrès de toute nature contribuent également à nous rendre libres : les uns nous tirent de la dépendance des choses, les autres de la dépendance de nous-mêmes, les autres de la dépendance de nos semblables.

Après cela on verra que ces divers développemens, bien loin de se contrarier, comme on veut le dire, se soutiennent, s'aident réciproquement, et contribuent à l'extension les uns des autres, de même qu'ils contribuent tous à l'accroissement de la liberté. Nous ne faisons pas une espèce de progrès qui n'en provoque plusieurs autres sortes. Nous ne pouvons pas développer une partie de nos moyens sans travailler par cela même au développement de tous. L'amélioration des mœurs ajoute aux pouvoirs de l'industrie ; les progrès de l'industrie amènent ceux de la morale. Il n'est pas vrai qu'en acquérant plus de bien-être nous devenions moins sensibles à la considération. Je ne veux pas admettre que les habitans de Paris aient moins d'honneur aujourd'hui qu'ils n'en avaient au temps de la ligue ou à des époques plus reculées et partant plus barbares. Je ne saurais imaginer qu'en pavant et éclairant leurs rues, en purifiant et ornant leurs demeures, en se procurant de meilleurs habits et de meilleurs alimens, en se tirant par le travail de l'ordure et de la misère, ils aient dû perdre de leur dignité. Il est vrai qu'en nous élevant sous un grand nombre de rapports nous semblons avoir décliné sous quelques autres. On peut observer avec raison, par exemple, que beaucoup de villes ont aujourd'hui moins de pouvoirs municipaux qu'elles n'en possédaient aux XIIIe et XIVe siècles ; mais il ne serait ni rai-

sonnable, ni historiquement vrai de dire que
c'est la faute de l'industrie. C'était au contraire
à l'industrie que ces villes étaient redevables de
ces pouvoirs, qu'elles ne purent défendre plus
tard contre les envahissemens de la puissance
royale. C'était l'industrie, au moyen âge, qui
avait affranchi les communes de la tyrannie des
seigneurs; ce sera elle, tôt ou tard, qui les délivrera du despotisme plus concentré des cours et
de la domination des capitales. L'industrie prépare les peuples à l'activité collective comme à
tous les genres d'activité nécessaires au développement et à la conservation de l'espèce. Il ne
faut qu'ouvrir les yeux pour voir que, de notre
temps, les populations les plus industrieuses et
les plus cultivées sont aussi celles qui ont le plus
de vie et de capacité politiques. Les Espagnols
du littoral, plus laborieux et plus aisés que ceux
du centre, ont beaucoup mieux défendu les institutions protectrices qu'une partie de la nation
avait voulu établir. Nous voyons en Grèce les
hommes riches et éclairés donner tout les premiers l'exemple des dévouemens héroïques.
Enfin ne sont-ce pas en France les villes commerçantes et manufacturières qui usent de leurs

droits politiques avec le plus d'intelligence, de mesure et de fermeté ?

Il n'est donc pas vrai que le développement de nos facultés morales soit incompatible avec celui de nos facultés industrielles. Mais ce qui est vrai, et ce que j'aurai soin de reconnaître, c'est que certaines dispositions de notre ame peuvent mettre de grands empêchemens aux progrès des unes et des autres. Voilà ce que font notamment la passion du faste et cette sensualité excessive auxquelles, d'âge en âge, on accuse les peuples de se laisser entraîner. Il ne faut pas croire ce qu'on dit de ces vices, qu'ils sont un fruit de la civilisation, qu'ils sont particuliers aux nations que l'industrie a rendues très opulentes. On verra bien au contraire que ces nations, toute proportion gardée, s'y laissent infiniment moins emporter que les peuples barbares, et que la civilisation, qui nous éloigne de tant d'excès, tend aussi à nous détourner de celui-là. Mais enfin il paraît vrai de dire que nous y donnons beaucoup trop encore ; et qu'au point où ils dominent, ils continuent à opposer de grands obstacles aux progrès de l'industrie, et surtout à celui des mœurs. Certainement, si nous consacrions à l'avancement de nos travaux ce que nous donnons de trop à la satisfaction de nos plaisirs, la richesse, et les arts qui en sont les créateurs, prendraient des accroissemens bien plus rapides. Certainement encore si nous étions aussi sensibles à l'honneur qu'à la volupté; si nous prenions de notre dignité morale autant de soin que de notre bien-être physique, les mœurs ne resteraient pas autant en arrière de l'industrie. C'est, il n'en faut pas douter, à notre amour trop exclusif pour les jouissances sensuelles, c'est à l'universelle préférence qu'elles obtiennent sur des plaisirs plus nobles et plus relevés qu'il faut attribuer cette disproportion choquante qu'on remarque entre la perfection des arts et celle des habitudes, entre la capacité industrielle et la capacité politique, entre la grandeur des fortunes et le peu d'importance des personnes. Je m'attacherai donc à faire sentir combien il nous importe de ne pas nous laisser absorber par le soin de nos facultés productives, combien nous avons besoin de cultiver nos facultés morales, et à quel point le progrès de ces dernières, si nécessaire à celui des autres, est particulièrement indispensable à la liberté.

5. Je commencerai par dire ce qu'il convient d'entendre par ce mot.

Je chercherai ensuite successivement : si les diverses variétés de l'espèce humaine sont également aptes à devenir libres ; si la liberté peut être la même à tous les degrés de la civilisation ; quel degré de liberté est compatible avec la manière de vivre des peuples sauvages ; des peuples nomades ; des peuples sédentaires qui se font entretenir par des esclaves ; de ceux qui n'ont pas d'esclaves, mais chez qui tout est priviléges ; de ceux qui n'ont pas de priviléges, mais où tout est emporté vers la recherche des places ; de ceux enfin où l'activité universelle est dirigée vers l'industrie ; où l'on ne voit plus ni maîtres, ni esclaves, ni privilégiés, ni solliciteurs ; où il n'y a que du travail et des échanges, et où le gouvernement lui-même n'est qu'un travail fait par une petite portion de la société au nom et pour le compte de la société tout entière [1].

(1) Je dois dire ici, qu'en passant en revue ces divers âges de la société, je n'ai pas eu un moment la prétention de refaire le tableau historique des progrès de l'esprit humain, qu'avait ébauché Condorcet. Une telle entreprise eût dépassé de beaucoup la mesure de mes forces ; elle eût exigé un ensemble et une étendue de connaissances que fort peu d'hommes possèdent,

Parvenu à ce dernier terme, le plus élevé où il paraisse que nous puissions atteindre, je m'arrêterai quelques instans pour faire remarquer les obstacles qu'y trouve encore la liberté, et les bornes inévitables qu'elle rencontre dans la nature des choses.

Après quoi, je considérerai cet état dans les divers modes d'activité *individuelle* et *collective* dont il présente le spectacle ; dans l'agriculture, les arts, le commerce, les échanges, les transmissions gratuites de biens entre-vifs et à cause de mort, les communications intellectuelles, les beaux-arts, les persuasions et les observances religieuses ; dans les *associations* industrielles, scientifiques, littéraires, morales, religieuses, domestiques, municipales, politiques. Et de

et que malheureusement je suis loin d'avoir. Aussi n'est-ce point une histoire de la civilisation que j'ai prétendu faire. J'ai voulu seulement examiner, dans leur ordre naturel, une suite d'états sociaux, de manières d'être plus ou moins déterminées, par lesquels il paraît qu'il est dans la nature de notre espèce de passer, à mesure qu'elle se civilise, et chercher quel est le degré de liberté que comporte chacun de ces modes généraux d'existence. Cela suffisait à l'objet de mon travail, qui est d'exposer comment l'espèce humaine devient plus libre à mesure que ses facultés deviennent plus puissantes et plus parfaites, à mesure qu'elle acquiert plus de morale et d'industrie.

même que j'aurai d'abord cherché quel est le mode général d'existence où nous devenons le plus libres, de même je chercherai comment nous devenons libres dans chacun de ces modes particuliers d'activité, et quelle influence la liberté de chacun exerce sur celle de tous les autres [1].

6. Il me semble qu'en me réduisant ainsi à de simples recherches sur un ordre de faits assurément très susceptibles d'observation; en me bornant à demander ce qui résulte pour la liberté de telle manière de vivre, de telles connaissances, de telles vertus, je n'ai pas à craindre de me laisser égarer par l'esprit de système. Que veux-je prouver? Rien. Je cherche une chose : je voudrais savoir comment se produit cette manière d'être que nous appelons *liberté*. J'ai trouvé qu'elle naissait des progrès de l'industrie et de la morale, de tout ce qui étend nos facultés et tout

---

[1] Le développement des points indiqués dans ce dernier alinéa ne se trouve pas compris dans le volume qu'on va lire. Mais le sujet que ce volume embrasse forme un corps d'ouvrage très complet, et que je pouvais, sans nul inconvénient, publier à part. Le reste, c'est-à-dire la société *industrieuse* ou *industrielle*, considérée dans ses divers modes d'activité, formera la matière d'une publication subséquente.

ce qui en rectifie l'usage. Je veux exposer comment cela se fait. Je pourrai sûrement me tromper dans mes explications ; mais ce ne sera pas la faute de ma méthode. Je pourrai me tromper, comme je le pourrais en faisant un calcul, sans que pour cela on dût faire le procès à l'arithmétique. Mes erreurs d'ailleurs seront faciles à rectifier : en donnant le résultat de mes observations, j'en exposerai la matière ; de sorte que, si je me trompe, il sera bien aisé de le voir : chacun pourra refaire mes expériences.

On remarquera sans doute combien cette méthode diffère de celle de ces publicistes dogmatiques qui ne parlent que de *droits* et de *devoirs*; de ce que les gouvernemens ont le *devoir* de faire, de ce que les nations ont le *droit* d'exiger : chacun *doit* être maître de sa chose ; chacun *doit* pouvoir dire sa pensée ; tout le monde *devrait* participer à la vie publique : voilà leur langage accoutumé. Je ne m'expliquerai point de la sorte ; je ne dirai pas sentencieusement : *les hommes ont droit d'être libres ;* je demanderai : comment arrive-t-il qu'ils le soient ? à quelles conditions peuvent-ils l'être ? par quelle réunion de connaissances et de bonnes habitudes morales parviennent-ils à exercer librement telle industrie privée? comment s'élèvent-ils à l'activité politique? Il n'y a là, comme on le voit, rien d'impérieux, rien qui oblige. Je ne dis pas : *il faut* que telle chose soit ; je montre comment elle est possible. Chacun sans doute pourra voir si elle vaut que nous acquiérions les qualités nécessaires pour en jouir ; mais je n'impose rien, je ne propose même rien : j'expose.

Non-seulement cette méthode ne tend point à surprendre ou à violenter les esprits ; mais elle est la seule propre à les éclairer. C'est celle qu'on suit dans toutes les sciences d'observation ; c'est par elle que, depuis un quart de siècle, ces sciences ont fait de si remarquables progrès. On ne parle point en physique, en mathématiques de ce qui *doit* être ; on cherche simplement ce qui est, ou comment il arrive qu'une chose soit. Le géomètre remarque dans quelles circonstances deux lignes forment un angle ; mais il ne dit pas que deux lignes ont le *droit* de former un angle. Le chimiste observe que l'eau soumise à l'action du feu passe à l'état de vapeur ; mais il ne dit pas qu'un *des droits* de l'eau est de se transformer en gaz. Le publiciste peut observer de même dans quelles circonstances l'homme parvient à la liberté; mais il ne doit pas dire, s'il veut parler scientifiquement, que l'homme *a droit* d'être libre. Que nous apprendrait en effet ce langage, et que prétend-on en disant ici que l'homme *a droit?* veut-on dire qu'il est désirable qu'il devienne libre? mais exprimer des vœux n'est pas expliquer des vérités. Veut-on dire que la liberté est une propriété de la nature? mais cela n'est vrai qu'à de certaines conditions. Deux lignes droites ont la propriété de former un angle; mais ce n'est que lorsqu'elles se rencontrent en un point. L'eau a la propriété d'être compressible; mais elle ne l'est à un haut degré que lorsqu'elle est réduite à l'état de gaz. La liberté est une propriété de la nature humaine; mais seulement quand cette nature est cultivée. Vous avez beau dire *a priori* que *l'homme est une force libre*, tant qu'il conserve son ignorance et ses vices, il reste en effet très dépendant. Au lieu donc de nous dire dogmatiquement que *la liberté est sa loi*, enseignez-nous comment elle devient sa manière d'être. Ce n'est qu'ainsi que vous pourrez nous éclairer [1].

Enfin, tandis que cette méthode est plus propre à instruire, elle est aussi plus propre à faire bien agir. Quand on dit aux hommes : *Vous avez droit d'être libres, la justice ordonne que vous le soyez;* on parle vivement à leur imagination, on leur inspire le désir de la liberté, mais sans leur rien communiquer de ce qui la donne, et il est possible qu'on les pousse, pour la conquérir,

(1) *Les hommes ont droit d'être libres!* Autant j'aimerais dire qu'ils ont le droit d'être intelligens, actifs, instruits, prudens, justes, fermes, en un mot, qu'ils ont le droit de réunir toutes les conditions d'où l'on sait que dépend l'exercice plus ou moins libre de leurs facultés. Les hommes ont sûrement le droit d'être libres... *s'ils peuvent;* mais l'essentiel est de savoir à quelles conditions cela leur est possible. L'abbé Raynal disait qu'*avant toutes les lois sociales, l'homme avait le droit de vivre.* « Il aurait pu, » observe judicieusement Malthus, « dire, avec tout autant de vérité qu'avant l'établissement des lois sociales tout homme avait le droit de vivre cent ans. Il avait ce droit sans contredit, » ajoute Malthus, « et il l'a encore; il a le droit de vivre mille ans, *s'il peut*, etc. » (*Essai sur le principe de la pop.*, liv. 4, c. 4.) Mais quels moyens a-t-il d'assurer, de prolonger son existence? Voilà ce qu'il faudrait lui apprendre et dont Raynal ne dit pas un mot. Il est vrai que ceci est moins facile que de proclamer emphatiquement le droit qu'il a de vivre, droit qu'on ne lui conteste pas, ou qu'il ne doit jamais supposer qu'on lui conteste.

à des résolutions violentes, qui leur causeront de grands maux, sans laisser peut-être après elle aucun bon résultat [1]. Mais si on leur dit : « plus vous serez habiles, ingénieux, éclairés, et « mieux vous disposerez de vos forces; plus vous « aurez de modération, d'équité, de courage, et « plus vous aurez de liberté, » on n'a sûrement rien de pareil à craindre. Il se pourra que ce langage touche peu; mais s'il excite à agir ce sera d'une façon utile. Ce qu'il recommande en effet c'est de s'instruire, de se fortifier, de se rendre meilleur; il n'excite à la liberté qu'en exhortant à acquérir les qualités qui la procurent : il ne saurait jamais être dangereux d'inspirer aux hommes l'amour d'un art utile ou d'une vertu quelconque, et l'on est sûr, en les poussant dans les voies de l'industrie et de la morale, de les mettre sur le vrai chemin de la liberté.

(1) Tout effet tient de sa cause, et celui qu'on obtient par des déclamations ne vaut ordinairement pas mieux que les déclamations qui le produisent. On parvient sans doute, par ce moyen, à exciter les passions des hommes contre une domination injuste, à leur inspirer le courage nécessaire pour la renverser; mais le courage n'a de bons effets que lorsqu'il naît des lumières, et la seule manière vraiment utile de faire haïr l'injustice c'est d'éclairer sur ses effets.

J'aurai donc soin de rester fidèle à l'objet de cet écrit, qui est de montrer la liberté dans ses causes. Au lieu de la considérer comme un dogme, je la présenterai comme un résultat; au lieu d'en faire l'attribut de l'homme, j'en ferai l'attribut de sa civilisation; au lieu de me borner, comme on l'a presque toujours fait, à imaginer des formes de gouvernement propres à l'établir, ce qu'aucune forme de gouvernement n'est, à elle seule, capable de faire, j'exposerai de mon mieux comment elle naît de tous nos progrès [1].

7. Que n'ai-je tout ce qu'un tel travail demanderait de talent et de connaissances positives

---

(1) Dire que je ne me bornerai pas à parler des formes du gouvernement, ce n'est sûrement pas dire que je ne parlerai pas de ces formes. La manière dont la société s'ordonne pour agir n'est indifférente dans aucun ordre d'actions, et surtout elle ne l'est pas dans celui-ci. Je sais ce que peut une bonne organisation de la puissance publique; mais je sais aussi ce qu'il y a d'insuffisant et de trompeur dans les théories qui font venir toute liberté de là. C'est beaucoup sans doute que les pouvoirs publics soient bien constitués; mais ce n'est pas assez pour qu'ils agissent d'une manière éclairée et morale. Ensuite, quand une nation serait capable à la fois de bien organiser son gouvernement et de le faire bien agir, cela seul ne la ferait pas être libre. Sa liberté, en effet, ne vient pas uniquement de sa capacité politique, elle vient de toutes ses capacités. Il ne suffit donc pas de la considérer dans un seul de ses modes d'ac-

pour être convenablement exécuté! Je me croirais assuré de rendre un service réel à la politique. Je croirais aussi pouvoir contribuer efficacement à répandre parmi nous des semences d'ordre et de paix. Il est vrai que ce livre n'a pour objet que d'expliquer un seul mot; mais que ce mot renferme de choses, et combien pourrait faire cesser de discordes une bonne définition de la liberté! Qui de nous n'a vu quelquefois tout ce que peut, au milieu des débats les plus animés, une explication lumineuse et vraie de la chose débattue?

J'étais témoin un jour d'une querelle entre plusieurs personnes sur l'éclairage par le moyen du gaz. Il s'agissait de savoir si l'existence au sein de Paris d'établissemens destinés à produire et à tenir en dépôt de grands amas de cette matière inflammable était ou n'était pas une chose dangereuse pour les habitans. La dispute s'était bientôt échauffée, et elle était d'autant plus vive que les contendans, à ce qu'il paraissait, n'avaient qu'une connaissance fort imparfaite du sujet sur lequel ils disputaient. Survint un chi-

tion; il faut, pour juger à quel point elle est libre, examiner ce qu'elle déploie dans tous d'intelligence et de morale.

miste reconnu pour habile. On le consulta : il ne prit point parti dans la querelle ; mais du ton le plus simple et dans le langage le plus clair, il décrivit l'appareil destiné à recevoir le gaz, et il expliqua, d'après les expériences qui venaient d'être faites, quel concours extraordinaire de circonstances serait nécessaire pour qu'une explosion pût avoir lieu. Il n'y eut plus moyen de contester. Ce peu de paroles calma l'ardeur des contendans, et mit fin à leur discussion qui avait été longue, et qui n'était pas près de se terminer.

Si l'on dispute sur des matières susceptibles d'être si sûrement et si facilement éclaircies, la liberté est bien un autre sujet de querelle. Quel service ne rendrait pas aux hommes celui qui parviendrait à mettre un tel sujet hors de toute contestation ! Mais celui-ci est-il matière à expérience comme l'autre ? est-il de nature à être aussi clairement, aussi catégoriquement expliqué ? Je n'en fais aucun doute. Il n'y a pas plus d'effets sans cause en politique qu'en chimie. L'enchaînement des causes aux effets n'est pas plus impossible à apercevoir dans la première de ces sciences que dans la seconde. J'ai peine à croire, par exemple, que le phénomène moral auquel je donne le nom de liberté se refuse à l'analyse plus que la chaleur, la lumière, l'électricité et plusieurs autres phénomènes sensibles. Il me paraît très possible de bien expliquer comment la liberté naît, s'étend, se resserre, se modifie. Je ne me flatte pourtant pas de porter dans cet exposé le degré de certitude et de précision qu'on trouve dans les bons livres de chimie et de physique; mais cela viendra moins encore, je dois l'avouer, de la difficulté de la matière que de l'insuffisance de l'auteur. Tout en étant convaincu de l'imperfection de mon travail, je crois fermement à la possibilité de le bien faire, et peut-être ce que je tente d'autres réussiront-ils à l'exécuter. Quand je ne ferais dans cet ouvrage qu'ouvrir aux études politiques une nouvelle voie, que leur imprimer une direction un peu plus sûre, que montrer un peu plus clairement le but où il s'agit d'arriver et les moyens que nous avons de l'atteindre, je serais loin d'avoir perdu mon temps. Mais cela même est une tâche immense, et je n'oserais dire que j'ai pris la plume avec l'espérance de la remplir.

CHAPITRE PREMIER.

Ce qu'il faut entendre par le mot *liberté*.

1. L'homme, aux premiers regards que nous portons sur lui, se présente à nous comme un être sujet à des besoins, et pourvu de facultés pour les satisfaire. Nous savons tous qu'il lui faut se nourrir, se désaltérer, se vêtir, s'abriter, etc. Nous savons aussi qu'il a pour cela une intelligence, une volonté, des organes.

On a beaucoup cherché si le mobile de ses facultés était en lui-même ou hors de lui, en sa puissance ou hors de sa puissance; s'il donnait son attention, comparait, jugeait, désirait, délibérait, se déterminait, parce qu'il le voulait et comme il le voulait; ou bien si ses facultés étaient mises en jeu sans lui, même malgré lui, par l'influence de causes sur lesquelles il n'avait aucun empire, et si le résultat de leur travail était aussi indépendant de sa volonté. Nombre de philosophes ont prétendu qu'il était également maître de leur action et des résultats de leur action ; et ce suprême ascendant qu'ils lui attribuaient sur elles, ils l'ont appelé *libre arbitre*, *liberté morale*. Je n'ai nullement à m'occuper ici de cette sorte de liberté. Il y a une autre recherche à faire.

Que l'homme ait ou n'ait pas en lui-même le principe de son activité, on conviendra qu'il n'agit pas toujours avec la même aisance; on m'accordera sans doute qu'il peut exister au dedans de lui-même et en dehors de lui, dans ses infirmités, dans les choses, dans ses semblables une multitude de causes qui l'empêchent plus ou moins de se servir de ses facultés. J'appelle *liberté* l'état où il se trouve quand il lui arrive de pouvoir s'en servir *sans obstacle*. Je dis que l'état où il est *le plus libre* est celui où il peut s'en servir avec *le moins d'empêchement* [1].

---

(1) L'idée d'*absence d'empêchement* est la première que le mot liberté réveille; elle est aussi la première qui paraît résulter de l'étymologie de ce mot. Le substantif LIBERTAS, dont nous avons fait *liberté*, est un dérivé du verbe LIBERARE, *délivrer*, *affranchir;* de LIBERATUS on a sans doute fait, par contraction, LIBERTUS, *affranchi*, et de LIBERTUS, LIBERTAS, *franchise*, manière d'être d'un homme *exempt d'entraves et de contrainte*. Un homme *libre*, d'après l'étymologie du mot, c'est

Il n'est guère personne qui ne place ainsi la liberté dans le pouvoir de se servir sans obstacle de ses forces. Mais ce que les hommes veulent faire n'est pas toujours ce qui présente le moins de difficultés. Il leur arrive à tout moment au contraire de tenter l'impossible, de vouloir exécuter sans obstacle les choses qui doivent trouver le plus d'opposition, de chercher la liberté dans les manières d'être et d'agir avec lesquelles elle est le moins compatible. Il s'agirait donc, si nous voulons savoir précisément en quoi la *liberté* consiste, de chercher quel est l'état où l'usage de nos facultés doit rencontrer *le moins d'empêchement*.

2. Naturellement l'homme dans l'exercice de ses facultés peut être *empêché* par plusieurs causes très générales.

Il est d'abord circonscrit par les lois de son organisation, lesquelles ne lui permettent pas de sortir d'une certaine sphère d'activité. Tandis qu'en un sens il peut se développer et s'étendre presque à l'infini, sous un autre aspect, il tou-

donc un homme *délivré* d'obstacles, un homme *que rien n'empêche* d'agir.

che immédiatement aux limites du possible. Tout ce qui implique contradiction avec sa nature, il est dans l'impossibilité la plus absolue de l'exécuter. Il n'est aucunement en son pouvoir, par exemple, de se dérober aux lois générales de la pesanteur; de respirer dans un lieu privé d'air, de voir en l'absence de toute lumière. Il ne faut donc pas demander en quoi consiste à cet égard sa liberté; car, un obstacle insurmontable s'opposant ici à son action, il est visible qu'en ceci toute liberté lui est refusée [1].

Ensuite, dans la sphère même qui a été ouverte à son activité, l'homme peut naturellement être empêché d'agir, d'un côté par l'ignorance, qui retient toutes ses facultés dans l'inertie, et d'un

(1) Le mot liberté n'exprime jamais qu'une quantité relative. Il n'y a pas de liberté absolue. Tout être créé est soumis à des lois et ne peut agir que dans des limites fixes et précises. L'expression, *libre comme l'air*, dont on se sert quelquefois, comme pour désigner une liberté sans bornes, n'exprime qu'une liberté très limitée : l'atmosphère est invinciblement liée à la terre; les vents sont soumis à d'irréfragables lois : l'air n'est donc pas indéfiniment libre. Nul corps matériel ne l'est. Les êtres animés ne le sont pas davantage, et l'homme ne l'est pas plus que le reste de la création. L'homme, ainsi que les animaux, ainsi que toutes les forces répandues dans la nature, n'est susceptible que d'une certaine espèce et d'une certaine étendue d'action.

autre côté par la passion, qui leur donne une activité déréglée, qui l'excite à s'en servir d'une manière préjudiciable pour lui-même ou pour les autres, et qui tend ainsi perpétuellement à en affaiblir, à en entraver l'usage.

L'homme, par les lois invincibles de sa nature, ne peut donc user de ses forces *sans empêchement* ou *avec liberté* que dans l'espace où il lui a été donné d'agir; et, dans cet espace même, pour qu'il puisse en disposer *librement*, il faut, *premièrement*, qu'il les ait développées; *secondement*, qu'il ait appris à s'en servir de manière à ne pas se nuire; *troisièmement*, qu'il ait contracté l'habitude d'en renfermer l'usage dans les bornes de ce qui ne peut pas nuire aux autres hommes.

3. Je dis premièrement qu'il doit les avoir développées. Et en effet, qui ne voit qu'il n'a pas la liberté de s'en servir tant qu'il n'a pas appris à en faire usage. Mettez le clavier d'un piano sous les doigts d'un homme qui, de sa vie, n'aura manié que la bêche ou la charrue : sera-t-il libre d'exécuter une sonate? Nos organes, avant que nous les ayons formés, sont pour nous comme

s'ils n'existaient point; nous ne sommes nullement les maîtres de nous en servir. Il est bien en général en notre pouvoir d'apprendre ce que nous ignorons; mais nous ne sommes les maîtres de le faire qu'après l'avoir appris : l'ignorance a pour nous tous les effets d'un insurmontable empêchement, et le plus violent despotisme ne nous mettrait pas dans une impuissance plus absolue d'agir que ne le fait le manque d'exercice et d'expérience.

En second lieu, je dis que, pour être libres d'user de nos facultés, il faut que nous sachions en renfermer l'usage dans les bornes de ce qui ne nous peut pas nuire. Il est clair en effet que nous ne pouvons nous en servir de manière à nous faire du mal sans diminuer par cela même le pouvoir que nous avons d'en faire usage. Nous sommes bien les maîtres, jusqu'à un certain point, d'exécuter des actions qui nous sont préjudiciables; mais nous ne le sommes pas, en exécutant de telles actions, de ne rien perdre de notre liberté. Il est d'universelle expérience que ce qui déprave, énerve, abrutit nos facultés, nous ôte la liberté de nous en servir; et de toutes les prétentions la plus absurde et la plus contradictoire serait sans doute de vouloir à la fois en abuser et les conserver saines, vivre dans la débauche et ne pas nuire à sa santé, prodiguer ses forces et n'en rien perdre, etc.

Je dis enfin, et cette troisième proposition n'est pas moins évidente que les deux premières, que, pour disposer librement de nos forces, il faut que nous nous en servions de manière à ne pas nuire à nos semblables. Nous avons bien, dans une certaine mesure, le pouvoir de nous livrer au crime; mais nous n'avons pas celui de nous y livrer sans diminuer proportionnellement notre liberté d'agir. Tout homme qui emploie ses facultés à faire le mal, en compromet par cela même l'usage : c'est en quelque manière se tuer que d'attenter à la vie d'autrui ; c'est compromettre sa fortune que d'entreprendre sur celle des autres. Il n'est sûrement pas impossible que quelques hommes échappent aux conséquences ou du moins à quelques-unes des conséquences d'une vie malfaisante; mais les exceptions, s'il y en a de réelles, n'infirment point le principe. L'inévitable effet de l'injustice et de la violence est d'exposer l'homme injuste et violent à des haines, à des vengeances, à des représailles, de lui ôter la sécurité et le repos, de l'obliger à se tenir continuellement sur ses gardes, toutes choses qui diminuent évidemment sa liberté [1]. Il n'est au pouvoir d'aucun homme de rester libre en se mettant en guerre avec son espèce. On peut dire même que cela n'est au pouvoir d'aucune réunion d'hommes. On a vu bien des partis, on a vu bien des peuples chercher la liberté dans la domination, on n'en a pas vu que la domination, à travers beaucoup d'agitations, de périls et de malheurs provisoires, n'ait conduits tôt ou tard à une ruine définitive [2].

---

(1) Si vous voulez, disait Sully à Henri IV, soumettre par la force des armes la majorité de vos sujets, « Il vous faudra passer par une milliasse de difficultés, fatigues, peines, ennuis, périls et travaux; avoir toujours le cul sur la selle, le halecret sur le dos, le casque en tête, le pistolet au poing et l'épée à la main... » (*Economies royales*.)

(2) Hobbes dit qu'en l'état de nature il est loisible à chacun de faire ce que bon lui semble (*Elémens philosop. du citoyen*). Il n'est pas douteux qu'en quelque état que ce soit un homme n'ait le pouvoir physique de commettre un certain nombre de violences. Mais est-il quelque état, selon Hobbes, où l'homme puisse être injuste et méchant avec impunité? N'est-il pas également vrai, dans tous les temps et dans toutes les situations, que l'injure provoque l'injure, que le meurtre expose la vie du meurtrier? Que signifie donc de dire qu'en l'état de nature il est permis à chacun de faire ce que bon lui semble? Il

Ainsi l'homme, par la nature même des choses, ne peut avoir de liberté, dans l'espace où il lui est, en tout état, impérieusement commandé à qui ne veut pas souffrir d'insultes de n'en pas commettre. Je sais bien que, dans les premiers âges de la société, chacun exerce plus de violences; mais chacun aussi en endure beaucoup plus. La résistance se proportionne naturellement à l'attaque, et la réaction à l'action. C'est par-là que l'espèce se maintient : il n'y a que ce qui résiste qui dure.

En général si pour être libre il est nécessaire de s'abstenir du mal, il est tout aussi indispensable de ne pas le supporter; car c'est par l'énergie qu'on met à ne pas le supporter qu'on intéresse les autres à ne pas le faire. Tant qu'on se plie à une injustice, on peut compter qu'elle se commettra. Rien de plus corrupteur que la faiblesse : en consentant à tout souffrir, on excite les autres à tout oser. Alceste fait un partage égal de sa haine entre les hommes *malfaisans* et les hommes *complaisans*: je ne sais s'ils y ont un même droit. Le mal vient encore moins, je crois, de la malice des injustes, que de la faiblesse des poltrons. Ce sont ceux-ci qui gâtent les autres. C'est le grand nombre qui déprave le petit, en se soumettant trop facilement à ses caprices. Nous avons tous besoin de frein, et d'autant plus que nous disposons de plus de forces. S'il faut que les individus soient contenus par le pouvoir, le pouvoir a encore plus besoin d'être contenu par la société. C'est à la société à lui fournir des motifs de bonne conduite, c'est à elle d'attacher tant de dégoûts et tant de périls à l'abus de la puissance que les despotes les plus hardis, que les factions les plus effrénées sentent la nécessité de se contenir. Veut-on juger combien nous avons besoin d'être retenus pour ne pas donner dans l'injustice, et à quel point une légitime résistance est nécessaire à la liberté, il n'y a qu'à regarder comment les forts traitent partout les faibles; il n'y a qu'à voir comment notre race, qui se dit chrétienne et civilia été permis d'exercer ses forces, qu'en raison de son industrie, de son instruction, des bonnes habitudes qu'il a prises à l'égard de lui-même et envers ses semblables. Il ne peut être libre de faire que ce qu'il sait; et il ne peut faire avec sûreté que ce qui ne blesse ni lui, ni les autres. Sa liberté dépend tout à la fois du développement de ses facultés et de leur développement dans une direction convenable.

4. Si pour être libres nous avons besoin de développer nos facultés, il s'ensuit que plus nous les avons développées, plus est étendu, varié, l'usage que nous en pouvons faire, et plus aussi nous avons de liberté. Ainsi nous sommes d'autant plus libres que nous avons plus de force, d'activité, d'industrie, de savoir; que nous sommes plus en état de satisfaire tous nos besoins; que nous sommes moins dans la dépendance des choses : chaque progrès étend notre puissance d'agir, chaque faculté de plus est une

sée, traite celles qui ne sont pas capables de résister à ses violences : les Européens font encore le commerce des nègres, et ont, suivant M. de Humboldt, plus de cinq millions d'esclaves dans les colonies. (*Voy*. *la Revue protestante*, 1ᵉʳ *cahier*.)

liberté nouvelle. Tout cela est évident de soi. Rousseau a beau mettre la liberté de l'homme sauvage au-dessus de celle de l'homme civil, son éloquence ne fera point que celui dont les facultés sont à peine ébauchées en puisse disposer aussi librement que celui qui les a développées, fortifiées, perfectionnées par la culture.

Si pour être libres nous avons besoin de nous abstenir dans l'exercice de nos facultés de tout ce qui nous pourrait nuire, il s'ensuit que mieux nous en savons régler l'emploi relativement à nous, plus nous avons appris à en faire un usage éclairé, prudent, modéré, et plus aussi nous sommes libres. Mettez un homme qui ait de bonnes habitudes morales à côté d'un homme incapable de régler aucun de ses sentimens, de satisfaire avec mesure aucun de ses appétits, et vous verrez lequel en toute circonstance conservera le mieux la libre disposition de ses forces.

Si pour être libres enfin nous devons nous défendre, dans l'emploi de nos facultés, de tout acte préjudiciable à autrui, il s'ensuit que mieux nous savons en tirer parti sans nuire, plus nous avons appris à leur donner une direction utile pour nous-mêmes sans être offensive pour les autres, et plus aussi nous avons acquis de liberté. Cette proposition a toute la certitude des précédentes. Comparez l'état des peuples qui prospèrent par des voies paisibles à l'état des peuples qui ont fondé leur prospérité sur la domination; comparez les nations guerrières de l'antiquité aux nations industrieuses des âges modernes; comparez l'Europe, où tant d'hommes encore cherchent la fortune dans le pouvoir, à ces Etats-Unis d'Amérique où l'universalité des citoyens n'aspire à s'enrichir que par le travail, et vous découvrirez bientôt où il y a le plus de liberté véritable.

Les hommes ne sont donc esclaves que parce qu'ils n'ont pas développé leurs facultés et appris à en régler l'usage. Ils ne sont libres que parce qu'ils les ont développées et réglées. Il est vrai de dire, à la lettre, qu'ils ne souffrent jamais d'autre oppression que celle de leur ignorance et de leurs mauvaises mœurs; comme il est vrai de dire qu'ils n'ont jamais de liberté que celle que comportent l'étendue de leur instruction et la bonté de leurs habitudes. Plus ils sont incultes et moins ils peuvent agir; plus ils sont cultivés, et plus ils sont libres : la vraie mesure de la liberté c'est la civilisation.

5. Il est peu de choses qu'on ait entendues plus diversement que la liberté et dont on ait en général des idées plus imparfaites. Il est assez rare qu'on la considère comme un résultat de notre développement. Loin de penser qu'elle suit le progrès de nos facultés, bien des gens s'imaginent qu'elle décroît à mesure qu'elles se perfectionnent, et que l'homme inculte, l'homme sauvage était plus libre que ne l'est l'homme civilisé. On n'a pas l'idée surtout que tous nos progrès, de quelque nature qu'ils soient, contribuent immédiatement à l'étendre. On dira bien peut-être que les hommes deviennent plus libres en devenant plus justes, en se renfermant tous plus exactement dans les bornes de l'équité; mais on ne dira pas, quoique la chose soit aussi certaine, qu'ils deviennent plus libres en devenant plus sobres, plus tempérans, en apprenant à mieux user de leurs facultés respectivement à eux-mêmes. On ne dira pas non plus qu'ils deviennent plus libres par cela seul qu'ils deviennent plus industrieux, plus riches, plus

instruits, bien que ce soit une vérité également incontestable. Examinons succinctement quelques-unes des idées qu'on a de la liberté. Nous achèverons par-là d'éclairer et de confirmer celle qu'il convient de s'en faire.

Les hommes naissent et demeurent libres, a dit l'assemblée constituante [1]; ce peu de mots me feraient douter que cette illustre assemblée eût de la liberté une idée bien juste. La liberté n'est pas quelque chose de fixe et d'absolu, comme cette déclaration semblerait le faire entendre. Elle est susceptible de plus et de moins; elle se proportionne au degré de culture. Ensuite, elle n'est pas une chose qu'on apporte en naissant. Il n'est pas vrai, en fait, que les hommes *naissent* libres; ils naissent avec l'aptitude à le devenir; mais l'instant de leur naissance est assurément celui où ils le sont le moins. S'ils ne naissent pas libres, on ne peut pas dire qu'ils *demeurent* tels; mais on peut dire qu'ils le deviennent, et ce qu'il faut dire c'est qu'ils le deviennent d'autant plus qu'ils apprennent à faire

[1] Déclaration des droits de l'homme et du citoyen, art 1er.

de leurs facultés un usage plus étendu, plus moral et plus raisonnable.

L'assemblée constituante définissait la liberté *le pouvoir de faire ce qui ne nuit point à autrui* [1]. Cette définition était au moins incomplète. Une des conditions de la liberté c'est bien sans doute que les hommes s'abstiennent réciproquement de se nuire; mais cette condition essentielle n'est pas la condition unique. Il ne nous suffirait pas pour être libres de savoir nous respecter les uns les autres, il faut encore que chacun de nous sache se respecter soi-même; il ne nous suffirait pas non plus d'être moraux, il faut aussi que nous soyons habiles. La liberté dépend de toutes ces conditions et non pas d'une seule; elle est d'autant plus grande qu'elles sont toutes plus pleinement accomplies.

Un célèbre jurisconsulte anglais a sévèrement critiqué la définition de l'assemblée constituante. Il n'est pas vrai, suivant lui, que la liberté con-

---

[1] Déclaration des droits de l'homme et du citoyen, article 4.

siste à pouvoir faire ce qui ne nuit pas. « Elle consiste, dit-il, à pouvoir faire ce qu'on veut, le mal comme le bien; et c'est pour cela même que les lois sont nécessaires pour la restreindre aux actes qui ne sont pas nuisibles »[1]. On n'est pas peu surpris de voir un philosophe aussi éminemment judicieux que Bentham placer ainsi la pleine liberté dans la licence, et trouver que les lois la restreignent en nous interdisant de faire le mal. Rien n'est assurément moins exact que cette proposition. Il n'est pas vrai que nous serions plus libres si les lois ne nous défendaient pas de nous faire mutuellement violence; il est manifeste au contraire que nous le serions beaucoup moins; nous ne jouirions d'aucune sécurité; nous vivrions dans de continuelles alarmes; presque toutes nos facultés seraient paralysées. Les lois augmentent donc notre puissance d'agir, bien loin de la restreindre en nous interdisant certaines actions; et au lieu de dire, comme le fait Bentham, « qu'on ne saurait empêcher les hommes de se nuire qu'en retranchant de leur

---

[1] Bentham, Tactique des assemblées représentatives, t. II, p. 343, édition de 1822.

liberté [1], » il faut dire qu'un des meilleurs moyens d'étendre leur liberté, c'est de les empêcher de se nuire.

Au surplus l'erreur que je relève ici n'est pas particulière à Bentham : c'est un préjugé de la plupart des publicistes, que les hommes jouissent d'une liberté plus étendue dans l'état sauvage, dans ce qu'ils appellent *état de nature*, qu'au sein de la société perfectionnée. « Dans l'état de nature, disent-ils, les hommes jouissent d'une liberté illimitée, tandis que dans l'état de société, ils sont obligés de sacrifier une portion de leur liberté pour conserver l'autre. »

Tout cela me paraît très peu exact.

Observons d'abord qu'il n'existe point, en fait, d'état de nature différent de l'état de société. La société est l'état naturel de l'homme. L'homme est en état de société dans la vie sauvage, dans la vie nomade, dans la vie agricole et sédentaire. Il est également en état de nature dans tous ces états, c'est-à-dire que tous ces états lui sont naturels, ou qu'il est dans sa nature de passer par tous. Si, dans l'infinie diversité de ceux qu'il

---

(1) Tactique des assemblées représentatives, t. II, p. 285.

traverse pour arriver à son plein développement, il en était quelqu'un qui méritât de préférence le nom d'état de nature, ce serait celui où il approche le plus de sa destination, l'état de société perfectionnée, et non l'état imparfait qu'on a désigné par le nom d'état sauvage.

Si l'état sauvage n'est pas celui qui mérite le mieux le nom d'état de nature, il n'est pas non plus celui où l'homme jouit de la liberté la plus étendue. La liberté, bien loin d'y être illimitée, y est beaucoup plus circonscrite que dans aucun autre état. J'en ai dit assez pour le faire comprendre, et je n'insiste pas sur cette vérité qui sera d'ailleurs développée dans un autre chapitre.

Enfin il n'est pas vrai que dans l'état de société perfectionnée l'homme ne jouisse de la liberté qu'en en sacrifiant une partie. Ce qui est vrai, c'est que dans tous les états possibles l'homme ne peut être libre qu'en faisant le sacrifice de son ignorance et de ses vices, de sa violence et de ses faiblesses. Mais en faisant ce sacrifice à la liberté, ce n'est pas la liberté qu'il sacrifie, c'est ce qui la détruit ou l'empêche de naître. Il ne borne pas sa puissance en s'interdisant le vol, le meurtre, la débauche, en s'ôtant la triste faculté de déraisonner et de se mal conduire; il est visible au contraire qu'il l'étend, et ce n'est même qu'en s'enchaînant de la sorte qu'il peut se donner plus de latitude pour agir, et acquérir toute la liberté à laquelle sa nature lui permet de prétendre.

Rien n'est plus ordinaire que de voir présenter la liberté comme quelque chose d'opposé à l'ordre, à la raison, à la sagesse. On parle continuellement d'une *liberté raisonnable*, d'une *sage liberté* par opposition à la *liberté* simplement dite, qui à elle seule ne paraît ni assez raisonnable, ni assez sage. On dit aussi que la liberté est précieuse, mais que *l'ordre* est plus précieux encore, et chaque jour on s'en vient demander, dans l'intérêt de l'ordre, le sacrifice de la liberté. Ai-je besoin de dire qu'il n'y a point entre ces choses l'opposition qu'on affecte d'y mettre? En quoi consistent la *sagesse* et la *raison*, si ce n'est dans l'usage le plus parfait de toutes nos facultés? et comment pouvons-nous jouir de la liberté, si ce n'est précisément en usant de nos facultés ainsi que le demandent la raison et la sagesse? Où voyons-nous régner *l'ordre* le plus vrai? n'est-ce pas là où chacun s'abstient de toute agression, de toute injustice? Et que demande la liberté? n'est-ce pas, entre autres choses, que chacun s'interdise la violence et l'iniquité? Il n'y a donc sous les mots d'ordre, de sagesse, de raison, aucune idée que le mot liberté n'embrasse; et qui demande le sacrifice de la liberté dans l'intérêt de l'ordre est tout aussi ennemi de l'ordre qu'ennemi de la liberté.

Un préjugé peu différent de celui que je viens de combattre est celui qui présente la liberté comme un élément de trouble, et le despotisme comme un gage de paix. C'est le sens de cet adage politique si connu et si fréquemment cité : *Malo* periculosam *libertatem quam* quietum *servitium :* je préfère *les orages* de la liberté *à la paix* de la servitude. Il est insensé d'allier ainsi les idées d'ordre et de sécurité au despotisme, et celles d'agitation et de péril à la liberté. Si le despotisme était, plus que la liberté, favorable au repos des hommes, il faudrait le préférer, cela n'est pas douteux. Mais il n'en est point ainsi : ce qui trouble, au contraire, c'est le despotisme; ce qui rassure, c'est la liberté; et voilà justement pourquoi la liberté est préférable au despotisme. C'est la liberté qui est tranquille, c'est le despotisme qui est turbulent. Partout où des hommes en veulent opprimer d'autres, il y a violence, désordre et cause de désordres; partout où nul n'affecte de prétentions dominatrices, partout où il y a liberté, il y a repos et gage de repos. Il ne faut qu'ouvrir les yeux pour s'en convaincre. Comparez les pays où il y a le plus de tyrannie à ceux où il y en a le moins, et dites si les plus libres ne sont pas aussi les plus paisibles? Quoi de plus fréquemment agité que le despotisme turc? quoi de plus constamment paisible que la liberté anglo-américaine?

Certaines personnes placent dans leur estime la *liberté* fort au-dessous de la *sûreté;* d'autres l'estiment moins que la *propriété;* d'autres moins que *l'égalité*, et toutes croient devoir la distinguer de ces choses. Cette distinction me paraît peu motivée ; il y a ici plus de différence dans les mots que dans les idées qu'ils expriment; et quiconque tient à sa sûreté, quiconque regarde la propriété et l'égalité comme des choses importantes, doit, par cela même, attacher le plus grand prix à la liberté. Toutes ces choses en effet ne peuvent exister qu'aux lieux où la liberté règne. Il y a sûreté là où aucun homme ne songe à faire violence à aucun autre; il y a propriété là où aucun homme n'en empêche aucun autre de disposer comme il lui plaît, en tout ce qui ne nuit pas à autrui, de sa personne, de ses facultés et du produit de ses facultés; il y a égalité non pas là où tout le monde possède le même degré de vertu, de capacité, de fortune, d'importance, car une telle égalité ne peut exister nulle part, mais là où nul ne possède que l'importance qui lui est propre, là où chacun peut acquérir toute celle qu'il est légitimement capable d'avoir. L'égalité, la propriété, la sûreté résultent donc, sinon de toutes les causes qui concourent à la production de la liberté, du moins de l'une de celles qui contribuent le plus à la produire, c'est-à-dire de l'absence de toute injuste prétention, de toute entreprise violente. Ces choses sont la liberté même, considérée sous un certain point de vue. La sûreté est spécialement cette liberté de disposer de sa personne, la propriété cette liberté de disposer de sa fortune, l'égalité cette liberté de croître en proportion de ses moyens, qui se manifestent là où chacun se tient dans les bornes de la modération et de la justice.

6. L'idée la plus fâcheuse est celle qu'on a communément des sources de la liberté. On veut qu'elle résulte non de l'état de la société, mais de celui du gouvernement, et par gouvernement on entend une chose distincte de la société, et existant en quelque sorte en dehors d'elle.

C'est là, je crois, une manière très inexacte et très incomplète d'envisager la chose.

Il n'y a pas moyen d'abord de distinguer le gouvernement de la société. Le gouvernement est dans la société; il en fait intrinsèquement partie; il est la société même considérée dans l'un de ses principaux modes d'action, savoir la répression des violences, le maintien de l'ordre et de la sûreté. Les formes suivant lesquelles il exerce cette action, et la manière plus ou moins éclairée et plus ou moins morale dont il l'exerce dépendent essentiellement de la volonté de la société. Il est dans tous les temps l'expression exacte des idées et des habitudes politiques qui prédominent au milieu d'elle, ou dans les pays dont elle est entourée et à l'influence desquels elle est plus ou moins soumise[1]. Plus ces idées et ces habitudes sont imparfaites, et plus le gouvernement est imparfait. Il est d'autant meilleur qu'elles sont meilleures elles-mêmes. Il n'est pas une institution défectueuse, il n'est pas un acte vicieux du pouvoir dont on ne puisse montrer avec détail toutes les causes dans l'état de la société. Au lieu donc de dire que la liberté dépend uniquement de cet ensemble d'individus et de corps constitués auquel on donne le nom de gouvernement, il faudrait dire d'abord qu'elle dépend de la bonté des idées et des habitudes politiques qui prédominent parmi les peuples.

Ensuite cette expression, quoique plus exacte, aurait encore le défaut de ne pas donner une idée complète des sources de la liberté. La liberté en effet ne dépend pas uniquement de la bonté de nos idées et de nos habitudes *politiques;* elle dépend de la bonté de toutes nos idées et de toutes nos habitudes; c'est-à-dire que nous sommes d'autant plus libres que nous savons faire sous tous les rapports un meilleur usage de nos facultés. Il est vrai que les connaissances et les vertus

---

[1] *V.* chap. III, à la fin.

propres à constituer le bon citoyen en peuvent faire supposer un grand nombre d'autres, et que lorsqu'un peuple est parvenu à un point de culture assez élevé pour se bien conduire politiquement, il y a lieu de croire qu'il a fait des progrès considérables dans les autres parties de la civilisation, et qu'il jouit sous tous les rapports d'une liberté fort étendue. Mais de ce que la capacité politique en fait ordinairement supposer un grand nombre d'autres, il ne faut pas conclure que la liberté vient uniquement de celle-là; elle vient de celle-là et des autres; elle découle généralement de toutes; elle s'accroît par le progrès de tous nos moyens. Je ne vois pas la moindre raison pour dire que nous devenons libres en nous formant à la justice publique et non en nous formant à la justice privée, en devenant habiles dans le gouvernement et non en devenant habiles dans l'agriculture, le commerce ou tel autre mode spécial d'activité. Nos progrès en effet ont tous également pour résultat d'écarter quelques-uns des obstacles qui s'opposent à l'exercice de nos forces : ils ont donc tous pour résultat de contribuer immédiatement à l'extension de notre liberté.

Non-seulement la liberté ne gît pas tout entière

dans ce que nous avons de vertu et d'habileté politiques, mais nos autres développemens mêmes ne dépendent pas nécessairement de celui-là. Nous commençons à faire des progrès en intelligence, en industrie, en morale, long-temps avant d'être sortis politiquement de la barbarie. Il est vrai que la barbarie politique rend d'abord ces progrès excessivement lents; mais l'expérience démontre qu'elle ne les rend pas absolument impossibles. Il suffit, pour s'en convaincre, de considérer à travers quelle série de guerres, de violences et de désordres publics de toute espèce la civilisation est parvenue à se faire jour.

Encore une fois, il n'est donc pas vrai que toute la liberté soit renfermée dans ce que nous avons de capacité politique, ni même que nos autres progrès dépendent nécessairement de ceux que nous avons faits sous ce rapport. La capacité politique est ordinairement la dernière qu'un peuple acquiert [1]. Se bien conduire politiquement est la dernière chose dont il devient capable. Ce

---

[1] Je dis *ordinairement*, parce que cette règle n'est pas sans exception. Aux États-Unis, par exemple, le développement de la capacité politique a précédé celui des autres capacités. On sait à quelles circonstances cela a tenu.

dernier progrès couronne la liberté; mais il n'est pas la liberté tout entière. Il rend, à mesure qu'il s'accomplit, les autres progrès plus faciles; mais il n'est sûrement pas la condition de tout progrès. Un peuple peut jouir d'une immense liberté avant de s'être élevé au gouvernement de lui-même, et surtout avant d'avoir appris à se gouverner raisonnablement. Il peut y avoir chez lui beaucoup de savoir, d'industrie, de capitaux, de bonnes habitudes personnelles et relatives. Or il est visible qu'il ne peut avoir acquis tout cela sans s'être procuré, par cela même, une grande puissance, sans s'être donné beaucoup de facilité et de latitude pour agir. Il ne faut pas sans doute exclure la plus haute des capacités, la capacité politique de l'idée de la liberté; mais il ne faut pas l'y comprendre seule. Pour la définir avec exactitude, il faudrait faire l'inventaire de tout ce que l'humanité possède de connaissances réelles et de véritables vertus. Elle est égale pour chaque peuple à ce qu'il a fait de progrès dans toutes les branches de la civilisation; elle se compose de tout ce qu'il a de savoir-faire et de savoir-vivre : voilà sa véritable définition.

CHAPITRE II.

Que les races les plus susceptibles de culture sont les plus susceptibles de liberté.

1. Les hommes, ai-je dit, sont d'autant plus libres qu'ils ont plus développé leurs facultés et mieux appris à en régler l'usage. Mais d'abord les facultés de toutes les races d'hommes sont-elles susceptibles du même degré de rectitude et de développement?

2. Il n'est peut-être pas d'espèce vivante qui offre des variétés plus nombreuses que le genre humain. Ces variétés, par des causes qui ne nous sont qu'imparfaitement connues, se sont tellement multipliées, qu'il est devenu comme impossible d'en faire une énumération exacte. On peut cependant, en supprimant un nombre infini de nuances intermédiaires, et en ne tenant compte que des différences les plus saillantes, en noter un certain nombre de très distinctes. Les zoolo-

gistes en comptent ordinairement cinq : la *Caucasienne*, qu'ils placent au centre et qu'ils regardent comme la souche du genre humain; la *Mongole* et l'*Éthyopienne*, qui sont aux deux extrémités opposées, et à une égale distance de la première; enfin, l'*Américaine* et la *Malaise*, qui se trouvent comme intermédiaires, la première entre la Caucasienne et la Mongole, et la seconde entre la Caucasienne et l'Ethyopienne [1].

Les principaux traits caractéristiques de chacune de ces races sont assez connus.

Ce qui distingue surtout la *caucasienne*, c'est une peau blanche; un teint rosé ou tendant au brun ; des joues douées de la faculté singulière de rougir, de pâlir, et de trahir ainsi les émotions

---

[1] Cette classification, qui appartient à Blumenbach (*De gen. hum. variet. nativa*), a été adoptée par W. Lawrence (*Lectures on physiology, zoology and the natural history of man*, p. 549 à 572); et c'est à ce dernier naturaliste que je l'emprunte. Elle n'est sûrement pas à l'abri d'objection; elle a, comme toutes les classifications, le défaut d'être plus ou moins arbitraire : on ne passe en effet d'une race à une autre que par des nuances imperceptibles. Elle peut d'ailleurs paraître incomplète, et il n'est pas douteux que chacune des variétés notées par Blumenbach n'en renferme un grand nombre de très différentes. Mais outre que dans l'état actuel de nos connaissances il serait probablement impossible de faire une division exacte et complète du genre humain, celle que

de l'âme; une chevelure douce, épaisse et plus ou moins bouclée; une figure ovale et droite; le haut de la tête et surtout le front très développés; le devant du crâne s'abaissant perpendiculairement du côté de la face, etc.

La variété *mongole* est particulièrement caractérisée par un teint olive tirant sur le jaune; des cheveux noirs, droits, gros et clair-semés; peu ou point de barbe; une tête carrée; une face large et plate avec un front étroit et bas; les pommettes des joues saillantes; les yeux bridés et obliquement fendus; de grandes oreilles; des lèvres épaisses; une taille en général plus courte et plus ramassée que celle des Européens.

Les principaux traits de la variété *éthyopienne* sont une peau d'ébène; des cheveux noirs et laineux; le crâne comprimé par les côtés, aplati sur le devant, et s'alongeant démesurément en arrière; un front bas, étroit et irrégulier; des yeux ronds et à fleur de tête; les os des joues proéminens; les mâchoires étroites et saillantes; les dents incisives supérieures inclinées en avant; le menton retiré en arrière; de grosses lèvres, un nez épaté

---

j'emploie est plus que suffisante pour l'objet que je me propose dans ce chapitre.

et se confondant en quelque sorte avec la mâchoire supérieure; les genoux ordinairement tournés en dedans.

Tels sont les traits des trois variétés les plus prononcées et les plus distantes l'une de l'autre. Ceux des deux variétés intermédiaires n'en sont que des nuances différentes, qui servent comme de transition de la race *caucasienne* à ses deux dérivations les plus opposées. Les traits de la race *américaine* sont un mélange de ceux de la race *caucasienne* et de la race *mongole*; les traits de la race *malaise* sont un mélange de ceux de la race *caucasienne* et de la race *éthyopienne* [1].

On sent que des signalemens aussi généraux ne sauraient convenir également à toutes les nuances qu'embrasse chaque variété. Cependant il n'est pas douteux qu'ils ne s'appliquent plus ou moins à chacune d'elles, et l'on a pu dire avec une certaine exactitude quels sont les peuples dont chaque variété se compose.

On a compris dans la race blanche ou caucasienne tous les Européens anciens et modernes,

---

(1) W. Lawrence, p. 549 à 572.

moins les Lapons et les débris de la race finoise ; tous les habitans anciens et nouveaux de l'ouest de l'Asie, dans l'étendue des pays qu'embrasse l'Oby, la mer Caspienne et le Gange ; enfin les habitans du nord de l'Afrique, en y réunissant quelques tribus avancées vers le sud.

La race jaune ou mongole a embrassé le reste des nations asiatiques, les Lapons et les Finois au nord de l'Europe, et les Eskimaux répandus à l'extrémité du nord de l'Amérique, depuis le détroit de Béring jusqu'aux confins du Groenland.

Toutes les nations de l'Afrique qui ne font pas partie de la première variété, ont été comprises dans la race noire ou éthyopienne.

La variété rouge ou américaine a été composée de tous les naturels de l'Amérique, moins les Eskimaux.

Enfin, à la variété brune ou malaise ont appartenu tous les habitans des nombreuses îles de la mer du Sud, depuis le vrai Malais que sa couleur, ses traits, ses cheveux longs et doux rapprochent beaucoup de la race européenne, jusqu'au sauvage de la terre de Diémen, qui, par sa peau noire et sa chevelure courte, crépue et serrée, paraît se confondre avec l'Africain[1].

Les différences que nous venons de noter entre les principales variétés du genre humain ne sont pas les seules qui les distinguent. Ces variétés, si fortement séparées par la couleur, les traits, les cheveux, l'air de la tête, ne diffèrent pas moins par la taille, par les proportions du corps, peut-être par la finesse des sens; mais surtout par la forme et la capacité du crâne, par le volume et le mode de développement du cerveau.

Il y a une distance énorme du crâne haut et bombé de l'Européen au crâne large et aplati du Mongol, ou au crâne étroit et oblong du nègre. Le volume et la disposition du cerveau ont, dans la race caucasienne, une supériorité marquée sur les deux variétés qui s'éloignent le plus d'elle. Les organes de l'intelligence sont ceux qui prédominent dans la tête de l'*Européen*, et ceux de l'animalité dans la tête du *Mongol* et surtout du *nègre*. Ces dernières races sont peut-être mieux partagées du côté des sens; mais la première est évidemment supérieure par les organes de la pensée. La face, qui est petite dans

---

[1] Law., p. 549 à 572.

le Caucasien, comparativement au reste de la tête, est énorme dans le Mongol, et surtout dans l'Ethyopien relativement au volume du cerveau [1].

Les proportions du corps ne sont guère moins différentes. Le Mongol a le buste large et carré, les extrémités courtes et musculeuses [2]. Le nègre, au contraire, est mince du corps et surtout des reins; il a souvent les extrémités longues et grêles, et presque toujours la jambe et le pied renversés en dedans [3]. L'Européen s'éloigne également de ces formes défectueuses; il n'est ni trapu comme le Mongol, ni fluet et dégingandé comme l'Ethyopien : il unit dans ses proportions la force et la grâce.

Il paraît qu'il l'emporte aussi par la stature. Sans doute, on ne trouve pas dans la race caucasienne d'hommes plus grands que certaines tribus des variétés américaine et malaise; mais on n'y trouve pas de peuples aussi petits que

---

(1) « The intellectual characters are reduced, the animal features enlarged and exagerated », dit W. Law. parlant de la tête du nègre : (*ouv. cité plus haut*, p. 363.)

(2) Law. et les auteurs qu'il cite, *ib.*, p. 354 et 555.

(3) *Ibid.*, p. 398.

dans les quatre autres variétés. Elle a des peuples plus remarquables par la taille que les plus grands de la variété mongole; et elle n'en a pas d'aussi petits que les Lapons, les Samoyèdes, les Eskimaux, les Groenlendais, etc. Elle a des peuples plus grands que les Cafres, les plus grands de la variété éthyopienne, et elle n'en a pas d'aussi petits que les Hottentots et les Boschismen. Elle a des peuples aussi grands que les plus grands des îles de la mer du Sud, et elle n'en a peut-être pas d'aussi petits que les habitans de la terre de Diémen; elle en a d'aussi grands que les Patagons, les Caraïbes, les Payaguas et les autres races les plus colossales de la variété américaine, et elle n'en offre pas d'aussi petits que les Chaymas et les Pescherais. La stature moyenne des Européens est donc supérieure à celle de toutes les autres races [1].

Ajoutons à ces remarques que les diverses variétés, tant qu'elles ne s'allient point entre elles, conservent invariablement les caractères qui leur sont propres. Ces caractères restent les mêmes sous toutes les latitudes et dans tous les climats.

(1) Law. et les nombreux voyageurs qu'il cite *ib.*, p. 435 à 445.

L'Américain est rouge d'un bout de l'Amérique à l'autre ; l'Africain reste noir sous les glaces du pôle ; l'Européen naît blanc sous le soleil d'Afrique ; les Maures et les Arabes, qui sont de notre race, font encore, après une longue suite de générations des enfans qui sont en naissant aussi blancs que les nôtres. Les Hottentots restent éternellement petits à côté des Cafres qui sont grands ; et les Chaymas, chétifs et fluets, à côté des Caraïbes ou des Carives qui sont énormes. Les Gallas, nation africaine placée directement sous la ligne, ont, suivant Bruce [2], un teint presque blanc que n'altèrent pas les feux du soleil ; et les Cafres, qui sont à quelques degrés du cap, sous un climat dont la chaleur est très supportable, conservent, suivant Paterson [3], leur peau du noir d'ébène le plus foncé. Une même race, qui ne se mêle pas, reste identique sous les climats les plus divers [4]. Des races diverses, qui ne se mêlent pas, conservent toutes, dans un même pays, les traits qui leur sont propres.

(1) Poiret, Voyage en Barbarie, t. I, p. 31.
(2) Cité par Law., *ib.*, p. 533.
(3) *Id.*, *ibid.*
(4) Témoin la nation Juive, entre beaucoup d'autres.

Les mêmes quartiers du globe ont été successivement habités par des peuples très différens, sans que les traits caractéristiques d'aucun de ces peuples aient subi la moindre altération. Il n'est pas au pouvoir de l'homme enfin de modifier sa postérité en agissant sur lui-même. Nulle mutilation, accidentelle ou volontaire, n'est transmissible par la génération : les Caraïbes se déforment artistement le crâne ; les femmes Chinoises réduisent leur pied au tiers de ses justes dimensions ; certains sauvages s'allongent démesurément les oreilles, et nul d'eux ne réussit à transmettre ces difformités à ses descendans. Il y a trois ou quatre mille ans que les Juifs se coupent le prépuce, et leurs enfans naissent encore incirconcis, dit le docteur Prichard [1].

3. Ce serait sortir du sujet que je traite que de rechercher ici d'où ont pu provenir ces différences entre les principales variétés de notre espèce. Sont-elles originaires ou adventices ? A-t-il existé primitivement plusieurs races distinctes, comme le croient quelques auteurs [2], ou bien le genre

---

(1) Cité par Law., p. 509.
(2) « Il n'est permis qu'à un aveugle, dit Voltaire, de douter

humain était-il identique dans son origine, et toutes les variétés de l'espèce humaine ne sontelles que des déviations plus ou moins sensibles de ce type original et primitif? S'il en est ainsi, comment se sont opérées ces déviations? Ontelles été le fruit du climat, du sol, des alimens, ou d'autres causes extérieures, comme on l'avait toujours prétendu; ou bien, comme on l'a récemment expliqué, ont-elles été produites par cette tendance des espèces à la *variation*, qui est, dit-on, une loi du monde physique, qui agit éga-

que les blancs, les nègres, les Albinos, les Hottentots, les Lapons, les Chinois ne soient des races *entièrement* différentes » (*Essai sur les mœurs, introduct.*). Peu de naturalistes seraient, à cet égard, aussi affirmatifs que Voltaire. « Il n'est pas facile, dit M. Duméril, de déterminer si le genre *homme* doit être rapporté à une ou plusieurs races. Nous voyons chez les autres animaux, principalement parmi ceux qui vivent en domesticité, un très grand nombre de différences dans la taille, dans la forme du corps et de ses diverses parties, enfin dans la couleur de la peau et du poil; et cependant tous ces individus appartiennent au même genre » (*Elém. des scienc. nat.*, § 1329). Beaucoup de savans naturalistes ont cru à l'unité originaire du genre humain, et ont donné des raisons qui semblent plausibles. A la vérité, ils n'ont pas été aussi heureux dans leur manière d'expliquer les différences survenues entre les hommes. Ils ont attribué ces différences à l'influence des causes externes et adventices. C'est une erreur que W. Lawrence paraît avoir complètement détruite. (*Voy. son ouvrage, passim, et notamment p. 516 à 525.*) Lawrence ne nie pas l'influence de lement sur les plantes et sur les animaux, qui agit surtout dans l'état de domesticité, et avec une force d'autant plus grande qu'on est dans un état plus avancé de culture et de civilisation [1]?

ces causes, mais il prouve qu'elle s'arrête aux individus et n'affecte jamais les races. L'explication qu'il donne de la différence des races semble beaucoup plus vraie.

[1] W. Lawrence paraît être le premier zoologiste qui ait donné cette explication de la diversité des races humaines. On ne peut suivant lui assigner qu'une cause raisonnable à cette diversité : la survenance occasionnelle, accidentelle d'enfans nés avec des caractères particuliers et jusqu'alors inconnus, qui en font une variété nouvelle, et la perpétuation de cette variété par la génération. (*Voy. l'ouvrage cité*, *p.* 300, 446, 510 et 515.) M. Lawrence avoue que, dans l'état actuel de la science, on n'a aucun moyen d'expliquer ces survenances inattendues de nouvelles races; mais l'expérience démontre, dit-il, qu'elles sont possibles, et il en cite de nombreux exemples. Il rapporte, entre autres, celui d'un homme appelé Edouard Lamberg, né dans le comté de Suffolk, à qui l'on avait donné le sobriquet de *Porc-Épic*, parce qu'il avait tout le corps, moins la face, la tête, la plante des pieds et l'intérieur des mains, tout couvert d'excroissances assez analogues à celles dont le porc-épic est revêtu. C'était comme une sorte de verrues noires, d'une substance cornée, longues d'environ un pouce, serrées les unes contre les autres, roides, élastiques et résonnantes. Cet homme fut présenté en 1731 à la société royale de Londres. Il se maria et eut six enfans, tous porcs-épics de naissance, comme lui. Un seul de ces enfans vécut. Il se maria à son tour, et transmit à ses descendans le trait caractéristique de sa race. On a vu, en Allemagne, les deux enfans qu'il eut, John et Edouard Lamberg : ils avaient l'un et l'autre la peau recou-

Toutes ces questions, plus ou moins curieuses, plus ou moins importantes, sont du domaine de la zoologie, et je n'ai point à m'en occuper dans cet ouvrage. Mais ce dont je peux et dois m'occuper ici, c'est de savoir si des différences aussi sensibles, aussi permanentes entre les variétés, n'en doivent entraîner aucune dans le degré de culture, et par suite dans le degré de liberté dont elles sont susceptibles.

4. Il n'est pas possible de douter qu'elles n'en entraînent de considérables. On sait à quel point l'âge, les infirmités, les passions influent sur l'usage que l'homme est capable de faire de ses forces : comment la différence de conformation

verte des mêmes excroissances que leur père et leur aïeul. — Or, supposons maintenant, dit Lawrence, que, par l'effet de circonstances quelconques, cette famille se fût trouvée reléguée dans une île déserte, et s'y fût perpétuée par la génération : elle aurait formé dans l'espèce une variété bien plus différente de nous que ne le sont les nègres; et si, plus tard, cette île avait été découverte, on n'aurait pas manqué de dire que c'étaient l'air, le sol, le climat qui en avaient ainsi défiguré les habitans; ou bien on aurait soutenu que c'était une espèce qui n'avait pu provenir d'aucune autre, une espèce originairement différente, et nul de nous sans doute n'aurait voulu reconnaître pour parente une race d'hommes *porcs-épics*. (*Ibid*, 448 à 451.)

serait-elle à cet égard sans influence ? On reconnaît que cette différence en peut mettre une grande entre la capacité de deux individus : comment n'en mettrait-elle aucune entre la capacité de deux races ? On avoue que, hors du genre humain et dans les autres espèces d'animaux, toutes les variétés ne sont pas susceptibles d'une éducation uniforme; que, par exemple, il n'est pas possible de donner au cheval flamand la vitesse du cheval anglais ou limousin, de procurer au dogue l'agilité du lévrier, de donner au lévrier l'odorat du chien de chasse, de communiquer au mâtin l'intelligence du barbet et du chien de berger : comment donc serait-il plus facile de tirer un même parti de toutes les races d'hommes? Existe-t-il entre un Boschismen et un naturel d'Europe, entre un Caraïbe et un Caucasien moins de différence qu'entre un mâtin et un chien de chasse, qu'entre un coursier arabe et le cheval pesant que nous employons aux charrois?

Je suis loin de prétendre que certaines variétés de notre espèce ne sont susceptibles d'aucune culture; je crois qu'une qualité commune à toutes c'est de pouvoir se perfectionner par l'éducation ; mais il ne paraît pas possible d'admettre qu'elles sont toutes également perfectibles.

5. Et d'abord, comment admettre que l'Eskimau pourrait par la culture devenir aussi grand que le Patagon ? que les Hottentots pourraient acquérir autant de force que les Cafres ? que les Lapons, les Groenlendais et les autres peuples pygmées de la variété mongole parviendraient à tirer de leurs facultés physiques le même parti que les races les plus belles et les plus robustes de la variété caucasienne ? Quand les Espagnols envahirent l'Amérique, dit Herréra, ils trouvèrent en général les Indiens plus faibles qu'eux, et ce fut même cette faiblesse des Indiens qui donna lieu à l'introduction des esclaves d'Afrique, beaucoup plus capables de soutenir les rudes travaux des mines[1]. Volney remarque que, dans leurs combats soit de troupe à troupe, soit d'homme à homme, les habitans Européens de la Virginie et du Kentucky ont toujours déployé plus de vigueur physique que les indigènes de

---

(1) Dec. 1, lib. 9, cap. 5.

l'Amérique septentrionale¹. Plusieurs autres voyageurs ont trouvé, sur divers points de l'Amérique du nord, la même infériorité de force musculaire aux naturels du pays. Il est sensible enfin que, par cela même que certaines variétés diffèrent par la taille et les justes proportions du corps, elles doivent différer aussi par la vigueur physique, et que, sous ce rapport, elles ne peuvent se développer et devenir libres qu'à des degrés très inégaux.

6. Au reste la force que les hommes possèdent dans leurs bras est toujours si petite en comparaison de celle qu'ils peuvent se procurer par leur intelligence qu'elle mérite à peine d'être comptée; et, quelque différence qu'on puisse remarquer entre leurs muscles, je n'hésiterais pas à dire qu'ils sont susceptibles de la même liberté, s'ils l'étaient d'ailleurs du même degré de culture intellectuelle et morale. Mais la diversité de leur conformation physique n'en doit-elle entraîner aucune dans leurs pouvoirs moraux? Peut-on admettre que les sauvages tribus de la

(1) Tableau des Etats-Unis, t. I, p. 447.

Terre-de-Feu ou de la Nouvelle-Hollande seraient capables, dans des situations d'ailleurs égales, d'apprendre à faire de leurs facultés intellectuelles un usage aussi étendu et aussi raisonnable que les nations de l'Europe les plus heureusement organisées ?

J'ai déjà fait remarquer la différence que les principales variétés de l'espèce offrent dans la conformation de la tête. Cette différence est l'une de celles qui les distinguent le plus fortement; et un Nègre, un Calmouck, un Européen ne sont certainement pas plus séparés par la couleur de la peau que par la forme du crâne. Pense-t-on qu'une pareille différence dans les organes intellectuels n'en doive produire aucune dans les fonctions de l'intelligence? et, voulût-on ne voir dans l'homme qu'un pur esprit *servi par des organes*, serait-il possible d'admettre que cet esprit est également puissant, quels que soient les organes qui le servent?

Nous n'avons, je le sais, aucun moyen de connaître comment à cet égard le physique influe sur le moral; mais il est d'observation constante en zoologie que plus la tête des animaux s'approche de certaines formes, et moins est imparfait l'usage qu'ils peuvent faire de leurs facultés intellectuelles. C'est par là que certains animaux se montrent supérieurs à d'autres. C'est par là surtout que l'homme se distingue de la brute : pourquoi la même cause ne distinguerait-elle pas l'homme de l'homme ?

7. Si les phénomènes de l'intelligence ne dépendaient en rien de l'organisation physique, on ne remarquerait aucune coïncidence entre les lumières des peuples et le mode de leur conformation. On rencontrerait indistinctement, dans toutes les races, un même mélange d'habileté et d'impéritie, de prospérité et de misère; les beaux caractères et les grands talens se montreraient en même nombre, toute proportion d'ailleurs gardée, dans les meilleures conformations et dans les organisations les plus imparfaites; l'Éthyopien, le Mongol, l'Européen seraient au même point civilisés. Mais il s'en faut qu'il en soit ainsi. Il se trouve au contraire que la supériorité de civilisation coïncide généralement avec la supériorité d'organisation physique, et que les races les mieux faites sont aussi les plus civilisées. Le Calmouck, à la face large, au front écrasé, ne

s'est pas en général beaucoup élevé au dessus de la vie nomade ; le nègre, au crâne étroit et allongé, a toujours croupi dans un état voisin de la pure barbarie ; tandis que le Caucasien, dont le front est très développé, et la figure presque verticale, est parvenu à diverses époques, et surtout dans les temps modernes, à un degré comparativement très élevé de civilisation. De tous les animaux de notre espèce, le plus susceptible de culture, c'est sans contredit l'homme de couleur blanche, c'est l'animal que Linnée appelle *homo sapiens europeus*.

Je ne dis pas qu'un certain nombre d'individus dans les races obscures ne puissent s'élever aussi haut et plus haut peut-être que le commun des hommes de la race blanche : je serais certainement démenti par les faits. Je sais qu'on peut citer des exemples de nègres qui se sont plus ou moins distingués dans les arts, dans les lettres, même dans les sciences [1]. Mais ces exceptions, quoique nombreuses, ne le sont pas assez pour

---

[1] Voir les exemples rapportés par Blumenbach, *de gen. hum. var. nat.*, et ceux qu'ajoute Lawrence, p. 494 et 498 de l'ouvrage déjà cité. Voir aussi l'intéressant ouvrage de M. Grégoire sur la littérature des nègres.

infirmer la règle, et l'on ne parviendrait en les réunissant, et en les comparant à la masse d'hommes distingués qu'a renfermés dans tous les temps la race caucasienne, qu'à montrer combien celle-ci est en général supérieure par les facultés de l'esprit et la force de la pensée.

Je ne dis pas non plus que les autres races, considérées dans leur ensemble, ne puissent pas s'élever à un certain degré de civilisation : les faits me seraient encore contraires. On peut citer, dans la race africaine, les noirs de Saint-Domingue; dans la malaise, les Otaïtiens ; les Péruviens et les Mexicains, dans l'américaine; et dans la mongole, les Japonais et surtout les Chinois qui sont parvenus, chacun à leur manière, à un degré de culture plus ou moins élevé. Cependant, quelle comparaison peut-on établir entre ces diverses civilisations et celle de la race européenne? Combien ne lui sont-elles pas inférieures en étendue, en intensité, en perfection ? Celle des Chinois, la plus remarquable de toutes, paraît en être, sous beaucoup de rapports, à une distance infinie. Et d'ailleurs, fût-elle actuellement plus parfaite, un seul de ses caractères suffirait avec le temps pour la rendre inférieure.

Je veux parler de son immobilité. Elle est stationnaire depuis quarante siècles; elle ressemble à une sorte d'instinct : bien différente de la civilisation européenne, dont le caractère essentiel est d'être à la fois mobile et progressive, c'est-à-dire, de se modifier sans cesse et de s'améliorer en se modifiant [1].

La race caucasienne se distingue des autres dès les premiers temps de son histoire. Aucun monument, aucune tradition ne la montrent dans un état de dégradation et d'abrutissement pareil à celui où l'on a surpris diverses tribus des autres

---

(1) Adelung dit, en parlant de la Chine et des contrées voisines de ce vaste empire : « Les peuples de ces immenses régions retiennent encore dans leur langage toutes les imperfections d'une langue qui vient de naître. Comme les enfans, ils n'articulent que des monosyllabes. Ils parlent comme ils parlaient il y a plusieurs milliers d'années, quand l'espèce humaine était encore au berceau. Nulle division des mots en plusieurs classes, comme cela a lieu dans toutes les langues; confusion pleine et entière des personnes et des temps; nulle inflexion des mots; nulle distinction des cas et des nombres; on forme le pluriel, ainsi que le forment les enfans, en répétant plusieurs fois le même nombre, comme *trois et encore trois, trois et plusieurs autres*, etc. (*Mithridate*, p. 18.). Un langage aussi imparfait, continue le même auteur, rend tout progrès impossible, et tant que les Chinois n'en parleront pas d'autre, ils feraient de vains efforts pour s'approprier les arts et les sciences de l'Europe. » (*Ib. p.* 28, *cité par Law., p.* 471.)

variétés. Il est permis de supposer qu'elle a commencé par être tout-à-fait sauvage; mais l'on ne saurait assigner d'époque où elle l'ait été, et les plus anciens monumens la représentent au moins dans l'état nomade. Les Arabes de la Genèse, les Grecs d'Homère, les Germains de Tacite ne sont pas encore sans doute des peuples très avancés; mais qui pourrait nier que leur état ne soit très supérieur à celui où l'on a trouvé les naturels de la Nouvelle-Hollande et plusieurs tribus de l'Amérique?

Si les Caucasiens se distinguent des autres variétés à leur origine, ils s'en distinguent bien davantage dans les temps postérieurs. Plus on s'éloigne de leur point de départ et plus on les trouve en avant des autres races. Ils ne font pas des progrès ininterrompus : leur civilisation est irrégulière dans sa marche : elle s'arrête, elle rétrograde ; elle ne disparaît jamais entièrement : elle reparaît au contraire avec plus de force ; elle se répand sur des espaces plus étendus ; de proche en proche, elle a envahi ainsi toute l'Europe, et depuis plusieurs siècles, elle y fait des progrès soutenus et toujours plus généraux.

Dans le même temps, l'éducation des autres

races ne paraît pas avoir fait de progrès sensible. Je parlais tout à l'heure de l'immobilité des Asiatiques, on peut parler de celle des Africains. Ils restent plongés depuis deux mille ans dans leur barbarie originelle, et le nègre que nous connaissons n'est pas supérieur à l'Éthyopien que les anciens ont connu. Quant aux naturels de l'Amérique et des îles du sud, on sait dans quel état ils ont été trouvés et dans quel état ils sont encore.

Et il ne faut pas, comme on l'a fait, attribuer au climat le développement de la race européenne. Toutes les races sont répandues sous des latitudes extrêmement variées. On sait quelle est l'étendue de l'Afrique; l'Amérique touche aux deux pôles; l'Asie embrasse les climats les plus divers : comment, dans des situations si prodigieusement différentes, les races obscures n'auraient-elles pas fait des progrès comparables à ceux de la race blanche, si elles n'étaient pas naturellement inférieures? Les Européens se sont développés dans les climats les plus défavorables; les autres races sont restées plus ou moins incultes dans tous les climats. Les Européens se sont civilisés dans les mêmes lieux où d'autres races n'ont jamais pu cesser d'être sauvages. Quel argument la florissante république des États-Unis n'offre-t-elle pas contre ceux qui veulent faire honneur au climat d'Europe de la civilisation des Européens ?

Il ne serait pas plus exact de dire que les Européens sont redevables de leur civilisation à de meilleurs gouvernemens, à des institutions moins barbares ; car ces choses font partie de leur civilisation et sont précisément le fruit de leur supériorité. Si les autres races en étaient naturellement capables, pourquoi ne les possèderaient-elles pas? Pourquoi n'auraient-elles pas aussi des gouvernemens réguliers et des institutions raisonnables? Les lois, les mœurs, les sciences, les arts, l'industrie de la race européenne ne sont pas des créations du ciel ; l'auteur des choses en avait déposé le germe en elle ; mais elle a le mérite de l'avoir développé ; sa civilisation est son ouvrage; elle est l'effet et non la cause de sa supériorité.

On n'expliquerait pas mieux la supériorité des Européens sur d'autres races, et par exemple sur la noire, observée dans nos colonies, en disant que l'infériorité de celle-ci tient à son état de servitude. D'abord cette servitude est elle-même un phénomène assez étrange, et qui demanderait explication. Pourquoi n'est-ce pas la race noire qui commande ? Pourquoi n'est-ce pas la blanche qui sert ? Ensuite, la race noire ne soutiendrait peut-être pas mieux la comparaison avec la blanche dans son pays natal, où elle est libre, que dans nos colonies, où elle est esclave. Enfin la race blanche a été vue aussi dans l'esclavage, et dans un esclavage pire que celui des noirs. M. Jefferson, dans ses excellentes notes sur la Virginie, observe avec raison que la condition des esclaves chez les Romains, particulièrement au siècle d'Auguste, était infiniment plus dure que ne l'est celle des nègres que nous avons réduits en esclavage. « Cependant, dit-il, malgré tous ces genres d'oppression, et beaucoup d'autres circonstances décourageantes, les esclaves, chez les Romains, montraient fréquemment les plus grands talens. Plusieurs excellèrent dans les sciences ; de sorte que leurs maîtres leur confiaient communément l'éducation de leurs enfans. Epictète, Phèdre et Térence furent esclaves ; mais ces esclaves étaient de la race des blancs. Ce n'est donc pas, ajoute-t-il, l'esclavage, mais la nature qui a mis entre les races une si grande différence [1] ».

(1) Notes sur la Virginie, traduction française, p. 206 à 208.

Non-seulement les races obscures ne sont pas développées, de leur propre mouvement, au même degré que la race blanche; mais elles n'ont pas même su s'approprier sa civilisation. Depuis trois siècles que les naturels de l'Amérique ont sous leurs yeux le spectacle des arts de l'Europe, transplantés sur leur propre sol, leurs arts n'ont rien perdu de leur grossièreté native. Ils ont vu naître, grandir de puissantes colonies sans être tentés d'imiter aucun des travaux auxquels elles devaient leur prospérité croissante. L'exemple, la persuasion, les encouragemens, rien n'a pu leur faire abandonner leur vie vagabonde et précaire pour l'agriculture et les arts.

Si l'on pouvait mettre en doute la supériorité intellectuelle de la race blanche, il n'y aurait qu'à considérer l'importance du rôle qu'elle joue sur notre planète, et l'étendue de la domination qu'elle y exerce. Elle occupe presque exclusivement l'Europe; elle est souveraine maîtresse de l'Amérique; elle règne sur une portion considérable de l'Asie; elle a des colonies en Afrique et à la Nouvelle-Hollande; elle s'est répandue dans tous les quartiers du globe; elle a des établissemens partout, et ces établissemens s'étendent sans cesse. Les autres races sont bien loin d'avoir montré la même curiosité, la même audace, la même force expansive. Ce ne sont pas elles qui sont venues chercher les Européens; ce sont les Européens qui ont été au devant d'elles, qui sont allés les découvrir, les visiter dans les coins de la terre les plus retirés. Le monde, sans les Européens, ne saurait pas même leur existence, et la plupart d'entre elles seraient ignorées du reste du genre humain.

Enfin une dernière marque de l'infériorité des races obscures, un fait dont il semblerait résulter qu'elles ne sont que des dégénérations de la race blanche, c'est qu'elles tendent à revenir à sa couleur et à ses traits, tandis qu'elle ne prend leur couleur et leurs traits que fort difficilement. Tel est du moins l'avis de Blumenbach, adopté par W. Lawrence, et que ces savans naturalistes appuient sur des observations faites dans les îles de la mer du Sud et dans plusieurs parties de l'Afrique [1].

Les faits semblent donc établir que les races obscures, inférieures à la race européenne sous

---

(1) W. Law., ouvrage cité, p. 554.

le rapport de l'organisation, ne manifestent pas la même force d'intelligence, qu'elles n'ont pas le même fonds d'industrie, qu'elles ne savent pas au même degré accroître par l'art leur puissance naturelle; qu'en un mot, elles ne sont pas capables de faire de leurs forces un usage aussi ingénieux, aussi grand, aussi varié.

8. Il ne paraît pas non plus qu'elles puissent en faire un usage aussi moral, soit à l'égard d'elles-mêmes, soit dans leurs rapports d'homme à homme et de peuple à peuple.

Cela doit résulter d'abord de l'infériorité de leur esprit. Il n'est pas possible que leurs mœurs ne se ressentent pas aussi bien que leurs arts de ce qui peut leur manquer en intelligence. Si la morale est une affaire de sentiment elle est surtout une affaire de sens; et, toutes choses d'ailleurs égales, il n'est pas douteux que, de deux races différentes, la plus capable d'acquérir des lumières ne soit aussi la plus capable d'acquérir des vertus.

L'observation d'ailleurs confirme ma remarque, et les faits paraissent montrer assez clairement que les races obscures, moins heureusement douées du côté de l'esprit, ont aussi une morale moins parfaite.

Quelque peu avancées que soient encore les mœurs de l'Europe, il est deux maximes que ses peuples adoptent universellement, au moins en spéculation, et dans lesquelles est renfermée toute la morale. La première, qui est la base de la morale individuelle, c'est que nous devons satisfaire nos besoins avec une certaine mesure; la seconde, qui comprend tous nos devoirs de relation, c'est que nous devons les satisfaire par des moyens qui n'offensent pas les autres hommes. Il s'en faut sans doute beaucoup que les nations de l'Europe conforment exactement leur conduite à ces préceptes; mais si l'on considère les mœurs des autres variétés du genre humain, on est forcé de reconnaître qu'elles s'en écartent bien davantage encore.

Il ne semble pas douteux d'abord que, dans leurs habitudes personnelles, les hommes de race nègre, ou mongole, ou malaise, ou américaine, ne se montrent en général moins prudens, moins modérés, moins délicats que les hommes de couleur blanche. Ils paraissent plus soumis à l'instinct, plus esclaves de leurs appétits, moins capables de sacrifier une jouissance présente à la juste appréhension des maux futurs qu'elle est susceptible d'entraîner. Ils paraissent aussi moins capables de mettre de la réflexion et de la justice dans leurs relations avec leurs semblables. Il est une multitude d'actions impures ou violentes qui ne leur inspirent aucune aversion. L'infanticide, la polygamie, la servitude domestique sont des choses universellement admises dans leurs codes de morale. On en peut dire à peu près autant de l'esclavage politique et civil partout où ces races sont formées en corps de nation. Enfin la guerre est leur état habituel de peuplade à peuplade.

Il est bien vrai que ces excès peuvent venir et viennent en effet en partie de leur genre de vie, de la manière dont elles pourvoient généralement à leur subsistance. Mais est-il en leur pouvoir de changer d'état? N'est-il pas des vices qui tiennent à leur complexion? de certains progrès qu'elles sont naturellement incapables de faire? de certaines vertus qu'il semble impossible de leur inculquer? Il est plusieurs de ces races, ou du moins il est dans ces races plusieurs variétés qui paraissent absolument incapables de tempérance et de prévoyance, qui montrent une insurmontable aversion pour le travail, seul moyen de satisfaire ses besoins sans faire violence aux autres hommes. Les individus de ces variétés semblent donc soit dans leurs rapports avec eux-mêmes, soit dans leurs mutuelles relations, moins susceptibles que les hommes de couleur blanche d'apprendre à faire un usage moral de leurs facultés.

9. La conséquence de tout ceci n'est pas sans doute que nous pouvons nous dispenser de justice envers les races obscures. De ce qu'elles auraient le malheur de nous être inférieures, je ne veux pas inférer qu'il faut les rendre encore plus misérables. Je ne prétends sûrement pas remettre en question si les Indiens sont des hommes, ni s'il faut nécessairement des bulles du pape pour les traiter comme tels. Je n'entends excuser, je prie le lecteur de le croire, ni la traite et l'esclavage des Africains, ni le massacre des indigènes de l'Amérique, ni l'état de minorité perpétuelle auquel les Espagnols ont réduit le peu d'Indiens qu'ils n'avaient pas exterminés [1]. Assurément

(1) « Dans un siècle où l'on discuta formellement si les In-

si quelque chose pouvait rendre douteuse la supériorité de notre race, ce serait bien la conduite qu'elle a tenue envers ses parentes d'Afrique et d'Amérique, et la manière dont elle a prétendu justifier ses attentats¹.

diens étaient des êtres raisonnables, dit M. de Humboldt, on crut leur accorder un bienfait en les traitant comme des mineurs, en les mettant à perpétuité sous la tutelle des blancs, et en déclarant nul tout acte signé par un natif de la race cuivrée, toute obligation que ce natif contracterait au-dessus de la somme de 15 fr. Ces lois se maintiennent dans leur pleine vigueur; elles mettent des barrières insurmontables entre les Indiens et les autres castes dont le mélange est généralement prohibé. Des milliers d'habitans ne peuvent faire des contrats valables (*no pueden tratar y contratar*). Condamnés à une minorité perpétuelle, ils deviennent à charge à eux-mêmes et à l'état dans lequel ils vivent. » (*Essai polit. sur la Nouvelle-Espagne, t. I, p.* 433.)

(1) Ce qui aurait dû exciter son humanité a servi de prétexte à ses barbaries. Une intelligence supérieure, une plus grande aptitude aux sciences et aux arts doivent être employés, comme l'observe judicieusement Lawrence, à étendre les bienfaits de la civilisation, à multiplier les jouissances de la vie sociale, et non à accabler l'ignorant et le faible, et non à faire tomber dans un abîme encore plus profond de misère et d'abrutissement celui que la nature a déjà condamné à occuper les derniers rangs de la société humaine. Quand on voit aux prises deux hommes également vigoureux, également bien armés, il est possible de rester spectateur de la lutte et d'en attendre l'issue avec une sorte d'intérêt et de curiosité. Mais si le fort attaque le faible; si un homme armé jusqu'aux dents assaille un homme sans défense; si l'on voit l'adresse, l'habileté, la

Tout ce que je veux induire de l'infériorité des races obscures c'est qu'étant moins susceptibles de culture que la race blanche elles sont moins susceptibles de liberté. Je n'ai nulle envie de flatter la vanité de celle-ci; encore moins voudrais-je offenser la dignité de celles-là. Mon seul dessein est de constater une vérité dont la connaissance importe à toutes, savoir que la liberté des hommes dépend, avant toutes choses, de la perfection naturelle de leurs facultés. Or les faits rendent, je crois, cette vérité manifeste. La civilisation supérieure de la race blanche n'est le produit, on vient de le voir, d'aucune circonstance extérieure, ni d'aucun hasard heureux ; elle résulte donc de sa nature, elle vient de la supériorité de sa conformation. Par cela seul que cette race est douée d'organes plus parfaits, elle peut tirer un plus grand parti de son intelligence ; elle est, plus qu'une autre, capable

science ; si l'on voit les armes et les arts supérieurs de l'Europe, combinés et mis en œuvre pour dépouiller un pauvre sauvage du seul bien qu'il possède, de la liberté, il n'y a pas moyen de soutenir la vue d'un tel spectacle ; il faut détourner les yeux avec un sentiment d'indignation et d'horreur. (*Lectures on the nat. hist. of man.*)

d'exercer une action utile et puissante sur la nature et sur elle-même, et de porter dans tous les travaux et dans toutes les fonctions de la société les connaissances scientifiques et les habitudes morales qui peuvent en faciliter l'exercice et le faire fructifier.

L'écrivain distingué, qui, dans un ouvrage récent, a paru craindre pour les nations européennes le sort des peuples asiatiques [1], n'a pas assez tenu compte de la différence des races. Que la *Gazette impériale et le Bambou* gouvernent les Tartares ou les Mongols de la Chine, ce fait n'a rien, je pense, qui nous doive beaucoup inquiéter. « Les peuples qui ont le front écrasé, dit Lawrence, n'ont jamais mis en doute que des millions d'êtres humains ne pussent être la propriété d'un homme [2]. » Mais nous ne sommes pas de race mongole; nous n'avons pas le crâne aplati des Calmoucks. Les peuples de notre race ne professent point en général les maximes de la servitude. Nous avons pour té-

---

(1) M. B. Constant, dans son ouvrage sur les *Religions*.
(2) Ouv. cité, p. 485.—Des nouvelles récentes de la Chine

moins de la dignité de leur nature, et les anciennes républiques de la Grèce et de Rome, et les républiques italiennes du moyen âge, et celles de la Suisse et de la Hollande, et celles du nord et du sud de l'Amérique, et les monarchies plus ou moins limitées de l'Angleterre et de la France, et les magnanimes efforts que fait sous nos yeux la Grèce renaissante pour s'arracher à la domination des Turcs. Il nous arrive sans doute fréquemment de céder à la violence; mais nous la subissons sans la reconnaître; nous n'avons jamais consenti à regarder le despotisme comme

nous ont fait connaître un jugement rendu en 1823, par lequel un littérateur, nommé Whang-See-Heou, a été déclaré coupable de haute trahison et condamné à être taillé en pièces pour s'être permis d'abréger le grand dictionnaire de Kang-Hi, et avoir osé écrire dans sa préface les petits noms, ou noms primitifs de famille de Confucius et de l'empereur. Le même jugement prononce en outre la peine de mort contre tous les parens et enfans du coupable âgés de plus de seize ans, et condamne les autres à être exilés ou donnés comme esclaves à des grands de la cour. « Cette sentence, dit le journal estimable où je puise ces détails, a été gracieusement mitigée par l'empereur, qui, pour favoriser le condamné, a ordonné qu'il ne serait point taillé en pièces, mais seulement décolé. Ses parens ont reçu leur pardon, et ses enfans ont été réservés pour la grande exécution qui doit avoir lieu en automne'. » *Le Globe*, du 3 septembre 1825, n° 153, p. 794). Ces faits caractérisent assez bien l'état politique de la Chine. Et voilà, dit-on, le sort qui nous attend !

un état définitif, ni même comme un état durable. Nous différons autant des Chinois, en un mot, par notre caractère politique que par nos habitudes industrielles. Tandis que chez ce peuple le gouvernement est immobile comme l'industrie, chez nous il est mobile et progressif comme elle. Le gouvernement, en Europe, est un art soumis comme tous les autres au mouvement des idées et des mœurs; et à mesure que les populations deviennent à cet égard plus raisonnables, les dépositaires de leur puissance sont tout naturellement obligés de le devenir.

10. Il n'est donc pas douteux qu'il ne faille accorder beaucoup à la différence des races, et que la perfection de la liberté ne dépende avant tout de celle de nos facultés. Passons à de nouvelles remarques.

CHAPITRE III.

Que les peuples les plus cultivés sont les plus libres.

---

1. Si toutes les variétés de l'espèce humaine ne sont pas également aptes à devenir libres, chaque variété particulière n'est pas également libre dans toutes les situations. La liberté dont un peuple est susceptible dépend des progrès qu'il est capable de faire; la liberté dont il jouit dépend des progrès qu'il a déjà faits. Chacun, dans la mesure de sa capacité naturelle, est plus ou moins libre selon qu'il occupe une place plus ou moins élevée dans l'échelle de la civilisation.

2. J'ai déjà énoncé cette vérité dans mon premier chapitre, et elle est si simple qu'elle ne devrait, à ce qu'il semble, souffrir aucune sorte de contradiction. Il en est peu cependant de plus contredite. On accuse la civilisation de ruiner les mœurs, d'avilir les caractères, de tendre à la dissolution de la société, que sais-je?

Examinez un peu l'idée que la plupart des hommes se font de la marche de leur espèce, observée collectivement. On veut que les aggrégations d'hommes, les sociétés, les nations aient, comme les individus, leur enfance, leur virilité, leur décrépitude; mais en même temps on croit que le progrès de l'âge produit sur elles des effets tout contraires à ceux qu'il a sur les individus. On pense qu'il n'est donné qu'aux individus de devenir plus sages en prenant des années. Quant aux nations, on soutient qu'en vieillissant elles se dérangent, se gâtent; et chose singulière! c'est, dit-on, dans l'âge de la caducité qu'elles se laissent entraîner aux plus grands désordres; c'est alors qu'elles deviennent turbulentes, débauchées, corrompues, tous excès auxquels il serait, ce semble, plus naturel de supposer qu'elles se livrent dans la fougue de l'âge, que lorsqu'elles sont sur le retour et qu'elles touchent à leur fin. On avoue qu'en vieillissant elles se civilisent; mais on dit qu'en se civilisant elles s'énervent, se dépravent, qu'elles dégénèrent, en un mot, et qu'elles dégénèrent d'autant plus qu'elles se civilisent davantage.

Ce procès à la civilisation n'est pas nouveau.

L'idée que notre espèce dégénère à mesure qu'elle avance en âge est presque aussi vieille que le monde. Pour en trouver l'origine, il faudrait au moins remonter au déluge, car le déluge fut déjà une punition infligée à l'homme pour avoir dégénéré [1]. Homère, dans ses chants, fait souvent à ses contemporains le reproche d'avoir perdu de la taille et de la force des héros de Troie. Pline assure que dans tout le genre humain la stature de l'homme devient de jour en jour plus petite : *Cuncto mortalium generi minorem in dies fieri.*

Si nous passons des anciens aux modernes, nous voyons les écrivains des opinions les plus opposées accuser la civilisation de corrompre, de faire dégénérer les hommes.

« L'élévation et l'abaissement journalier des eaux de l'Océan, dit Rousseau, n'ont pas été plus régulièrement assujettis au cours de l'astre

---

(1) Ce châtiment même ne fut pas le premier, et ce serait peu de remonter au déluge. Notre disposition à dégénérer date des premiers instants de notre origine; et depuis la faute de notre premier père, nous n'avons cessé d'aller en empirant. Telle est du moins, selon la foi, la manière dont il faut envisager l'espèce humaine. Dans toutes les religions, l'âge présent est le plus corrompu.

qui nous éclaire durant la nuit que le sort des mœurs et de la probité au progrès des sciences et des arts. On a vu la vertu s'enfuir à mesure que leur lumière s'élevait sur notre horizon, et le même phénomène s'est observé dans tous les temps et dans tous les lieux[1]. »

Cette opinion de Rousseau est déjà ancienne et fort connue. Voici des phrases beaucoup plus nouvelles et qui le sont moins.

« Déjà une fois, dit M. de Constant, l'espèce humaine semblait plongée dans l'abîme. *Alors aussi une longue civilisation l'avait énervée.....* Chaque fois, ajoute le même écrivain, que le genre humain arrive *à une civilisation excessive, il paraît dégradé* durant quelques générations[2]. »

« Nous ne sommes pas, observe M. de Châteaubriand, de ces esprits chimériques qui veulent sans cesse améliorer, et le tout parce que la nature humaine, selon eux, marche vers un perfectionnement sans terme. Ce n'est pas cela. La providence a mis des bornes à ce perfection-

---

(1) Discours sur l'influence des sciences et des arts.
(2) De la Religion, etc., t. I, p. 236 et la note.

nement. Pour l'arrêter il a suffi à celui qui nous a faits de *mettre les mœurs* de l'homme *en contraste avec ses lumières* et d'opposer *son cœur* à *son esprit*[1]. »

J'ai sous les yeux un volumineux pamphlet sur l'état de l'Angleterre, dont on attribue généralement la publication au ministère britannique. L'auteur remarque que la grande masse de la nation russe n'est pas encore parvenue *au même degré de civilisation* que d'autres peuples de l'Europe, et la preuve qu'il en donne c'est que *ses mœurs ne sont pas aussi corrompues*[2].

M. de Montlosier écrivait textuellement en 1818 que la *première chose* que le gouvernement eût *à faire*, c'était de « marcher bien armé et « avec du *gros canon*, s'il était possible, contre « tout ce qui s'appelle accroissement des lumiè- « res et progrès de la civilisation[3]. »

Un grave magistrat *posait en fait* quatre ans plus tard, que « les sociétés périssent par l'excès

---

(1) Du Renouvellement intégral, broch. in-8°, novembre 1823.

(2) De l'état de l'Angleterre au commencement de 1822, p. 132.

(3) De la Monarchie française en 1816, p. 450.

« de la civilisation, de même que les corps hu-
« mains périssent d'excès d'embonpoint, et ce
« fait, disait-il, il le donnait comme pouvant seul
« expliquer les inconcevables agitations dont
« nous étions alors les témoins [1]. »

Un autre écrivait que la France, *marchant la
première à la tête de la civilisation*, courait naturellement le risque d'arriver la première à
ce *rendez-vous de l'abîme* où tous les peuples
aboutissent quand ils ont échangé *les vertus* pour
les connaissances, et *les mystères* pour *les découvertes*, c'est-à-dire quand ils sont très civilisés [2].
Ces paroles ont été traduites dans la plupart des
journaux ministériels du continent; et un puissant monarque les a trouvées si raisonnables et
si belles qu'il a cru devoir, des extrémités de
l'Europe, faire parvenir à Paris des félicitations
à l'auteur [3].

Je ferais aisément des volumes de ce qu'on

---

[1] Réquisitoire de M. Bellart dans l'affaire de la Rochelle. Voir le *Moniteur* du 14 juin 1822.

[2] Réquisitoire de M. de Marchangy dans la même affaire. Voir les journaux de la fin d'août et des premiers jours de septembre 1822.

[3] Voir les journaux du commencement de décembre 1822.

écrit ainsi contre la civilisation. Et ce langage, comme on le voit, n'est pas seulement celui de quelques esprits moroses ou bizarres ; il est l'expression d'un préjugé populaire, qui est commun à beaucoup de beaux esprits, et qu'en plus d'un pays l'autorité partage. Personne ne nie que la civilisation ne nous rende plus ingénieux, plus savans, plus riches, plus polis; mais on veut qu'elle nous déprave. Les uns l'accusent de nous rendre turbulens et factieux; d'autres, faibles et pusillanimes; presque tout le monde, égoïstes et sensuels. Or ce ne sont pas là des qualités bien propres à nous rendre libres; et s'il était vrai que la civilisation nous les donnât, ma thèse évidemment serait mauvaise; j'aurais tort de dire que les peuples les plus libres ce sont les plus civilisés. Examinons donc un peu ce procès *de tendance* qu'on fait de toutes parts à la civilisation.

5. Il est essentiel d'abord de nous entendre sur les termes. Qu'est-ce que la civilisation ?

Le mot de *civilisation* dérive visiblement de celui de *cité*, CIVITAS. *Cité*, c'est *société*. *Civiliser* les hommes, c'est les rendre propres à la *cité*, à la *société*; et les rendre propres à la *société*, qu'est-ce faire? c'est évidemment leur donner des idées et des habitudes *sociales*. La véritable propriété de la *civilisation* est donc, comme le mot l'indique, de nous inspirer des idées et des mœurs favorables à la *société*. Une *civilisation* qui produirait des effets *anti-civils* ou *anti-sociaux* serait une civilisation qui n'en serait pas une; ce serait le contraire de la civilisation; et dire, comme on le fait, que *la civilisation tend à la ruine de la cité*, c'est dire une chose contradictoire; cela est visible à la simple inspection des mots.

Mais, observe-t-on, le mot de civilisation est particulièrement et même exclusivement employé à désigner l'industrie, les arts, les sciences, la richesse; et le propre de la richesse et de tout ce qui l'engendre, ajoute-t-on, est d'introduire la corruption dans les mœurs.

A cela, deux réponses bien simples :

La première, c'est que ceux qui emploient ainsi le mot de civilisation en font un mauvais usage; c'est qu'ils lui donnent un sens beaucoup trop restreint; c'est qu'il signifie tout ce qui nous rend propres à la cité, et non pas seulement une partie de ce qui nous rend sociables; c'est qu'il comprend les mœurs en même temps que la science, et qu'il est absurde de dire que la civilisation nous façonne à la société, sans nous donner aucune bonne habitude sociale, ou même en dépravant nos habitudes, et en nous en imprimant de funestes à la cité. Aussi n'est-ce point ainsi que l'entendent les personnes qui se piquent d'en avoir des idées justes et complètes; et quand elles donnent à une nation le titre éminent de nation *civilisée*, elles ne veulent pas dire seulement de cette nation qu'elle est riche, polie, éclairée, industrieuse; elles veulent dire surtout qu'elle a de bonnes habitudes, qu'elle entend et pratique mieux la justice et la morale qu'une autre, et qu'elle sait mieux à quelles conditions il est possible aux hommes de bien vivre en société.

Ma seconde réponse, c'est qu'alors même que le mot de civilisation n'impliquerait pas immédiatement l'idée de morale, alors qu'on ne voudrait lui faire signifier que les arts et la richesse des peuples, il serait encore insensé de prétendre qu'elle tend à la corruption des mœurs.

Il est vrai que les arts adoucissent les mœurs; il n'est pas vrai qu'ils les corrompent. On leur reproche d'amollir les courages, de détruire les vertus favorables à la guerre; ils font mieux que cela : ils détruisent la guerre même. Ils tendent à rendre inutiles les vertus farouches des peuples conquérans; ils apprennent aux hommes le secret de prospérer simultanément sans se nuire; ils les placent dans une situation où ils peuvent se conserver sans ces efforts surnaturels que des peuples guerriers s'imposaient autrefois la dure obligation de faire; efforts qui ne sont pas long-temps possibles à l'humanité, vertu qui s'use par les obstacles particuliers qu'elle rencontre, par les revers auxquels elle expose, surtout par les succès qu'elle obtient, par les profits qu'elle rapporte, par la dépravation qui suit toujours la fortune acquise dans le pillage, et qui, lorsqu'elle vient à s'éteindre, laisse le peuple de brigands à qui elle avait donné d'abord un faux air de grandeur et de noblesse, dans un état de dépravation et d'avilissement auquel rien ne se peut comparer.

Les arts, dis-je, nuisent à la guerre; mais ils ne nuisent pas aux vertus guerrières. Ils n'offrent rien d'incompatible avec le courage; ils changent seulement sa nature; ils lui donnent un meilleur mobile; au lieu de l'enflammer pour le brigandage, ils l'enflamment contre le brigandage ; au lieu de lui montrer des biens à ravir, ils lui donnent des biens à conserver. Toute la question est de savoir si l'homme n'est pas aussi susceptible de s'exalter pour sa propre défense que pour la ruine d'autrui ; s'il ne peut avoir d'ardeur que pour l'oppression, et n'en saurait éprouver contre l'injustice. Or cette question n'en est pas une assurément. L'histoire nous montre assez d'exemples de peuples laborieux et pacifiques, de peuples d'artisans, de laboureurs, de marchands, poussés à la guerre par le besoin impérieux de la défense, et qui ont su faire bonne contenance devant leurs oppresseurs, quoiqu'ils ne fussent pas soutenus comme eux par l'expérience des armes et l'habitude de la discipline. Loin que les arts abâtardissent le courage, il semble qu'ils le rendent et plus noble et plus vif. Les Grecs ont plus d'industrie que les Turcs : de quel côté se montre-t-on plus intrépide? Les Français sont plus cultivés que les Espagnols : lequel de ces peuples a le plus de valeur militaire ? On l'a pu juger dans la dernière guerre ; on l'a pu juger surtout à la déplorable affaire de Llers, où, des deux parts, les Français sont restés seuls sur le champ de bataille, et où ils se sont battus entre eux pour un peuple qui, des deux côtés, avait fui. Si les arts nuisent au courage, les Anglais doivent être le peuple le moins brave de l'Europe; car ils sont le plus riche et le plus industrieux. Cependant l'armée anglaise qui fit la première guerre d'Espagne, l'armée qui se présenta sous les murs de Toulouse, l'armée que nous rencontrâmes à Waterloo, cette armée que l'Angleterre tenait si abondamment pourvue de toutes choses n'était sûrement pas dépourvue de valeur.

Les arts n'empêchent donc pas le courage militaire; ils n'empêchent pas davantage le courage civil. Si les peuples, à mesure qu'ils se civilisent, paraissent moins enclins à la résistance, ce n'est pas qu'ils soient plus disposés à supporter l'oppression, c'est que l'oppression devient moins insupportable; c'est que véritablement les personnes et les fortunes sont beaucoup plus respectées. Loin que la civilisation tende à diminuer le courage civil, il est évident qu'elle doit l'accroître; car, nous donnant plus de lumières et de dignité, elle doit nous rendre plus sensibles à l'injure, plus impatiens de toute injuste domination. Nos ancêtres souffraient des choses que leurs descendans ne consentiraient sûrement pas à souffrir; nous en avons supporté que nos neveux trouveront, j'espère, intolérables. Si, à des époques plus ou moins rapprochées de nous, on a pu faire, sans nous émouvoir, tant de sottises et d'iniquités dont la moindre aurait dû exciter des réclamations universelles, ce n'est certainement pas que nous fussions trop civilisés; c'est bien, au contraire, que nous manquions de culture; et la preuve, c'est que les mêmes excès qui laissaient le gros du public indifférent, excitaient, au plus haut degré, l'indignation d'un petit nombre d'hommes qui avaient le sentiment éclairé du mal qu'on faisait à la France. Il y a donc lieu de croire que si leurs lumières avaient été plus générales, le public n'eût pas été aussi endurant. Au reste, pour achever de se rassurer sur les effets de la civilisation relativement au courage civil, il suffit de considérer le reproche qu'on lui fait, d'un autre côté, de nous rendre ingouvernables : reproche, pour le dire en passant, qui n'est pas mieux fondé que le reproche inverse; car rien, à coup sûr, ne ressemble moins à l'esprit de rébellion que la haine des brigandages politiques; et l'on peut dire que la société ne se montre jamais plus *loyale* et plus *fidèle* que lorsque les progrès de la civilisation lui ont appris à défendre son gouvernement contre les ambitieux et les pervers qui ne cessent de le pousser à mal faire[1]

Mais, dit-on, les arts nous ont enrichis, et c'est ainsi qu'ils nous ont corrompus[2]. Autre

(1) L'expression de *société fidèle à son gouvernement* est une expression qui ne semble pas trop convenable. La société a sans doute le devoir d'être *fidèle* à la raison, à la justice; mais il paraît choquant de dire qu'elle doit fidélité à ses délégués, à ses gens, aux hommes qu'elle charge d'une portion quelconque de ses affaires. Cependant, si l'on veut transporter à la société une vertu qui est surtout le devoir de ses ministres, je dirai que les sociétés *fidèles* ce ne sont pas celles qui approuvent tout ce que fait leur gouvernement, mais celles qui n'approuvent que ce qu'il fait de bien, qui l'empêchent courageusement de mal faire, qui s'efforcent de le soustraire à l'influence des mauvais conseils.

Un gouvernement aurait beau être animé des intentions les plus honorables, si la masse des bons citoyens restait indifférente à sa conduite, il serait presque impossible qu'il se conduisît bien. La foule des ambitieux et des intrigans ne s'endort pas en effet comme le public. Moins le public se soucie de ses affaires et plus les intrigans les prennent à cœur. Ils investissent le gouvernement, l'envahissent, le subjuguent; ils s'en servent comme d'un instrument; ils lui font entreprendre à leur profit les choses les plus condamnables; ils le poussent, de violence en violence, jusqu'à lasser la patience universelle; et la société qui, par un respect mal entendu, n'avait pas voulu d'abord le contenir, se voit obligée à la fin de le détruire.

(2) « En même temps que les lois encourageront le mouve-

méprise. Je concevrais que l'on dît cela de l'art du pillage et des extorsions. Je crois bien en effet que les arts divers par lesquels le conquérant, le voleur, l'intrigant, l'agioteur se procurent le bien d'autrui, peuvent contribuer à les pervertir alors même qu'ils les enrichissent. Mais comment oser attribuer le même effet aux arts utiles, aux arts vraiment producteurs? Gardons-nous de confondre les gens qui travaillent avec les gens qui intriguent, et les hommes industrieux avec les chevaliers d'industrie. Si, pour prospérer, ceux-ci ont besoin de plus d'un vice, ceux-là pour réussir ne peuvent se passer des qualités morales qui constituent l'homme de bien. Tandis que le courtisan puise, suivant Montesquieu, ses plus grands moyens de succès dans la bassesse, la flatterie, la trahison, la perfidie, l'abandon de ses engagemens, le mépris de ses devoirs sociaux, le véritable industrieux trouve ses meilleures chances de fortune dans le travail, l'activité, l'économie, la probité et la

---

ment des arts et de l'industrie comme principe de prospérité pour l'Etat, l'opinion s'empressera de le châtier *comme source de dépravation pour les mœurs.* » (Montlosier, *de la Monarchie française en* 1816, p. 314.)

pratique de toutes les vertus sociales. Les arts, bien loin de nous corrompre en nous enrichissant, contribuent donc à nous rendre meilleurs en même temps qu'ils nous rendent plus riches.

Ensuite, considérée en elle-même, et abstraction faite des moyens de l'acquérir, il s'en faut bien, sans doute, que la richesse soit une cause de dépravation. S'il y a, ordinairement, beaucoup de corruption dans les cours, c'est moins la faute des grandes fortunes dont on y jouit que celle de l'espèce particulière d'industrie par laquelle on y devient riche. Le courtisan, loin d'être rendu plus pervers par ses richesses, leur doit le peu qu'il a de bon. C'est à l'état où elles le mettent qu'il doit cette politesse, cette urbanité, cette bienséance qui, si elles ne sont pas des vertus, servent du moins de masque à ses vices. De tous les moyens de réformer les mœurs, la richesse est peut-être le plus efficace : elle nous assure le bienfait d'une meilleure éducation; elle nous inspire des goûts et nous fait contracter des habitudes d'un ordre plus élevé; elle nous place dans une situation où nous avons un plus grand intérêt à nous bien conduire; elle nous donne un état et une considération à ménager;

elle nous procure du loisir enfin, et tous les moyens d'acquérir des lumières; et loin que par-là elle tende, comme on le dit, à nous corrompre, c'est par-là surtout qu'elle tend à nous réformer. Quelle apparence, en effet, que les lumières, qui nous mettent en état de mieux apercevoir les conséquences des mauvaises actions, soient pour nous un stimulant de plus à mal agir? Sans doute il ne suffit pas, pour faire le bien, de le connaître; il faut encore que les bonnes habitudes viennent à l'appui de la saine instruction : mais ce n'est que sur la saine instruction que peuvent se fonder les bonnes habitudes, et le commencement de toute sagesse est dans la science.

Ainsi ne voulût-on voir sous le mot de civilisation que des idées d'arts, de sciences, de richesses, il serait encore impossible évidemment de lui faire signifier, par induction, la corruption des mœurs. Encore une fois, ce qui déprave c'est la manière de s'enrichir et non pas la richesse; ce sont les arts qui la font seulement changer de mains, et non pas les arts qui la produisent. Loin que ces derniers, *les seuls que la civilisation avoue*, nous conduisent par la fortune à la dépravation, il est clair comme le jour qu'en accroissant la masse des richesses, ils sont la cause la plus active de la diffusion des lumières et du perfectionnement des mœurs.

4. Mais si, de sa nature, la civilisation n'entraîne pas la ruine des mœurs et de la société, comment, dira-t-on, expliquer l'histoire ? On n'y voit de nations fortes que les nations peu cultivées. Parvenus *au faîte de la civilisation, les empires tombent et s'écroulent.* Voyez *les États de l'antiquité*[1].

Il n'y a point dans l'histoire ce qu'on prétend y voir. On n'y saurait découvrir de nations qui aient péri par excès de culture. Nous voulons que les peuples aient, comme les individus, leur année climatérique, après laquelle ils commencent à décliner. Mais quelle est cette année ? quel est cet âge de la civilisation auquel les sociétés humaines ne sauraient arriver sans commencer aussitôt à aller en décadence ? Nos idées là-dessus sont si mal arrêtées, si peu faites, que nous ne savons pas même dans quel ordre il convient de classer les peuples civilisés. Nous appelons

---

[1] Réquisitoire déjà cité, de M. de Marchangy.

les premiers nés à la civilisation, les peuples enfans, les peuples des premiers âges, des peuples *anciens*; et les peuples de nos jours, des peuples qui ont hérité de l'expérience et des lumières de quarante siècles, nous les appelons des peuples *modernes*. Nous appelons les nations de l'Europe des nations *vieilles*; et les Américains des États-Unis, nous les appelons une nation *jeune*. Tout cela est à rebours de la vérité. Dans l'ordre de la civilisation, les Américains sont plus âgés que nous¹; nous le sommes infiniment plus que les peuples soi-disant *anciens*. Dans l'ordre de la civilisation, c'est nous qui sommes les anciens, et non les peuples des premiers temps historiques. Si les sociétés humaines ne pouvaient, sans périr, dépasser un cer-

---

(1) S'ils ne le sont pas sous le rapport des arts, ils le sont au moins sous celui des mœurs, et surtout des mœurs politiques. Rien, à coup sûr, n'annonce moins une société encore dans l'enfance que la manière dont ils vivent politiquement. Ce qui caractérise l'enfance des peuples, c'est le règne de la ruse, ou bien celui de la force et des passions brutales. Or, les Américains sont incontestablement de tous les peuples de la terre celui aux affaires de qui la violence et la fraude ont le moins de part. Un tel état est l'indice d'une civilisation achevée et non d'une civilisation qui commence; c'est par-là que les peuples doivent finir, et non par-là qu'ils ont débuté.

tain degré de civilisation, il y a long-temps que nous aurions disparu de la scène du monde, car il y a long-temps que nous sommes plus civilisés que le furent jamais les peuples dits de l'antiquité. Cependant rien n'annonce assurément que notre fin soit très prochaine.

Il ne nous est guère possible de bien savoir ce qui a causé la ruine des premiers peuples civilisés. Mais si, sur un fait aussi vaste, aussi compliqué, aussi éloigné de nous, je voulais comme un autre hasarder une explication, je dirais qu'ils ont péri par défaut bien plus que par excès de culture; je dirais qu'ils ont péri parce qu'ils avaient voulu vivre par de mauvais moyens; parce qu'ils avaient fondé leur existence sur des principes destructifs de toute force réelle, contraires à tout véritable développement, savoir la guerre et l'esclavage [1]; je di-

(1) Je n'examine point si, comme on l'a dit, la guerre et la servitude étaient une nécessité de l'époque où vécurent les peuples anciens. Je crois qu'ils avaient été portés à adopter cette manière de vivre, moins par leur situation que par leurs mœurs, encore extrêmement imparfaites : je n'en veux pour preuve que le souverain mépris qu'ils avaient pour tous les arts utiles, mépris qui est partout le signe non équivoque de la barbarie. Au reste, que ce mode d'existence fût nécessaire ou volontaire, toujours est-il qu'il opposait les plus grands obstacles au déve-

rais qu'ils ont péri surtout parce que de leur temps il existait beaucoup de peuples qui n'étaient pas du tout civilisés. Ce ne fut pas la civilisation des Grecs qui causa leur ruine, ce fut la barbarie des Romains. Les Romains, à leur tour, ne furent pas détruits par leur civilisation, mais par la brutalité des Goths, des Huns, des Vandales et de toutes ces hordes de barbares qui, durant plusieurs siècles, ne cessèrent de fondre sur eux. A l'époque où s'écroula leur empire, la barbarie sur la terre était encore beaucoup plus robuste et plus vivace que la civilisation. Ils ne pouvaient donc manquer de succomber. Combien de fois, depuis sa naissance, la civilisation n'a-t-elle pas éprouvé de ces catastrophes ! On l'a vue expirer successivement en Égypte, en Grèce, à Rome, à Constantinople. Mais, étouffée sur un point, elle ne tardait pas à renaître sur un autre ; elle s'y développait avec plus d'énergie, elle se répandait sur de plus vastes espaces ; il n'est plus maintenant en Europe de nation qu'elle n'ait attachée au sol, qu'elle n'ait plus ou moins éclairée et

loppement de leurs forces. C'est ce qu'on verra plus clairement ailleurs. (*Voy*. plus loin, chap. 7.)

adoucie; et je cherche où seraient parmi nous ou autour de nous les barbares assez puissans pour la détruire.

5. Ceux qui nous trouvent trop civilisés nous font un reproche qu'en vérité nous ne méritons guère. Nous périssons d'excès de civilisation, disent-ils, et la civilisation, toute grande, toute ancienne qu'elle est, se trouve encore, sous bien des rapports, dans un véritable état d'enfance. La plupart de nos progrès sont d'hier; les plus essentiels sont encore à faire; si nos arts sont avancés nos mœurs sont loin de l'être, ou si nos mœurs privées le sont un peu, nos mœurs publiques ne le sont pas du tout.

Je touche ici à la véritable cause de nos discordes. Si le monde est dans un continuel état d'agitation, si quelquefois il semble, comme on dit, menacer de se dissoudre, ce n'est pas que la civilisation ait trop pénétré dans nos arts, dans nos goûts, dans nos usages, dans nos relations privées, c'est qu'elle n'a pas encore assez pénétré dans nos relations politiques.

Observez dans le commerce ordinaire de la vie l'élite des hommes qu'on appelle bien élevés :

voyez-vous qu'ils s'injurient, qu'ils s'accusent, qu'ils s'attaquent, comme nous le faisons sans cesse de gouvernans à gouvernés ? Non sans doute. Et d'où vient entre eux cet état habituel de bonne intelligence ? de ce qu'ils savent à quels égards, à quelles règles de justice et de bienséance ils doivent mutuellement se soumettre pour rendre leurs relations sûres et faciles. Et d'où viennent entre nous, gouvernans et gouvernés, ces honteuses dissentions ? de ce que, dans les rapports que nous avons ensemble, nous ne voulons pas nous assujettir aux mêmes règles de convenance et d'équité. Gouvernans, nous sommes hautains et iniques ; gouvernés, nous sommes brouillons et mutins : faut-il s'étonner que nous ayons peine à nous entendre, et que nos querelles remplissent le monde de trouble et de confusion ? Mais attendez que les temps et l'expérience nous aient enfin appris à nous soumettre dans nos rapports publics aux mêmes règles de morale qu'observent les gens de bien dans leurs relations domestiques et civiles ; attendez que la civilisation ait pénétré dans le gouvernement, seulement au degré où elle est entrée dans la vie privée, et vous verrez bientôt cesser nos discordes. Le trouble et l'agitation qui règnent dans la société sont donc visiblement le symptôme d'un défaut et non pas d'un excès de civilisation.

6. En résumé la civilisation accroît sans cesse, on le reconnaît, la masse de nos idées, de nos découvertes, de nos richesses, de tous nos moyens d'action. Loin que par là elle nous corrompe, c'est par là surtout, nous venons de le voir, qu'elle tend à nous amender. Elle adoucit les mœurs, elle les épure et les élève; elle est favorable à la justice, à la dignité, au courage; elle implique les idées d'ordre et de morale aussi fortement que celles de richesse et d'industrie. Elle renferme donc en elle-même tous les élémens de la liberté, et j'ai raison de dire que *les peuples les plus cultivés sont les plus libres.*

7. Je prie, avant de finir, qu'on prenne garde à la manière dont je m'explique. Je dis qu'un peuple est d'autant plus libre qu'il est plus civilisé, que plus il est civilisé et plus il est libre; mais je ne dis pas que sa liberté soit nécessairement égale à sa civilisation. Cette proposition, en effet,

pourrait très bien n'être pas exacte; et de vrai, il n'arrive presque jamais qu'elle le soit.

La raison en est simple : c'est qu'un peuple n'est jamais parfaitement isolé; c'est qu'il est entouré de populations plus ou moins civilisées que lui, et dont la civilisation doit nécessairement modifier les effets de la sienne et influer en bien ou en mal sur la liberté. Une commune tient à son chef-lieu; les départemens se lient à la capitale; la France au reste de l'Europe; l'Europe a des rapports avec l'Amérique, et la race européenne avec les nations de l'Afrique et de l'Asie.

Dans cet état de connexion universelle où presque tous les peuples sont entre eux, on pourrait dire sans doute que la liberté du genre humain est égale à sa civilisation; mais on ne peut sûrement pas répondre que la liberté de tel peuple en particulier soit exactement proportionnée à l'état de ses mœurs, de son industrie, de ses lumières. Il est en effet très possible et même très ordinaire que l'ignorance et les vices d'un peuple voisin ou même d'un peuple éloigné viennent contrarier le résultat de son instruction et de ses bonnes habitudes; et le rendre moins libre qu'il ne le serait sans l'interposition de cet élément étranger.

Ainsi, par exemple, il n'est pas douteux que l'état arriéré de la plupart de nos départemens ne nuise beaucoup à la liberté de la capitale. On ne peut pas douter davantage que la liberté de la France ne souffre de l'état des pays environnans qui sont moins avancés qu'elle. La Manche ne soustrait pas complètement la liberté anglaise à l'influence du continent; ni même l'Atlantique celle des États-Unis à ce qui reste de barbarie en Europe. Quand M. le président Monroë dit, dans son message, qu'à la distance où l'Amérique est de nous, sa liberté ne saurait être affectée de notre état politique[1], il est évident qu'il se trompe, et le fait même le prouve; car l'état de l'Europe oblige l'Amérique d'élever des fortifications sur son littoral, d'entretenir une forte marine, d'avoir de nombreuses milices et une armée; et certes ces précautions dispendieuses et gênantes, que l'état imparfait de notre civilisation l'oblige de prendre, ne peuvent pas ne pas nuire beaucoup à sa liberté.

(1) *Voy*. dans les journaux français du commencement de janvier 1825, le message dont il est ici question.

Cependant, quelle que soit cette influence réciproque que la plupart des nations exercent les unes sur les autres, il est certain qu'elle a des bornes, et qu'elle ne change qu'en partie les résultats de la civilisation développée dans chaque pays. Ainsi, quoique l'état moral et politique de l'Europe nuise à la liberté des Anglo-Américains, l'Amérique septentrionale, politiquement plus civilisée que l'Europe, a par ce seul fait, au moins sous ce rapport, beaucoup plus de liberté. Ainsi la France reste plus libre que des nations moins civilisées qu'elle, malgré les efforts que ces nations font pour l'abaisser à leur niveau. Ainsi la capitale, malgré la pernicieuse influence des départemens, a beaucoup plus de liberté qu'ils n'en possèdent, par cela seul qu'il y a dans son sein beaucoup plus d'intelligence, d'activité, d'industrie, de savoir, de richesse, de bonnes habitudes, et en général d'élémens d'ordre et de force de toute espèce. La liberté n'est peut-être nulle part exactement proportionnée à la civilisation; mais partout où la civilisation est plus avancée la liberté est plus grande, partout les populations deviennent plus libres à mesure qu'elles sont plus cultivées.

8. Au surplus, nous allons voir si l'étude des faits confirme ces remarques; et parcourant, l'un après l'autre, les principaux états par lesquels a passé la civilisation, depuis les plus informes jusqu'aux plus perfectionnés, nous examinerons quel est le degré de liberté compatible avec chacun de ces degrés de culture.

CHAPITRE IV.

Du degré de liberté qui est compatible avec la manière de vivre des peuples sauvages.

---

1. S'il est vrai que la liberté soit en raison de la civilisation, les peuples qu'on appelle sauvages doivent être les moins libres de tous les peuples ; car ils sont précisément les moins civilisés. A ce premier âge de la vie sociale, les hommes ne savent faire encore ni un usage étendu, ni un usage bien entendu de leurs forces. Ils n'ont encore appris ni à pourvoir amplement à leurs besoins, ni à les satisfaire avec mesure, ni à les contenter sans se faire mutuellement de mal. Ils ne savent pas comment il est possible à de nombreuses populations de subsister simultanément dans un même lieu sans se nuire ; et lorsque les productions naturelles d'une contrée ne peuvent plus suffire aux be-

soins des tribus qui l'habitent, le seul moyen qu'elles conçoivent d'accroître leurs ressources c'est de s'exterminer les unes les autres, et de réduire par la guerre le nombre des consommateurs. On peut dire que, dans cette enfance de la société, les hommes ne se doutent nullement encore des conditions auxquelles il est possible d'être libre.

2. Par quel singulier renversement d'idées, des philosophes du dernier siècle ont-ils donc affecté de présenter cet état social comme le plus favorable à la liberté? Plus un peuple était inculte et plus ils le déclaraient libre. Un Français, un Anglais, un homme civilisé de leur temps était un esclave [1]; un Romain était un homme libre, à plus forte raison un Germain; à plus forte raison un Tartare, un nomade; finalement le plus libre des hommes à leurs yeux c'était un sauvage, un Algonquin, un Iroquois, un Huron.

« Quand on sait creuser un canot, battre l'en-

---

[1] « Pour vous, peuples modernes, vous n'avez pas d'esclaves, mais vous l'êtes... » (Rousseau, *Contrat social*, liv. 3, ch. 15.)

nemi, construire une cabane, vivre de peu, faire cent lieues dans les forêts, sans autre guide que le vent et le soleil, sans autre provision qu'un arc et des flèches; c'est alors, dit Raynal, qu'on est un homme [1]. »

« Tant que les hommes, dit Rousseau, se contentèrent de leurs cabanes rustiques; tant qu'ils se bornèrent à coudre leurs habits de peaux avec des épines ou des arêtes; à se parer de plumes et de coquillages; à se peindre le corps de diverses couleurs; à tailler avec des pierres tranchantes quelques canots de pêcheurs ou quelques grossiers instrumens de musique; en un mot, tant qu'ils ne s'appliquèrent qu'à des ouvrages qu'un seul pouvait faire, et qu'à des arts qui n'avaient pas besoin du concours de plusieurs mains, ils vécurent *libres,* sains, bons et heureux autant qu'ils pouvaient l'être par leur nature.... [2]. »

Ailleurs le même écrivain ajoute qu'il n'y a pas d'oppression possible parmi les sauvages. « Un homme, dit-il, pourra bien s'emparer des fruits

---

(1) Histoire philosophique et polit. des deux Indes, liv. 15, p. 20.

(2) Discours sur l'origine de l'inégalité.

qu'un autre a cueillis, du gibier qu'il a tué, de l'antre qui lui servait d'asile; mais comment viendra-t-il jamais à bout de s'en faire obéir?... Si l'on me chasse d'un arbre, j'en suis quitte pour aller à un autre; si l'on me tourmente dans un lieu, qui m'empêchera de passer ailleurs[1]? »

3. Ainsi, un sauvage est libre, suivant Rousseau, par cela seul qu'il a la faculté, s'il est tracassé dans un lieu, de se réfugier dans un autre. Mais à ce compte, un homme civilisé est-il beaucoup moins libre qu'un sauvage? n'a-t-il pas aussi la faculté de fuir? Si on le tourmente dans un lieu, ne peut-il pas aller dans un autre? Et s'il ne trouve de sûreté nulle part dans la société des hommes, n'aura-t-il pas toujours, comme le sauvage de Rousseau, la faculté de s'enfoncer dans les bois et d'aller vivre avec les bêtes?

On dira sans doute que l'homme civilisé ne saurait prendre une résolution pareille; qu'il tient à la société par trop de liens : mais faut-il donc ne tenir à rien pour être libre? La *liberté* consiste-t-elle dans la *nécessité* d'étouffer tous

---

(1) Discours sur l'origine de l'inégalité.

ses sentimens, de réprimer toutes ses affections? Est-ce être libre que d'être à tout moment contraint d'abandonner son fruit, son gibier, son asile ? Qu'y aurait-il de pire à être serf?

Rousseau nous apprend comment nous pouvons être libres en consentant à ne rien produire, à ne rien posséder. N'ayez que des arbres pour abri; ne vous couvrez que de peaux d'animaux; ne les attachez qu'avec des épines; interdisez-vous toute industrie; réduisez-vous à la condition des brutes, et vous serez libres. Libres ! de quoi faire ? de vivre plus misérables que les bêtes mêmes? de périr de froid ou de faim? Est-ce à cela que vous réduisez la liberté humaine? Étrange manière de nous procurer la liberté, que de commencer par interdire tout perfectionnement à nos forces, tout développement à nos plus belles facultés!

Les hommes ne sont pas libres en raison de leur puissance de souffrir, mais en raison de leur pouvoir de se satisfaire. La liberté ne consiste pas à savoir vivre d'abstinence; mais à pouvoir satisfaire ses besoins avec aisance, et à savoir les contenter avec modération. Elle ne consiste pas à pouvoir fuir, comme dit Rousseau, ou à savoir battre l'ennemi, comme dit Raynal ; mais à savoir diriger ses forces de telle sorte qu'il soit possible de vivre paisiblement ensemble; de telle sorte qu'on ne soit pas réduit à se fuir ou à s'entre-tuer. La liberté, finalement, ne consiste pas à se faire bête, de peur de devenir un méchant homme; mais à tâcher de devenir autant que possible, un homme industrieux, raisonnable et moral.

Quand on sait creuser un canot, construire une cabane, faire cent lieues dans les forêts, c'est alors qu'on est un homme ! Oui, c'est alors qu'on est un homme sauvage ; mais pour être véritablement un homme, il y faut bien d'autres façons : il faut savoir faire un usage étendu et élevé de ses forces ; il faut avoir développé son intelligence ; et l'on est d'autant plus libre et d'autant plus homme qu'on sait mieux tirer parti de toutes ses facultés. Cela résulte même des expressions de Raynal ; car, si l'on est un homme quand on sait creuser un canot, à plus forte raison doit-on l'être quand on sait construire un navire; si, quand on peut édifier une cabane, à plus forte raison quand on sait élever de belles maisons; si enfin quand on peut faire cent lieues dans les forêts, à plus forte raison quand on peut faire le tour de la terre?

4. Les détracteurs de la vie civile trouvent donc, comme nous, qu'on est d'autant plus libre qu'on sait mieux user de ses forces. Mais alors sous quel rapport serait-il possible de soutenir que l'homme encore sauvage est plus libre que l'homme civilisé? L'emporte-t-il par la force du corps, par les facultés de l'esprit, par les habitudes privées et sociales? Comparons-les un peu sous ces divers points de vue.

5. On a long-temps présenté la vie sauvage comme la source de la vigueur physique. « Le corps de l'homme sauvage, dit Rousseau, étant le seul instrument qu'il connaisse, il l'emploie à divers usages dont, par le défaut d'exercice, les nôtres sont incapables; et c'est notre industrie qui nous ôte la force et l'agilité que la nécessité l'oblige d'acquérir. S'il avait une hache, son poignet romprait-il de si fortes branches? S'il avait une fronde, lancerait-il de la main une pierre avec tant de roideur? S'il avait une échelle, grimperait-il si légèrement sur un arbre? S'il avait un

cheval, serait-il si vite à la course? Laissez à l'homme civilisé le temps de rassembler toutes ses machines autour de lui, on ne peut douter qu'il ne surmonte facilement l'homme sauvage; mais si vous voulez voir un combat plus inégal encore, mettez-les nus et désarmés vis-à-vis l'un de l'autre, et vous reconnaîtrez bientôt quel est l'avantage d'avoir sans cesse ses forces à sa disposition, d'être toujours prêt à tout événement, et de se porter, pour ainsi dire, toujours tout entier avec soi [1]. »

Voilà des idées admirablement exprimées sans doute; mais ont-elles autant de justesse que d'éclat? Je ne nierai point que la vie sauvage ne paraisse propre, sous quelques rapports, à développer les forces physiques. Le sauvage est appelé par son état à un très grand exercice, et l'exercice est père de la vigueur. Mais si un exercice modéré fortifie, un exercice trop violent énerve; et le sauvage excède ordinairement son corps plutôt qu'il ne l'exerce. Ajoutez que, si souvent il agit trop, plus souvent encore il se nourrit mal, et qu'il s'exténue doublement par la fatigue et par le jeûne.

(1) Discours sur l'origine de l'inégalité.

« Le sauvage, dit Péron, entraîné par le besoin impérieux de se procurer des alimens, se livre pendant plusieurs jours à des courses longues et pénibles, ne prenant de repos que dans les instans où son corps tombe de fatigue et d'épuisement. Vient-il à trouver une pâture abondante? alors, étranger à tout mouvement autre que ceux qui lui sont indispensables pour assouvir sa voracité, il n'abandonne plus sa proie, il reste auprès d'elle jusqu'à ce que de nouveaux besoins le rappellent à de nouvelles courses, à de nouvelles fatigues, non moins excessives que les précédentes. Or, quoi de plus contraire au développement régulier, à l'entretien harmonique des forces que ces alternatives de fatigue outrée, de repos automatique, de privations accablantes, d'excès et d'orgies faméliques[1]. »

Joignez à cela ce que les relations des voyageurs rapportent de la saleté des peuples sauvages, de l'insalubrité de leurs alimens, de la puanteur de leurs habitations, de la manière dont ils s'y entassent quelquefois, des maladies, des infirmités auxquelles l'ensemble de ce détestable

---

(1) Voyage de découvertes aux terres australes, tom. I, p. 464.

régime les expose, et vous reconnaîtrez que leur corps est presque toujours soumis à l'action d'un concours plus ou moins nombreux de causes essentiellement énervantes [1].

Il paraît donc fort incertain que dans le combat proposé par Rousseau, l'homme sauvage eût sur l'homme cultivé autant d'avantage qu'il le suppose. Sans doute, si l'on affectait de mettre aux prises avec l'artisan le plus chétif de nos cités, un sauvage choisi chez l'un des peuples de l'Amérique ou des îles de la mer du Sud qui sont les plus remarquables par la taille, les proportions et la force du corps, il serait bien possible que le citadin ne sortît pas vainqueur de la lutte. Mais pour juger quelle est de la vie civile ou sauvage la plus favorable au développement de la vigueur physique, il ne faut pas faire combattre un colosse avec un pygmée, un montagnard suisse ou écossais avec un Eskimau, un guerrier Cafre ou Carive avec le citoyen le moins robuste de Londres ou de Paris; il faut mettre en présence deux

---

[1] *Voy.* ce que dit là-dessus, d'après les relations des meilleurs voyageurs, l'auteur de l'Essai sur les principes de la population, t. I, ch. 3 et 4.

hommes égaux sous le rapport de la race, et entre lesquels il n'y ait de différence que celle qu'y a pu mettre la manière de vivre et la civilisation. Or, si la lutte s'établit entre deux hommes choisis de la sorte, on peut poser hardiment en fait que l'homme sauvage sera constamment battu par l'homme civil.

On trouve dans la relation du voyage de découvertes aux terres australes des preuves péremptoires de ce que j'avance. Péron a voulu juger sur les lieux ce grand procès de la supériorité de la nature brute sur la nature cultivée. Il a comparé les forces respectives des Européens et des naturels de la Nouvelle-Hollande. Il a vu lutter, corps à corps, et à plusieurs reprises, des matelots de l'expédition avec des sauvages : ceux-ci ont toujours été culbutés. Il a éprouvé leurs forces respectives avec le dynamomètre, et les sauvages ont encore été vaincus. Péron, bien loin de trouver dans les faits la preuve de cette plus grande force musculaire qu'on a voulu attribuer aux peuples incultes, a été conduit par l'observation à penser que les hommes sont d'autant plus faibles qu'ils sont moins civilisés. Il a trouvé que les naturels de la Nouvelle-Hollande, un peu moins bruts et moins misérables que ceux de la terre de Diémen, étaient un peu plus vigoureux ; que ceux de Timor étaient plus forts que ceux de la Nouvelle-Hollande, et les Européens beaucoup plus forts que les habitans à demi civilisés de Timor. Il a remarqué que la vigueur physique, dans cette échelle de la civilisation, suivait la progression suivante : 50, 51, 58, 69 [1] ; c'est-à-dire que les sauvages de la terre de Diémen n'avaient pu, terme moyen, faire marcher l'aiguille de pression du dynamomètre que jusqu'à 50 degrés, ceux de la Nouvelle-Hollande à 51, et ceux de Timor à 58 ; tandis que les Français, malgré l'affaiblissement résultant pour eux des fatigues d'une navigation très longue et très pénible, l'avaient fait avancer jusqu'à 69 [2].

Il y a peut-être à reprocher à Péron de n'avoir

---

(1) Je néglige les fractions.

(2) Dans ces épreuves, les Anglais établis au port Jackson firent avancer l'aiguille du dynamomètre jusqu'à 71 degrés. Mais Péron observe que cette différence à l'avantage des Anglais pouvait tenir à celle de l'état de santé où se trouvaient les individus des deux nations, dont les uns, établis dans leurs foyers et parfaitement dispos, jouissaient de la plénitude de leurs forces, tandis que les autres descendaient à peine de leurs vaisseaux, à la suite d'une navigation très longue et qui avait été excessivement fatigante.

pas assez tenu compte dans ces expériences de la différence des races. Il serait possible en effet que l'infériorité des indigènes de la Nouvelle-Hollande vînt en partie de leur mauvaise conformation naturelle, et qu'elle ne résultât pas uniquement de l'état de leur civilisation. C'est ce que j'ignore. Mais, fallût-il accorder quelque chose à la différence des races, la conséquence générale tirée par Péron de ses expériences n'en resterait pas moins certaine. Elle serait modifiée, mais non pas détruite ; et il serait toujours vrai de dire que la civilisation est favorable au développement des forces physiques [1]. Un historien fort en crédit, M. Dulaure, m'en fournit une preuve curieuse dans son histoire de Paris.

Cet écrivain, parlant des jeux auxquels se livraient au quinzième siècle les habitans de cette

---

(1) *Voy.* t. I, p. 472 à 475 de son voyage, tout ce qu'il cite d'autorités à l'appui de cette assertion. « Si la nature de cet ouvrage, dit-il en finissant, ne s'opposait pas trop à ce que je poursuivisse ces citations, il me serait facile de prouver qu'il n'est aucune partie du globe qui ne recèle des peuples plus ou moins sauvages, qui, sous le double rapport de la perfection physique et du développement des forces, sont cependant de beaucoup inférieurs aux grandes nations européennes. »

bonne ville, raconte que le 1ᵉʳ septembre 1425, il fut planté dans la rue aux Ours, en face la rue Quincampoix, un mât de cocagne qui n'avait pas plus de trente-six pieds de haut, et il ajoute que, dans tout le cours de la journée, il ne se trouva personne qui pût grimper jusqu'au faîte et aller décrocher le prix qu'on y avait suspendu ¹. Si le fait est vrai, et l'historien le puise à bonne source, il faut convenir que les Parisiens de nos jours pourraient se moquer un peu de leurs robustes ancêtres. Est-il, en effet, rien de si commun dans nos fêtes publiques que de voir des gens du peuple grimper lestement à la cime de mâts de cocagne, non pas de trente-cinq pieds, mais de plus de soixante?

Ce qui nous porte à croire que la civilisation tend à faire dégénérer l'homme physique, c'est la vue de ces individus faibles et chétifs, qui se trouvent toujours en plus ou moins grand nombre dans des pays riches et très peuplés. Mais l'existence de ces individus est peut-être ce qui montre le mieux à quel point la civilisation est favorable à l'homme physique. Tous ces êtres

(1) Hist. physique, civile et morale de Paris, t. II, p. 661 et 662.

en effet sont autant de forces que la civilisation conserve, et qui, dans l'état de sauvage, seraient voués à une inévitable destruction. Il n'y a dans cet état rigoureux que les individus nés avec une complexion très forte qui puissent se promettre de vivre. Tout le reste est condamné d'avance à périr.

Un Spartiate dirait peut-être que c'est un des mauvais effets de la civilisation de conserver ainsi des corps grêles, des avortons, des guenilles...

Guenille si l'on veut; ma guenille m'est chère,

répondrait-on avec Chrysale. Il n'est pas du tout besoin d'être taillé en Hercule pour trouver la vie douce et se féliciter d'en jouir :

Mécénas fut un galant homme.
Il a dit quelque part : qu'on me rende impotent,
Cul-de-jatte, goutteux, manchot; pourvu qu'en somme
Je vive, c'est assez; je suis plus que content.

D'ailleurs, il n'est ni impossible, ni rare que des épaules faibles portent une tête forte, qu'une ame énergique loge dans un corps fluet. Or les têtes fortes et les ames énergiques ont bien aussi leur puissance peut-être. Il y a dans la tête de Newton ou de Blaise Pascal mille fois plus de pouvoir que dans les bras d'Alcide. Permis à des sauvages de ne tenir compte que de la vigueur des reins ou de l'énergie du jarret : les hommes cultivés savent que l'homme vaut surtout par le sentiment et l'intelligence.

Enfin la question ici n'est pas de savoir si la civilisation a tort ou raison de conserver les êtres faiblement constitués ; mais bien si elle est ou n'est pas favorable à la vigueur physique. Or cela se montre avec évidence non-seulement dans ce qu'elle ajoute à la force des hommes naturellement robustes ; mais surtout dans ce qu'elle donne de vie et de santé à des corps naturellement débiles ; non-seulement dans ces millions d'êtres vigoureux qu'elle fait croître, mais surtout dans cette multitude de frêles existences qu'elle conserve : c'est dans ce qui la fait accuser d'être une cause de dépérissement et de mort que je la trouve particulièrement vivifiante.

Si une vérité si simple, et pourtant si long-temps méconnue, avait besoin de nouvelles preuves, on en trouverait de frappantes dans les curieuses recherches de M. Villermé sur la population de Paris. Ce judicieux observateur nous a appris qu'à l'époque où nous vivons, la mortalité générale annuelle dans Paris n'est que d'un habitant sur trente-deux, tandis qu'au dix-septième siècle elle était d'un sur vingt-cinq ou vingt-six, et au quatorzième d'un sur seize ou dix-sept[1]. On peut juger par ce seul fait à quel point les progrès de la civilisation tendent à accroître la durée moyenne de la vie, et à quel point par conséquent elle est favorable à la conservation des forces physiques[2].

Rousseau s'est donc grandement abusé quand il a voulu établir que les hommes sont d'autant plus vigoureux qu'ils sont plus incultes. C'est justement le contraire qui est la vérité. Pourquoi d'ailleurs, en mettant aux prises un homme civilisé avec un sauvage, veut-il dépouiller le premier de ce qui fait son principal attribut; des forces artificielles qu'il a su ajouter aux siennes, des armes, des outils qu'il s'est appro-

(1) Mémoire lu à l'Académie des sciences le 29 nov. 1824. Ce mémoire est encore inédit.

(2) Pour ne pas laisser à quelque esprit de travers le plaisir de tirer d'une observation vraie une conséquence absurde qu'elle ne renferme pas, je fais remarquer qu'il s'agit ici de la durée *moyenne* et non de la durée *absolue* de la vie. Assurément la civilisation ne fera pas que nous vivions éternellement; mais elle peut faire que le commun des hommes approche un peu davantage du terme auquel il est donné à la vie humaine d'atteindre.

priés et qui sont devenus pour lui comme autant de nouveaux sens? Nu et désarmé, sa supériorité est déjà évidente ; mais elle sera immense si à ses forces naturelles vous ajoutez celles qu'il a su se procurer par son art.

6. La véritable puissance de l'homme civil est dans son intelligence. C'est à elle qu'il doit d'abord sa plus grande vigueur de corps ; car il n'est plus robuste que parce qu'il sait mieux entretenir sa santé, parce qu'il pourvoit mieux à tous ses besoins physiques. Mais cette plus grande force corporelle dont il lui est redevable n'est rien en comparaison de celle qu'elle lui procure d'ailleurs. Elle plie à son usage toutes les puissances de la nature ; elle ajoute aux forces qui lui sont propres celles des animaux, celles des métaux, celles de l'eau, du feu, du vent ; elle élève son pouvoir de un à mille, à cent mille ; elle l'étend d'une manière indéfinie.

L'homme cultivé, déjà plus libre que le sauvage dans l'usage de ses membres, est donc infiniment plus libre que lui dans l'exercice de son entendement. Sous ce nouveau rapport il n'y a vraiment entre eux aucune comparaison possible. Le parti que l'homme civilisé tire des facultés de son esprit est immense; l'usage qu'en fait l'homme sauvage n'est rien; son intelligence commence à peine à luire; et l'on peut juger par ce qu'il nous a fallu de temps pour débrouiller un peu la nôtre, de ce qu'il devra s'écouler de siècles avant que la sienne brille de quelque éclat.

Non-seulement l'intelligence du sauvage n'est pas développée, mais il y a dans sa manière de vivre des obstacles presque insurmontables à ce qu'elle fasse aucun progrès sensible. Le sauvage, chasseur et guerrier par état, épuise toute son activité dans les exercices violens auxquels sa condition le condamne; et quand il revient de la chasse ou de la guerre, il ne sent plus que le besoin de réparer ses forces par la nourriture et le sommeil. Il n'y a de place dans sa vie que pour l'action physique; il n'y en a point pour le travail de l'esprit. Pour qu'il devînt capable de réflexion, il faudrait que son existence ne se partageât pas entre une activité désordonnée et un repos presque léthargique; il faudrait qu'il pourvût à sa subsistance par des moyens qui requissent moins de force et plus de calcul; c'est-à-dire qu'il faudrait qu'il changeât de manière de vivre; mais tant qu'il reste chasseur et guerrier il paraît impossible que son intelligence se forme, et l'on n'a pas vu de peuple dans cet état dont les idées ne fussent excessivement bornées.

Telle est l'ignorance du sauvage, qu'il est incapable de pourvoir aux plus simples besoins de la vie. On sait dans quel état ont été récemment trouvés les naturels de la terre de Diémen et de la Nouvelle-Hollande. Ils étaient, dit Péron, sans arts d'aucune espèce, sans aucune idée de l'agriculture, de l'usage des métaux, de l'asservissement des animaux; sans habitations fixes, sans autres retraites que d'obscurs souterrains ou de misérables abat-vents d'écorce, sans autres armes que la sagaie et le casse-tête, toujours errans au sein des forêts ou sur le rivage de la mer [1]. Cook trouva les habitans de la Terre-de-Feu mourant de froid et de faim, couverts d'ordure et de vermine, et placés sous le climat le plus rude sans avoir su découvrir aucun moyen d'en adoucir la rigueur [2]. Le sau-

---

(1) Voyages de découvertes aux terres australes, t. I, p. 465 et suiv.

(2) Second voyage, t. II, p. 137 de l'édit. angl.

vage ne sait, en général, tirer de la terre que ce qu'elle produit spontanément, et telle est quelquefois sa stupidité que pour cueillir le fruit qui le nourrit, il coupe au pied l'arbre qui le lui donne¹. Il reste exposé aux plus cruelles privations sur des terrains que féconderait la culture la plus imparfaite, et il s'y nourrit des mets les plus dégoûtans, il y souffre des famines hideuses quand la moindre industrie pourrait l'y mettre à l'abri du besoin². Il perd, faute de propreté, l'avantage d'occuper des régions étendues et naturellement saines, et quelquefois des hordes entières sont emportées par des épidémies que la moindre prudence aurait pu prévenir³. Il ne reçoit enfin presque aucune aide de son intelligence ; elle le laisse à la merci de tous les élémens et sous le joug d'une multitude de nécessités dont se jouerait parmi nous l'industrie la plus vulgaire.

Rousseau trouve que la liberté ne souffre pas

(1) Lettres édif., citées par Montesquieu.

(2) *Voy.* notamment ce que Péron et d'autres voyageurs racontent de la manière dont se nourrissent quelquefois les peuples de la Nouvelle-Hollande.

(3) *Voy.* Malthus et les voyageurs qu'il cite, *Essai sur le principe de la pop.*, liv. I, ch. 4.

tant qu'on ne dépend ainsi que des choses ¹. C'est se méprendre étrangement. Les choses, dans bien des cas, n'agissent pas sur nous avec moins de violence que les hommes, et il n'est pas plus doux de dépendre d'elles que d'être sous le joug des plus formidables tyrans. Non-seulement cela n'est pas plus doux, mais cela n'est pas plus noble. Nous dépendons des choses au même titre que des hommes. Nous leur appartenons, comme aux despotes, par notre ignorance, notre incurie, notre lâcheté. Il est des cas où un homme peut n'avoir pas à rougir de son indigence; mais pour un peuple, en général, être pauvre est tout aussi honteux qu'être esclave, et je sais tel pays qui n'est pas moins flétri par sa misère que par le peu de sûreté dont on y jouit. Un pays est gueux parce qu'on y manque d'activité et de courage; il est dans la servitude ou l'anarchie parce qu'on y manque de justice et d'équité. Tout cela provient des mêmes causes générales, c'est-à-dire du défaut de culture. Mais revenons à notre sujet.

7. Je disais donc que dans l'état sauvage l'homme

(1) Émile, liv. 2.

ne sait encore tirer presque aucun parti de son intelligence et de ses forces : il n'est pas beaucoup plus habile à diriger ses sentimens. Il n'a point encore appris à mettre de la mesure dans ses actions à l'égard de lui-même et envers ses semblables ; et il y a dans son mode d'existence autant d'obstacle à la formation de ses mœurs qu'au développement de ses idées.

Comme la manière dont il pourvoit à ses besoins l'expose fréquemment aux horreurs de la faim, il est naturel qu'il mange avec voracité lorsque l'occasion s'en présente, et l'intempérance est une suite presque inévitable de sa situation¹. D'un autre côté, comme il faut aux peuples chasseurs d'immenses terrains pour se nourrir, il est très difficile, quelque peu nombreux qu'ils soient, qu'ils ne se disputent pas l'espace ; et la guerre, avec toutes les passions qu'elle allume et qu'elle alimente, est encore, pour ainsi dire, une conséquence obligée de leur état². L'intempérance et le penchant à l'hostilité sont donc deux vices inséparables de la ma-

---

(1) Robertson, Hist., d'Amér., liv. 4.

(2) En Amérique, dit Robertson (*ib.*), de petites sociétés de sauvages chasseurs de deux ou trois cents personnes occu-

nière de vivre du sauvage; et certes, il suffit bien de ces deux vices pour prévenir chez lui le développement de toute bonne morale personnelle et relative.

8. Le sauvage, considéré dans la portion de sa conduite qui n'a de rapport qu'à lui-même, semble presque entièrement destitué de moralité. L'homme moral sait résister aux séductions du moment; il sait se priver d'un plaisir dans la prévoyance du mal qui peut en être la suite. Le sauvage paraît tout-à-fait incapable de ce calcul; il cède sans résistance à l'impulsion de ses appétits; et telle est encore l'imperfection de ses mœurs, qu'il ne rougit pas même de son immoralité; il se livre à ses vices avec candeur et confiance, sans paraître soupçonner qu'il y ait dans cette conduite rien de funeste et de honteux.

Il me serait aisé de trouver dans les relations des meilleurs voyageurs de quoi confirmer ces remarques générales. On peut voir les détails

pent souvent des pays plus considérables que certains royaumes d'Europe, et quoique très éloignées les unes des autres, ces petites nations sont dans des guerres et des rivalités perpétuelles.

qu'elles renferment sur les habitudes personnelles de l'homme encore inculte ; sur sa voracité, son ivrognerie, son incontinence, son oisiveté, son apathie, son excessive imprévoyance; et l'on jugera aisément combien ses mœurs sont éloignées de ce caractère d'innocence et de pureté dont on a voulu faire l'apanage des peuples barbares, et qui n'appartient véritablement qu'à la meilleure portion des sociétés très cultivées[1].

(1) Voici quelques traits des mœurs privées de l'homme au premier âge de la civilisation. — VORACITÉ. Lorsque les naturels de la Nouvelle-Hollande ont tué un phoque, dit Péron, « des cris de joie s'élèvent de toutes parts; on ne pense plus qu'à la curée ; les féroces vainqueurs se groupent autour de leur victime; on la déchire de tous les côtés à la fois; chacun mange, dort, se réveille, mange et dort encore. L'abondance avait réuni les tribus les plus ennemies entre elles, les haines paraissaient éteintes; mais dès que les derniers lambeaux corrompus de leur proie ont été dévorés, les ressentimens se réveillent et des combats meurtriers terminent ordinairement ces dégoûtantes orgies. Il y a quelques années que, dans les environs du port Jackson, une double scène de cette nature eut lieu entre les naturels du comté de Cumberland, à l'occasion d'une baleine énorme qui y avait échoué, et sur les ossemens de laquelle ils s'entr'égorgèrent. » (*Voyage de découv. aux terres australes*, t. II, p. 50.)

IVROGNERIE. « La police, dans la capitale de Mexico, dit M. de Humboldt, fait circuler des tombereaux pour recueillir les ivrognes que l'on trouve dans les rues ; ces Indiens, que *l'on traite comme des corps morts*, sont menés au corps de

9. La morale de relation de l'homme sauvage ne vaut pas mieux que sa morale personnelle.

garde principal ; on leur met le lendemain un anneau de fer au pied, et on les fait travailler pendant trois jours à nettoyer les rues. En les relâchant le quatrième jour, *on est sûr d'en saisir plusieurs dans le cours de la même semaine.* » M. de Humboldt ajoute que les Indiens montrent le même penchant à l'ivrognerie dans les pays chauds et voisins des côtes, et il trouve que leur grossièreté *se rapproche, pour ainsi dire, de celle des animaux*. (*Essai politique sur la Nouvelle-Espagne*, tom. 1. p. 395.)

INCONTINENCE. Le sauvage a peu de penchant à la volupté. C'est l'effet des rigueurs de sa condition, de la faim qu'il endure, des fatigues énervantes qu'il supporte. Les naturels de la terre de Diémen, dit Péron, ne comprenaient aucun des signes par lesquels nous manifestons nos sentimens affectueux. Les baisers, les caresses, l'action d'embrasser leur paraissaient des choses inintelligibles et tout-à-fait surprenantes. On a fait des remarques analogues sur la froideur des indigènes de l'Amérique et d'un grand nombre de peuples sauvages. Mais le sauvage est froid sans être continent; et partout où une condition moins dure le rend plus propre aux plaisirs de l'amour, la licence de ses mœurs est excessive. Les indigènes de l'Amérique, suivant Robertson, n'attachent aucun prix à la chasteté des femmes. John Heckwelder dit qu'elles sont peu fécondes, et avoue que cela tient à la vie dissolue qu'elles mènent depuis qu'elles font usage des liqueurs fortes. (*Hist., mœurs et coutumes des six nations, etc.*, p. 354.)

OISIVETÉ. C'est de tous les vices de l'homme inculte celui qu'il a le plus de peine à vaincre. Il y tient à la fois par inclination et par préjugé. Notre vie active lui paraît basse et servile. (*Francklin, OEuv. mor.*) Il n'y a, suivant lui, de dignité que dans le repos. Aussi, lorsqu'il n'est pas engagé dans quel-

DES PEUPLES SAUVAGES. 145

Il ne paraît conduit dans ses rapports avec les autres que par des passions, comme il ne l'est envers lui-même que par des appétits; et il cède à ses affections comme à ses appétits, remarque Fergusson, sans songer le moins du monde aux conséquences de ses actes¹.

Sa conduite, observée dans les rapports de

que entreprise de guerre ou de chasse, passe-t-il son temps dans une inaction absolue, n'enviant d'autre bien que de ne rien faire, et restant des jours entiers couché dans son hamac ou assis à terre dans une stupide immobilité, sans changer de position, sans lever les yeux de dessus la terre, sans articuler une parole. (*Bouguer, Voyage au Pérou*, p. 102.)

IMPRÉVOYANCE. La famine a beau châtier la paresse du sauvage et l'avertir de la nécessité du travail, elle ne le rend ni plus actif ni plus industrieux. Il subit, sans fruit pour ses mœurs, toutes les conséquences de ses vices, et la centième expérience est aussi perdue pour lui que la première. Le sauvage, dit Robertson, ne songe à bâtir une hutte que lorsqu'il y est contraint par la rigueur du froid, et si le temps s'adoucit tandis qu'il a la main à l'œuvre, il laisse sa tâche imparfaite, sans songer que la froidure puisse jamais revenir. Lorsque le Caraïbe a dormi, il donnerait son hamac pour une bagatelle; le soir, il sacrifierait tout pour le recouvrer, et le lendemain, il le donnerait encore pour rien, sans penser à ses regrets de la veille. (*Hist. d'Amér.*, liv. 4.)

Je pourrais, sur tout cela, multiplier à l'infini les citations et les exemples.

(1) «They acted from affection, as they acted from appetite, without regard to its consequences.» (*Essai on the civ. soc.*, p. 130; Basil.)

père, d'époux, d'enfant, est remplie d'actions brutales et cruelles. Abandonner l'enfant qu'on ne peut plus nourrir, le vieux parent qui ne peut plus marcher, et non-seulement les abandonner mais les détruire, sont, d'après les récits des voyageurs, des actes ordinaires à cette époque de la vie sociale[1]. Les femmes surtout y sont maltraitées. Le mot de servitude est trop doux pour rendre l'état auquel elles sont réduites. Elles font à la fois l'office de servantes et de bêtes de somme. Péron, parlant de celles de la Nouvelle-Galle du sud, dit qu'on remarque en elles je ne sais quoi *d'inquiet et d'abattu*, que la tyrannie imprime toujours au front de ses victimes, et il ajoute que presque toutes sont couvertes de cicatrices, tristes fruits des mauvais traitemens de leurs féroces époux[2].

(1) *Voy*. Péron et les voyageurs qu'il cite, t. I, p. 468 de sa Relation.

(2) *Ibid.*, p. 252 et 253. Les femmes sont les esclaves de la vie sauvage ; elles forment la classe ouvrière de cet état ; elles exécutent presque tout ce qui s'y fait de travail utile. Partout où il y a un commencement d'agriculture, ce sont elles ordinairement qui labourent la terre, qui sèment et récoltent le grain, qui l'écrasent et le préparent (*John Heckwelder*, ouv. cité, p. 236 et 257; *Robertson*, *Introduct. à l'hist. de Charles V*, note 18; *Hist. d'Amér.*, liv. 4.) Elles font sécher la viande, pré-

Il n'est pas d'âge où la société soit plus livrée à l'empire de la force. Nous sommes blessés des inégalités qu'elle présente encore : elle en offre alors de bien autrement cruelles ; elle laisse en général le faible à la merci du fort ; elle aban-

parent les peaux, ramassent les racines pour la teinture (*Heckwelder, ib.*, *p.* 240). Ailleurs, elles vont à la pêche pour leurs maris. (*Péron, t.* I, *p.* 254). Dans les voyages, elles portent les enfans en bas âge, les ustensiles et tout le mobilier (*Heckwelder, p.* 237). Tout ce qu'elles produisent est la propriété du mari (*ib. p.* 242). Elles n'ont pas même toujours part au fruit de leur travail. Péron raconte que, dans une entrevue qu'il eut avec les naturels de la Nouvelle-Hollande, il vit les hommes se partager le poisson que leurs femmes avaient pris, et le manger *sans leur en rien offrir* (*t.* I, *p.* 252 à 256). Elles préparent le repas de leur mari ; elles le balancent dans son hamac quand il a mangé. Elles ne mangent point, en général, avec lui. Dans certains pays elles ne participent même pas aux jeux auxquels il semblerait le plus naturel de les admettre, par exemple à la danse. M. de Humboldt, parlant de celles de l'Amérique méridionale, observe qu'elles auraient plus de vivacité que les hommes, dont le chant est lugubre et mélancolique ; « mais, dit-il, elles partagent les malheurs de l'asservissement auquel ce sexe est condamné chez tous les peuples où la civilisation est encore très imparfaite : *elles ne prennent point part à la danse;* elles y assistent seulement pour présenter aux danseurs des boissons fermentées, qu'elles ont préparées de leurs mains. » (*Essai pol. sur la Nouv-Esp. t.* I, *p.* 424). Humiliation et fatigue, tel est partout leur lot dans la vie sauvage. Ce qui caractérise surtout cet âge de la société, c'est l'état de dégradation auquel les femmes y sont réduites. (*Roberts., Hist. d'Amér. liv.* 4.)

donne à chacun le soin de venger ses injures et de se défendre comme il pourra contre ses ennemis particuliers[1].

Il est vrai qu'on n'y cherche pas encore à s'asservir les uns les autres ; on n'a point d'intérêt à cela : que ferait-on de ses esclaves[2]? les hommes, à cet âge, ne savent point encore comment il est possible de faire de l'homme un instrument. Mais s'ils ignorent comment il peut devenir un outil, ils savent très bien comment il est un obstacle, et s'ils ne cherchent pas à s'asservir, c'est qu'ils trouvent mieux leur compte à s'entre-exterminer.

Ne cultivant pas la terre, et ses productions naturelles étant ordinairement très loin de suffire aux besoins de tous, c'est à qui aura le peu qu'elle donne sans culture, et ils sont, comme dit Cook, sans cesse occupés à s'entre-détruire, comme leur seule ressource contre la famine et la mort[3].

---

(1) Robertson, Hist. d'Amér., liv. 4.

(2) Dans la vie sauvage, on mange, ou, tout au moins, on tue ses ennemis : l'action de les asservir appartient, comme on le verra, à une époque moins barbare.

(3) Premier voyage, t. III, p. 45.

Plus dans cet état il est difficile de vivre et plus il est aisé de se diviser. Chaque tribu garde son gibier avec une attention jalouse. La moindre apparition des étrangers sur ses terres suffit pour lui mettre les armes à la main. Le simple accroissement d'une tribu voisine est regardé comme un acte d'agression ¹. La guerre, allumée par le besoin de défendre sa subsistance, est entretenue par le désir de se venger, le plus violent des sentimens que paraisse éprouver l'homme sauvage. Plus l'intérêt en est grand, plus les sentimens qui y poussent sont impétueux et plus elle se fait avec furie. Joignez qu'elle est encore envenimée par la férocité naturelle du sauvage, passion tellement emportée, dit Robertson, qu'elle ressemble plutôt à la fureur d'instinct des animaux qu'à une passion humaine ².

Divisés ainsi par des haines cruelles, implacables, éternelles, les hommes, dans l'état que je décris, jouissent de beaucoup moins de sécurité qu'à aucun autre âge de la civilisation. « Je suis fondé à croire, dit Cook, d'après mes pro-

(1) Malthus, Essai sur le principe de la pop., t. I, ch. 4.
(2) Hist. d'Amér., liv. 4.

près observations et les renseignemens que m'a fournis Taweiarooa, que les habitans de la Nouvelle-Zélande vivent dans une crainte perpétuelle d'être massacrés par leurs voisins. Il n'est pas de tribu qui ne croie avoir éprouvé de la part de quelque autre quelque injustice ou quelque outrage dont elle est sans cesse occupée à tirer vengeance... La manière dont s'exécutent ces noirs projets est toujours la même : on fond, de nuit, sur l'ennemi qu'on veut détruire, et s'il est surpris sans défense, on tue tout, sans distinction d'âge ni de sexe... Ce perpétuel état de guerre, ajoute Cook, et la manière destructive dont elle se fait produisent chez ces peuples une telle habitude de circonspection, que de nuit ou de jour, on n'y voit aucun individu qui ne soit sur ses gardes [1] ».

Telles sont les relations des hommes sauvages : voilà comme ils usent entre eux de leurs facultés. Ils les emploient à subjuguer les femmes, à accabler la faiblesse, à se faire entre eux des guerres atroces et non interrompues.

10. Sous quelque point de vue donc qu'on

---

(1) Troisième voyage, t. I, p. 124.

les considère, il est visible qu'ils sont infiniment moins libres que l'homme cultivé. Ils le sont moins physiquement : ils ont moins de force corporelle, et ne sont pas capables, à beaucoup près, de tirer de leurs forces le même parti. Ils le sont moins intellectuellement : ils ont incomparablement moins d'esprit, d'industrie, de connaissances de toute espèce. Ils le sont moins moralement : ils n'ont, sous aucun rapport, aussi bien appris à régler leurs sentimens et leurs actions. Ils le sont moins, en un mot, dans toute leur manière d'être : ils sont exposés à une multitude de privations, de misères, d'infirmités, de violences dont l'homme civil sait se préserver par un usage plus étendu, plus juste et plus raisonnable de ses facultés. Voyez le sauvage dans les situations les plus ordinaires de sa vie, en proie à la famine que lui font souffrir son ignorance et sa paresse, dans l'état d'immobilité stupide où le retient son inertie, au sein de l'ivresse brutale où l'a plongé son intempérance, environné des périls qu'il a provoqués par ses fureurs ; et vous reconnaîtrez qu'à aucun autre âge de la vie sociale l'homme ne fait de ses forces un usage aussi borné, aussi stérile, aussi violent, aussi dommageable, et que, par conséquent, à aucun autre âge il ne jouit d'aussi peu de liberté.

11. Cependant, si l'on ne trouve pas la liberté dans l'état sauvage, on y en découvre les élémens; on y aperçoit quelques commencemens d'industrie, de morale, de justice. L'homme n'y est pas exclusivement occupé à détruire; il s'y livre aussi quelquefois au travail paisible et productif; il construit une hutte; il la meuble de quelques ustensiles informes; il cultive quelquefois le sol qui l'entoure immédiatement; il échange contre des denrées, des outils, des ornemens, la dépouille des animaux qu'il a pris à la chasse. Qu'il porte davantage son activité dans ces directions; que l'agriculture, le commerce, les arts deviennent ses principaux moyens d'existence, et nous verrons croître insensiblement sa liberté. Sa nouvelle manière de vivre exigeant plus de réflexion et d'étude, son esprit deviendra plus inventif; ses exercices étant plus modérés, son inertie sera moins profonde; sa subsistance étant plus assurée, il mangera avec plus de modération; la vie lui devenant plus facile, il aura moins de sujets de dispute, il me-

nacera moins ses voisins et en sera moins menacé ; finalement l'usage de ses forces s'étendant et devenant par degrés moins préjudiciable, sa liberté croîtra dans la même proportion.

Il suffit donc que l'homme sauvage fasse, à quelques égards, de ses forces un usage utile et non offensif, pour qu'on découvre les premiers élémens de la liberté dans sa manière de vivre. J'ai dit qu'elle existait en germe dans le peu d'industrie qu'il possède. Elle existe aussi dans son impatience de toute suprématie factice, de toute injuste domination. Le sauvage se soumet volontiers au chef qu'il a choisi pour le conduire à la guerre ou pour diriger les chasses entreprises en commun ; mais il ne supporterait pas, en général, qu'un de ses pareils voulût s'arroger quelque autorité sur sa personne, et entreprendre de soumettre sa conduite à ses directions. Comme cet âge est celui où il y a le moins de sûreté, il est naturellement celui où l'homme est le plus disposé à la résistance, où il se montre le plus farouche, le plus ennemi de toute sujétion. Cette passion d'indépendance individuelle, cette *personnalité* du sauvage est un de ses plus énergiques sentimens, au moins dans les bonnes races. Elle le rend capable d'actions héroïques; elle l'arme d'une patience invincible au sein des tourmens. Il n'est pas de tortures qu'un prisonnier sauvage ne supporte plutôt que de s'avouer vaincu. Et ce n'est pas seulement un courage passif que cette vertu lui inspire, elle lui donne quelquefois autant de valeur que de résolution. La guerre d'indépendance que les Araucans soutinrent contre les Espagnols, dit l'historien Molina, est comparable à tout ce qu'offrent de plus admirable, dans ce genre, les histoires anciennes et modernes de l'Europe. Lorsque les Américains, dit Robertson, virent que les Espagnols les traitaient en esclaves, un grand nombre d'entre eux moururent de douleur ou se tuèrent de désespoir [1].

12. La suite de nos recherches va nous apprendre comment ce sentiment se modifie dans les âges subséquens de la société, et en général comment se développent les germes de liberté que nous venons d'apercevoir dans la vie sauvage.

(1) Hist. d'Am., liv. 4.

CHAPITRE V.

Du degré de liberté qui est compatible avec la manière de vivre des peuples nomades [1].

1. Dans le précédent chapitre nous avons vu Rousseau faire de la liberté un attribut distinctif des peuples sauvages. Dans celui-ci, nous allons voir d'autres écrivains la considérer, à leur tour, comme un apanage des peuples nomades. « Ces peuples, dit Montesquieu, jouissent d'une grande liberté; car, comme ils ne cultivent point la terre, ils n'y sont point attachés : ils sont errans, vagabonds ; et si un chef leur voulait ôter la liberté, ils l'iraient d'abord chercher chez un autre, ou se retireraient dans les bois pour y vivre avec leur famille [2]. »

(1) Quoiqu'on se serve de ce mot pour désigner indistinctement tous les peuples sans établissement fixe, il s'applique particulièrement aux peuples pasteurs, comme son étymologie l'indique, et c'est dans cette acception restreinte qu'il est pris ici.

(2) Esp. des lois, liv. 18, ch. 14.

Voilà donc que les peuples nomades sont libres, suivant Montesquieu, parce qu'ils peuvent se retirer dans les bois ; comme les peuples sauvages sont libres, suivant Rousseau, parce que, si on les chasse d'un arbre, ils peuvent se réfugier au pied d'un autre. Il y a, comme on voit, beaucoup d'analogie dans les idées que ces deux grands écrivains paraissent se faire ici de la liberté.

A la vérité, ce que Montesquieu dit en cet endroit ne l'empêche pas de reconnaître, quelques pages plus loin, que les peuples nomades de la grande Tartarie sont dans l'esclavage politique [1]. Mais aussi declare-t-il les Tartares *le peuple le plus singulier de la terre*, (ce sont ses expressions). « Ces gens-là, dit-il, n'ont point de villes ; ils n'ont point de forêts, ils ont peu de marais ; leurs rivières sont presque toujours glacées ; ils habitent une plaine immense, ils ont des pâturages et des troupeaux, et par conséquent des biens, et ils n'ont aucune espèce de retraite [2]. » Or, l'important, pour être libre, c'est de savoir où se réfugier, ou fuir ; c'est à pouvoir fuir que

---

(1) Esp. des lois, liv. 18, ch. 19.
(2) *Ibid.*

la liberté consiste ; et la règle générale c'est qu'on est d'autant plus libre qu'on peut se sauver plus aisément, qu'on est moins chargé de biens, qu'on ne tient point à la terre, qu'on ne la cultive point, qu'on n'a ni feu ni lieu, qu'on vit de pillage et de vol au sein d'une vie errante et vagabonde.

Ces préjugés étaient ceux du temps où Montesquieu a écrit ; et si un esprit aussi éminent n'a pas su s'en défendre, on sent qu'il ne faut pas demander des idées plus justes à des écrivains d'un ordre moins élevé. J'ai cité Raynal à côté de l'auteur d'Émile : je peux faire parler Mably après l'auteur de l'Esprit des lois. « On jugera sans peine, » dit Mably parlant des Francs tandis qu'ils erraient encore à la suite de leurs troupeaux dans les forêts de la Germanie, « on jugera sans peine *qu'ils devaient être souverainement libres.* » Et veut-on savoir pour quelle raison on en pourra porter ce jugement, d'après Mably, c'est qu'ils étaient un peuple *fier, brutal, sans patrie, sans lois, ne vivant que de rapine*[1].

Assurément, voilà de singulières manières d'entendre la liberté. Un peuple est libre parce

(1) Observat. sur l'histoire de France, t. I, p. 158 ; in-12, 1782.

qu'il ne sait pas cultiver la terre, qu'il ne produit rien, qu'il ne possède rien, que rien ne l'empêche de fuir, qu'il ne vit que de pillage; parce qu'il est à la fois ignorant, brutal, intempérant, emporté, voleur. N'est-il pas étrange de voir des hommes comme Montesquieu, et même comme Mably, faire de la liberté l'apanage de mœurs pareilles?

2. Je ne reviendrai pas sur ce que j'ai dit précédemment de cette triste faculté de fuir, qui est le partage commun de tous les peuples errans et misérables, et dans laquelle on a voulu placer la liberté. La liberté ne consiste pas à pouvoir fuir quand on voudrait rester; mais à pouvoir rester ou partir suivant qu'on le désire. Le nomade qu'on oblige de lever sa tente et d'abandonner ses pâturages, n'est pas plus libre que le sauvage qu'on expulse de sa cabane et de ses terres à gibier. Montesquieu l'a si bien senti qu'il trouve les Tartares, tout misérables qu'ils sont, trop riches encore pour être libres; et il présente le peu de ressources qu'ils possèdent comme une des causes de leur assujettissement. Il ne voit pas que, ne possédassent-ils

rien, on leur ferait encore violence en les forçant à fuir contre leur juste volonté, et que, par conséquent, il ne suffit, en aucun cas, de pouvoir fuir pour être libre. La servitude d'ailleurs n'est pas de ces maux auxquels on peut se dérober en fuyant; elle est étroitement liée à l'ignorance, aux vices, aux injustices des hommes, et un peuple grossier et vicieux aurait beau changer de place, il la retrouverait partout où il irait s'établir.

Je dois remarquer, à ce sujet, combien est outré ce que dit Montesquieu de l'influence qu'exercent sur la liberté le climat, le sol et d'autres circonstances extérieures. Autant j'aime qu'il parle de la longue chevelure des rois Francs, à propos de la nature du terrain [1], que de le voir expliquer la servitude de l'Asie par la neige qui manque à ses montagnes [2], ou la liberté des anciens Athéniens par la stérilité du sol de l'Attique [3].

Il est très vrai que l'homme est plus ou moins

---

(1) Esprit des lois, liv. 18 : *Des lois dans le rapport qu'elles ont avec la nature du terrain.* — Chap. 18 du même livre : *De la longue chevelure des rois Francs.*

(2) Liv. 17, ch. 6.

(3) Liv. 18, ch. 1.

aidé ou contrarié dans le développement et l'exercice de ses forces par la nature des choses matérielles au milieu desquelles il vit, par la chaleur, l'humidité, le froid, la stérilité ou la fertilité du sol, la disposition des eaux et des terres, et en général par toute la constitution physique, ainsi que par la position géographique du pays où il est placé. Il n'est sûrement pas indifférent à la liberté commerciale des Anglais que l'Angleterre soit un pays entouré d'eau et profondément découpé par la mer. Je ne vois rien d'absurde à dire que, dans l'état arriéré où se trouvent, à certains égards, les mœurs de l'Europe, les montagnes de la Suisse servent encore à protéger la sûreté de ses habitans. Il est certainement utile à la liberté des Anglo-Américains que l'Amérique soit séparée par quinze ou dix-huit cents lieues de mer du théâtre de nos violences et de nos désordres politiques, etc.

Mais quelle que soit l'influence qu'exercent sur la liberté humaine les circonstances physiques où l'homme se trouve placé, c'est méconnaître évidemment sa nature que de la faire dériver de là. L'homme est de tous les animaux celui sur qui le monde extérieur a le moins d'empire ; et d'ailleurs en dépendît-il plus qu'il ne le fait, le principe de sa liberté serait toujours en lui-même, dans son activité, dans son énergie, dans le plus ou moins de perfection de ses facultés intellectuelles et morales, et non dans les choses dont il est entouré. Elle dépend de sa culture, et non de l'état de l'atmosphère ou de la disposition des terres et des eaux ; et si les Anglo-Américains jouissent, politiquement, d'une grande liberté, ils n'en sont certainement pas plus redevables à l'étendue des mers qui les séparent de nous qu'à l'état avancé de leur civilisation politique.

Avouons donc, en revenant à notre sujet, que les Tartares ne sont pas esclaves, comme le dit Montesquieu, parce qu'*ils n'ont point de villes, point de forêts, peu de marais;* et qu'il n'est ville, forêt, ni marais qui pussent faire un peuple libre d'un peuple inculte comme les Tartares.

Avouons aussi que les peuples pasteurs ne sont pas libres parce qu'ils sont *errans et vagabonds* : lorsque la faim, le froid, les maladies, et la guerre plus meurtrière encore, vinrent assaillir dans leur migration les Calmoucks partis des bords du Volga, pour aller former un nouvel établissement à la Chine, le grand nombre de ceux qui succombèrent ne trouvaient probablement pas que la vie *errante* fût très favorable à la liberté[1].

Les peuples nomades ne sont pas libres davantage parce qu'ils sont *ignorans* : l'ignorant ne sait point tirer parti de ses forces, et c'est mal prouver la liberté d'un homme que de dire qu'il ne peut faire aucun usage de ses facultés.

Ils ne le sont pas non plus parce qu'ils sont *intempérans* : l'intempérance, qui use et déprave nos organes, est sûrement un mauvais moyen d'en faciliter le jeu, d'en étendre et d'en affermir l'exercice.

Ils ne le sont pas non plus parce qu'ils sont *fiers et brutaux* : la brutalité du nomade, si elle le rend quelquefois impatient de la domination, le dispose habituellement à la violence, et la violence est certainement un mauvais moyen de liberté.

Ils ne le sont pas non plus parce qu'ils ne cultivent point la terre, qu'ils ne produisent rien et ne vivent que de proie : tout peuple pillard est menacé de pillage : Montesquieu, parlant des

(1) *Voy*. le Voyage de Benj. Bergmann chez les Calmoucks.

ravages que les hordes errantes de la Germanie venaient exercer dans l'empire romain dit, que les *destructeurs* étaient sans cesse *détruits*[1] : leur destruction était donc la conséquence naturelle de leur manière de vivre : ce résultat n'indique pas qu'elle fût très favorable à leur liberté.

Ainsi tout ce que disent Montesquieu et Mably pour établir que les peuples nomades sont libres prouve tout au contraire qu'ils ne le sont pas. Des hommes qui ne cultivent pas la terre, qui n'exercent aucun art, qui sont ignorans, débauchés, violens, ne sauraient être des hommes libres. Il ne peut y avoir de liberté véritable qu'au sein des pays où l'on possède de l'industrie et des lumières, et où l'on sait plier ses forces aux règles de la morale et de l'équité.

3. Si, prenant ainsi la liberté dans son acception véritable, je veux chercher maintenant quelle est celle dont jouissent les peuples pasteurs, je serai conduit à reconnaître qu'ils sont un peu plus libres que les nations sauvages. En effet, leur esprit ne se meut pas dans un cercle aussi étroit; ils savent faire un usage un peu plus étendu de

---

(1) Esprit des lois, liv. 18, c. 4.

leurs facultés naturelles; ils savent mieux se nourrir, s'abriter, se vêtir; leur nourriture est à la fois plus saine, plus abondante et moins précaire; leurs vêtemens sont aussi meilleurs et on n'en voit pas d'absolument nus; enfin la tente du nomade, toute grossière qu'elle est, vaut pourtant mieux que la hutte du sauvage.

J'ai dit qu'on apercevait quelquefois chez les peuples chasseurs de faibles commencemens d'agriculture; on les retrouve avec un peu plus d'extension chez certains peuples pasteurs. Ces peuples commencent à faire usage des métaux; ils ont subjugué plusieurs espèces d'animaux et les ont pliés à diverses sortes de services. Leur industrie manufacturière est un peu plus avancée que celle des peuples chasseurs : ils construisent des chariots; ils fabriquent de meilleures armes; ils foulent le feutre, filent la laine, tissent quelques grossières étoffes. Ils ont aussi sur le commerce, les échanges, le calcul, des notions plus étendues que les sauvages. Enfin, comme ils sont en général plus industrieux, ils ne se trouvent pas sous le joug de nécessités aussi cruelles : ils ne tuent point, par exemple, une partie de leurs enfans, faute de pouvoir les nourrir tous; si une mère vient à mourir pendant la durée de l'allaitement, ils ne se croient pas obligés d'étouffer sur son sein le fruit de ses entrailles; enfin, comme ils possèdent quelques moyens de transport, ils peuvent, dans leurs fréquentes émigrations, emporter avec eux leurs vieux parens, et il ne paraît pas qu'ils soient jamais réduits à regarder le parricide comme un bon office [1].

Les peuples nomades savent donc faire de leurs facultés un usage un peu plus étendu que les peuples sauvages. D'une autre part, ils savent en faire vis-à-vis d'eux-mêmes un usage un peu mieux réglé. Habituellement moins affamés, ils ne mangent pas, dans l'occasion, avec le même excès d'intempérance; leur ivresse a peut-être quelque chose de moins brutal; leurs fatigues étant moins outrées, ils sont moins enclins à la paresse; leur repos n'offre pas le même caractère d'apathie et de stupidité. Ils sont donc en général plus dispos, plus maîtres d'eux-mêmes; et sous

---

(1) *Voy.* dans Péron, t. I, p. 468 et suiv., combien ces excès sont fréquens dans la vie sauvage. Ils ne sont plus tolérés dans la vie nomade : « *Numerum liberorum finire, aut quemquam ex agnatis necare flagitium habetur.* » (Tac. *Mœurs des Germ.*, c. 19.)

ce second point de vue, ils peuvent user de leurs forces avec plus de liberté.

Enfin les peuples nomades commencent à mettre quelque calcul dans leurs relations avec les autres hommes, et sous ce rapport encore ils sont supérieurs aux peuples chasseurs. Le sauvage ne faisait la guerre que pour exterminer ses ennemis : le nomade ne se propose pas toujours de les détruire ; il est capable de concevoir la pensée de les asservir, et ceci même, chose singulière, est un progrès vers la liberté. L'intérêt, qui à cet âge de la civilisation persuade déjà à l'homme de ne plus massacrer ses prisonniers, lui persuadera plus tard de ne plus faire la guerre, et donnera par degrés une tendance moins violente et moins destructive à son activité. On est donc déjà plus près d'être libre : on est même déjà plus libre par le fait. Comme le meurtre et la dévastation ne sont plus l'unique fin de la guerre, elle ne se fait peut-être pas avec le même degré d'exaltation et de fureur ; elle n'excite pas des ressentimens aussi violens, aussi implacables : il y a donc un peu plus de sécurité. La liberté

---

(1) C'est dans la vie nomade que commence à s'introduire

souffre moins aussi des suites immédiates de la guerre ; car, quels que soient les malheurs de la servitude, il vaut mieux encore être pris pour être réduit en esclavage que d'être pris pour être attaché à un épieu, mutilé, déchiré, brûlé, dévoré; et un esclave a beau être esclave, il est pourtant plus libre qu'un homme mort.

Soit donc que l'on considère les peuples nomades dans leurs relations avec les choses, avec eux-mêmes, avec leurs semblables, on trouve qu'ils font de leurs facultés un usage un peu moins borné, moins stupide, moins déréglé, moins violent que les peuples sauvages, et qu'en conséquence ils jouissent, sous tous ces rapports, d'un peu plus de liberté.

4. Cependant, ces progrès sont loin encore d'être très sensibles ; et quand je dis qu'ils font de leurs forces un usage un peu moins aveugle et moins emporté, je ne prétends pas dire assurément qu'ils s'en servent d'une manière bien éclairée et bien morale. Quoique logés, nourris, vêtus un peu moins misérablement que les peu-

l'usage des compositions, qui permet d'entrevoir un terme aux dissentions et aux guerres particulières.

ples chasseurs, ils ne savent pourtant encore pourvoir que très imparfaitement aux premières nécessités de la vie physique. Les anciens Scythes, suivant Justin, n'avaient pour tout logement que des chariots couverts de peaux [1]; c'est encore là l'unique abri de la plupart des peuples tartares. Les Germains ne savaient employer dans la construction de leurs habitations ni la pierre, ni la brique, ni le ciment, ni la chaux; leurs demeures n'étaient que des huttes basses et grossières, construites de bois non façonné, couvertes de chaume et percées à leur sommité pour laisser à la fumée un libre passage. Quelquefois même ils n'avaient pour asile que des souterrains obscurs, qu'ils recouvraient d'une couche épaisse de fumier [2].

Le vêtement des peuples pasteurs est encore plus grossier que leurs demeures. S'ils ne sont pas dans un état d'absolue nudité, comme plusieurs peuples sauvages, ils sont en général découverts de plus de la moitié du corps. Tacite et César s'accordent à dire que les Germains n'avaient, pour se défendre contre la rigueur du froid,

---

(1) Liv. 2, ch. 2.
(2) Tac. Mœurs des Germ., ch. 16.

qu'un léger manteau formé de la peau de quelque animal, qu'ils fixaient sur leurs épaules avec une agrafe et plus souvent avec une épine, et qui laissait la plus grande partie de leur corps à nu[1]. La tunique que joignaient à ce vêtement la plupart des femmes germaines n'était qu'une espèce de sac de toile grossière, qui ne leur voilait ni les jambes ni les bras et qui laissait à découvert tout le haut de leur poitrine[2].

Les nations pastorales trouvent un aliment sain et substantiel dans le lait et la chair des troupeaux dont elles font leur principale nourriture; mais plus cette nourriture est aisée à obtenir, plus la population s'élève rapidement au niveau de ce faible moyen de subsistance, et quand elles ont épuisé cette ressource, elles ne savent y suppléer que fort imparfaitement. Elles ne tirent presque rien du sol par la culture. Outre que les pays qu'elles habitent y sont généralement peu propres, elles sont encore plus détournées de s'y livrer par leur paresse et par la férocité de leurs mœurs que par l'aridité du sol. Les Usbecks de la Grande-Bucharie, dit l'auteur de l'histoire gé-

---

(1) Mœurs des Germains, c. 17. — Guerres des Gaules, l. 6.
(2) Mœurs des Germ., *ib.*

néalogique des Tartares, ne sont excités ni par la fécondité singulière de leur pays, ni par la prospérité de ceux qui le cultivent, à se livrer aux arts paisibles de l'agriculture et du commerce¹. Les Germains, au rapport de Tacite, ne répondaient guère mieux à la fertilité de leur contrée : ils ne lui faisaient produire que très peu de blé ², et tous les fruits qu'ils mangeaient étaient sauvages ³.

D'ailleurs la paresse et la grossièreté des peuples pasteurs ne sont pas la seule cause qui arrête les progrès de leur agriculture ; elle est encore arrêtée par leurs continuels déplacemens, qui ne leur permettent de faire aucune accumulation, de donner aucune suite à leurs travaux ; elle l'est surtout par leurs éternelles déprédations qui ne laissent au laboureur aucun espoir de recueillir le fruit de ses peines ⁴ ; elle

---

(1) Tome II, p. 455.

(2) Mœurs des Germ., ch. 26.

(3) *Ib.*, ch. 23 et 26.

(4) « C'est moins la richesse du sol qu'un certain degré de sécurité, observe judicieusement Malthus, qui peut encourager un peuple à passer de la vie pastorale à la vie agricole. Lorsque cette sécurité n'existe point, le cultivateur sédentaire est plus exposé aux vicissitudes de la fortune que celui qui mène une vie errante et emmène avec lui toute sa propriété. Sous le gou-

l'est enfin par les précautions mêmes qu'ils prennent quelquefois pour empêcher qu'elle ne fasse trop de progrès, qu'elle n'adoucisse leurs mœurs, et ne finisse par les dégoûter du brigandage. C'est dans cet esprit que les Germains faisaient tous les ans un nouveau partage du sol [1]. Ils craignaient, dit César, que les charmes de la propriété ne leur fissent enfin quitter la guerre et les armes pour les douces occupations de la culture [2].

En somme, les peuples, à ce second âge de la civilisation, n'exécutent encore que des travaux singulièrement grossiers. Pour se faire une idée de l'imperfection de leurs arts, il suffit de dire qu'ils ignorent l'écriture [3] et qu'en général la monnaie manque à leurs échanges et le fer à leur industrie [4]. Aussi sont-ils excessivement misérables. Le commun des Bédouins, dit M. de

vernement des Turcs, à la fois faible et oppressif, il n'est pas rare de voir les paysans abandonner leurs villages pour embrasser la vie pastorale, dans l'espérance d'échapper plus aisément au pillage de leurs maîtres et à celui de leurs voisins. (*Ess. sur le principe de la pop.*, t. I, *p.* 177.)

(1) *Arva per annos mutant...* Tac., Mœurs des Germ., c. 26.

(2) *De Bello gall.*, liv. 6, ch. 21.

(3) *Litterarum secreta viri pariter ac femina ignorant.* Tac., Mœurs des Germ., ch. 19.

(4) *Id.*, ch. 5 et 6.

Volney, vit dans un état habituel de misère et de famine. La frugalité des Arabes, ajoute-t-il, n'est pas une vertu de choix ; elle leur est commandée par la nécessité des circonstances où ils se trouvent [1]. Les Calmoucks, suivant Pallas, mouraient de faim au sein des steppes fertiles du Volga ; les hommes des dernières classes y étaient plongés dans la plus profonde misère. Ils étaient habituellement réduits à faire usage de toutes les espèces d'animaux, de plantes et de racines qui pouvaient leur fournir quelque aliment. Des chevaux usés ou blessés, des bêtes mortes de maladie, pourvu qu'elles n'eussent succombé à aucune maladie contagieuse, étaient pour eux un véritable régal. Ils allaient jusqu'à manger des animaux tombés en putréfaction ; et telle était la détresse des plus misérables qu'ils étaient quelquefois réduits, pour tromper leur faim, à dévorer la fiente des bestiaux [2].

5. Si les peuples nomades pourvoient encore si mal à leurs besoins, ils ne savent guère mieux régler leurs appétits, et la grossièreté de leur in-

---

[1] Voyage en Syrie, t. I, p. 359.
[2] Pallas, Voyage en Russie, t. III, p. 272 à 274.

dustrie se reproduit dans leur morale. Privés de tous les arts qui pourraient occuper leurs loisirs, ils passent à manger ou à dormir le temps que ne remplissent pas les exercices violens de la guerre ou de la chasse. Des esclaves gardent les troupeaux, leurs femmes vaquent aux travaux domestiques, et ils se reposent. Plus est profonde leur oisiveté, plus ils ont besoin d'émotions fortes pour sortir de leur engourdissement, et c'est de leur indolence même que naissent leurs passions les plus fougueuses [1]. Ils se livrent sans aucune mesure aux excès de la boisson et du jeu. Les Germains avaient un goût si effréné pour les liqueurs enivrantes qu'il était aussi facile, au rapport de Tacite, de les détruire par la boisson que par la guerre [2]. Ils mettaient leur gloire à rester des jours entiers à table, et l'ivresse où ils se plongeaient était si brutale, qu'il était rare de ne pas voir ces parties de débauche finir par des rixes sanglantes [3].

(1) Il n'y a point à cet égard, dans leurs mœurs, la contradiction que croit y remarquer Tacite (*Mœurs des Germ.*, ch. 15). L'indolence et l'impétuosité des Germains étaient deux excès qui naissaient l'un de l'autre, et qui tenaient tous deux à leur manière de vivre.
(2) *Ib.*, ch. 23.
(3) *Ib.*, ch. 22.

Tel était enfin le bonheur qu'ils trouvaient à satisfaire leur passion pour les liqueurs fermentées qu'ils n'en voyaient pas de plus doux à promettre à leurs guerriers après une mort glorieuse; et plusieurs de leurs tribus avaient imaginé une sorte de paradis grossier où les héros devaient s'enivrer durant la vie éternelle [1].

Un seul trait suffit pour montrer avec quel emportement ils se livraient au jeu. Quand ils avaient tout perdu ils se jouaient eux-mêmes, dit Tacite; et ces caractères indomptables, qui ne pouvaient souffrir de frein, même à leurs violences, mettaient leur liberté et leur personne au hasard d'un coup de dé [2].

Les peuples nomades, quoique moins malheureux que les sauvages, semblent être encore beaucoup trop exposés à la misère pour être très enclins aux plaisirs de l'amour. Cependant il s'en faut qu'ils aient à cet égard des mœurs sévères, et même qu'ils soient capables d'imposer quelque gêne à leurs désirs. Au nombre des causes les plus fréquentes de leurs querelles on

---

(1) L'Edda, fab. 20, trad. par Mallet, introd. à l'histoire de Danemarck.

(2) Mœurs des Germains, ch. 24.

peut placer les enlèvemens de femmes. Ils en épousent ordinairement plusieurs, et s'entourent, quand ils le peuvent, d'un nombre illimité de concubines. Tacite, en disant que les Germains se contentaient d'une seule femme, observe qu'ils étaient les seuls barbares qui montrassent à cet égard tant de retenue[1]. Encore l'exception chez eux n'était-elle pas générale ni peut-être bien réelle ; et des écrivains judicieux ont pensé que, dans son éloge de la continence des Germains, Tacite s'était un peu laissé aller au noble plaisir d'opposer la pureté de pâtres grossiers aux mœurs dissolues des dames romaines[2].

On retrouve donc dans les habitudes privées des peuples pasteurs, la plupart des vices des nations sauvages ; et bien que ces vices n'aient

---

(1) Mœurs des Germ., ch. 18.

(2) Gibb., t. II, p. 76. — Voltaire, Essai sur les mœurs, t. I, p. 218. « Tacite, dit Voltaire, loue les mœurs des Germains, comme Horace chantait celles des barbares, nommés Gètes. L'un et l'autre ignoraient ce qu'ils louaient, et voulaient seulement faire la satire de Rome. Le même Tacite, au milieu de ses éloges, avoue que les Germains aimaient mieux vivre de rapines que de cultiver la terre, et qu'après avoir pillé leurs voisins, ils passaient leur temps à manger et à dormir. C'est la vie des voleurs de grand chemin d'aujourd'hui et des coupeurs de bourse. Et voilà ce que Tacite a le front de louer... »

peut-être pas chez eux le même degré de violence et de brutalité, il n'est pas douteux que leurs facultés n'en soient fort altérées et que leur liberté n'en reçoive de graves atteintes.

6. Ajoutons ici que leur liberté n'a pas moins à souffrir des excès auxquels ils se livrent les uns envers les autres que de ceux où ils tombent à l'égard d'eux-mêmes. Leur vie, dans les relations de peuple à peuple, n'est qu'un tissu d'horribles violences, et l'usage qu'ils font de leurs forces dans l'intérieur de chaque tribu n'est pas à beaucoup d'égards plus modéré.

Quoique les femmes parmi eux ne soient pas traitées avec le même degré de mépris et de dureté que chez les peuples sauvages, elles s'y trouvent encore dans un profond état de dépendance et d'avilissement. Tandis que leurs maris peuvent avoir plusieurs épouses et faire des concubines de toutes leurs captives, la moindre infidélité de leur part les exposerait à des châtimens rigoureux. C'est sur elles que pèsent tous les travaux de la vie domestique. Elles dressent les tentes, fabriquent le feutre qui doit les couvrir, préparent les fourrures qui serviront de manteaux à leurs maris, apprêtent leur repas, le leur servent et ne sont pas admises à le partager, font à tous égards l'office d'esclaves, sont enfin soumises, ainsi que leurs enfans, à une autorité qui ne connaît point de limites, et dont le mari abuse quelquefois jusqu'à vendre comme esclaves la mère et les enfans [1].

Ici, comme je l'ai dit, les prisonniers ne sont pas toujours massacrés, mais ils sont alors asservis, et ce n'est pas une douce destinée que d'être l'esclave d'un Maure, d'un Arabe, d'un Tartare. Fergusson cite le propos d'un Grec qui aimait mieux, disait-il, être esclave des Scythes que citoyen de Rome [2]. Ce Grec faisait de Rome une satire trop forte. Je ne crois pas que le sort des Romains ait jamais été bien digne d'envie ; mais il y avait sûrement encore assez loin de la condition d'un citoyen romain à celle de l'esclave d'un barbare. Tacite, qui s'efforce

---

(1) Malthus, Essai sur le principe de la pop., t. I, p. 173 de la trad.—Chez les Barbares, dit Aristote, la femme et l'esclave sont confondus dans la même classe (*Polit.* liv. 1, ch. 1, §. 5). Chacun, maître absolu de ses fils, de ses femmes, leur donne à tous des lois... (*Homère, cité par Arist. ib.*, §. 7, trad. de M. Thurot.)

(2) Fergusson, Essai sur l'hist. de la soc. civ., p. 161 ; édit. de Bâle, angl.

d'atténuer les maux que souffraient chez les Germains les hommes enchaînés à la glèbe, reconnaît pourtant que leurs maîtres, dans un accès de colère, pouvaient impunément leur ôter la vie [1].

Voilà donc chez les peuples pasteurs plusieurs classes de personnes, les femmes, les enfans, les esclaves, qui vivent sous l'empire absolu de la violence et de la force. Le guerrier lui-même n'y est pas à l'abri de toute sujétion. Ses terreurs superstitieuses le livrent sans défense au despotisme de ses prêtres; et, d'une autre part, la nécessité de la discipline, au sein des guerres éternelles où il est engagé, le force à se soumettre presque aveuglément à la volonté de ses généraux. Le Germain, qui ne voulait plier sous aucune espèce de justice humaine, se laissait patiemment battre de verges par le ministre du dieu des batailles [2]. Le Tartare, qui ne reconnaît habituellement aucune espèce d'autorité, jure, lorsqu'il s'unit à son kan pour quelque expédition militaire, d'aller partout où il l'enverra, d'arriver sitôt qu'il l'ap-

---

(1) Mœurs des Germ., ch. 25.
(2) Ib., ch. 7.

pellera, de tuer quiconque il lui désignera, de considérer dorénavant sa parole comme une épée[1] : il ne met plus de bornes à sa dépendance.

Enfin, tandis que dans l'intérieur du camp tout le monde subit quelque espèce de sujétion arbitraire, la horde tout entière est dans un péril continuel d'être assaillie, pillée, asservie. C'est la suite toute naturelle des violences qu'elle ne cesse de commettre, de l'état permanent d'hostilité dans lequel elle vit avec d'autres tribus. L'homme, à cet âge de la société, n'est encore qu'un animal de proie ; les nations ne sont que des bandes de voleurs. L'universelle occupation est de chercher où l'on pourra trouver du butin à faire, et d'aviser par quel moyen on parviendra le plus sûrement à s'en saisir[2].

Fergusson veut que la liberté ne soit pas incompatible avec un tel ordre de choses. « Dans les âges de barbarie, dit-il, les hommes ne manquent de sûreté ni pour leurs personnes ni pour leurs biens. Chacun, il est vrai, a des ennemis ; mais chacun aussi a des amis ; et si l'on court

---

(1) Fergusson, Hist. de la soc. civ., p. 156.
(2) Ib., p. 150 et 151.

le risque d'être attaqué, on est sûr d'être secouru[1]. »

Ce raisonnement est un pur sophisme. Il est véritablement insensé de placer ici la sécurité au sein de la guerre et des alarmes; autant vaudrait dire que, sur un champ de bataille, il y a aussi de la sûreté pour les personnes et pour les biens. En effet, si on a les ennemis en face, n'est-on pas entouré de ses amis, et si l'attaque est imminente, la défense n'est-elle pas assurée? Cependant qui oserait dire qu'on est en sûreté sur un champ de bataille? Eh bien ! on ne l'est pas davantage dans l'état social que je décris. La terre, à cet âge de la civilisation, n'est qu'un vaste champ de guerre où les hommes sont perpétuellement aux prises, où chacun est, tour à tour, assaillant ou assailli, pillard ou pillé, massacreur ou massacré, maître ou esclave. Il n'y a pas de sûreté dans l'Arabie, même pour les pasteurs arabes[2]. Les Tartares s'entr'exterminent au sein de leurs déserts; les Germains, les no-

---

(1) Fergusson, page 162. « In the rude ages, the persons and properties of individuals are secure; because each has a friend, as well as an ennemy; and if the one is dispose to molest, the other is ready to protect. »

(2) *Voy*. la peinture animée que Gibbon, t. X de son his-

mades, toutes les hordes de barbares qui à différentes époques se sont précipitées du nord de l'Europe sur le midi, ne jouissaient d'aucune sûreté dans le cours de leurs déprédations et de leurs ravages : les destructeurs, comme dit Montesquieu, étaient perpétuellement détruits.

7. Bien donc que les peuples pasteurs, considérés dans leurs travaux industriels, et dans leur morale personnelle et sociale, soient un peu plus avancés que les peuples chasseurs, il est certain que, sous tous ces rapports, ils font encore un usage très grossier et très violent de leurs facultés, et qu'à cet âge de la vie sociale, par conséquent, l'homme ne peut encore jouir que d'une liberté fort imparfaite.

8. Je dois ajouter que le principe des violences et de la brutalité des peuples pasteurs est dans la manière même dont ils pourvoient à leurs besoins, dans leur état de nations pastorales. Quoique la terre, dans ce nouvel état, puisse nourrir un peu plus d'habitans que sous le ré-

toire, fait des dissentions furieuses et interminables des Arabes bédouins.

gime économique des peuples chasseurs, la quantité d'alimens qu'elle peut produire est encore excessivement bornée, et les hommes, comme au premier âge de la civilisation, sont invinciblement entraînés à lutter pour leur subsistance.

La vie pastorale a ceci de particulier qu'elle est de tous les modes d'existence celui où l'homme obtient avec plus de facilité les ressources propres à chaque manière de vivre. Le chasseur ne trouve et n'atteint ordinairement sa proie qu'avec beaucoup d'efforts; l'agriculteur ne féconde son champ qu'avec de grandes peines; le pasteur, au contraire, recueille presque sans fatigue ce que peuvent lui donner ses pâturages et ses troupeaux. Cette manière de vivre est donc celle où doit se produire et se renouveler le plus facilement, non pas une population très forte, mais une population supérieure aux moyens d'exister, une population *excédente* [1]. Par conséquent, elle est celle où la population doit sentir le plus souvent le besoin de sortir du pays,

---

[1] Ce sont deux choses fort différentes, comme le fait très bien voir Malthus. Il peut y avoir excès de population dans les pays les moins peuplés; il suffit pour cela qu'il y ait plus d'hommes que de vivres.

de former des entreprises guerrières. D'autres causes encore fomentent en elle cet esprit de conquête et d'émigration : elle est toujours réunie, elle est armée, elle est désœuvrée, son désœuvrement l'ennuie, la famine l'aiguillonne, la vue de ses forces réunies et l'habitude qu'elle a de se mouvoir en masse excitent sa confiance et son audace. Elle est donc irrésistiblement poussée au brigandage, à la guerre, aux invasions.

De là ces irruptions formidables des peuples pasteurs du nord vers le midi, à une époque où le midi n'était encore que très faiblement peuplé, et l'excessive facilité avec laquelle ces peuples réparaient leurs pertes et recommençaient leurs attaques [1]. On ne vit la fin de leurs invasions que lorsqu'ils eurent successivement oc-

---

(1) C'est là ce qui a fait si long-temps supposer que le Nord était autrefois plus peuplé qu'aujourd'hui. La connaissance des vrais principes de la population a permis à Malthus de réfuter victorieusement cette erreur. Il prouve sans peine que le Nord, à une époque où il était encore couvert de bois et de marais, ne pouvait pas renfermer une population bien nombreuse; mais en même temps il montre que la population devait s'y élever rapidement au niveau des moyens de subsistance, et fournir bientôt à l'esprit entreprenant des barbares le moyen de tenter de nouvelles expéditions, qui, à leur tour, laissaient la place libre pour des générations nouvelles, et préparaient de loin de nouvelles invasions. (*Voy. son ouv.*, t. I, ch. 6.)

cupé les plus beaux pays de la terre, qu'ils s'y furent établis, qu'un certain degré de civilisation y eut développé leurs forces, et que les derniers venus de ces peuples trouvèrent enfin devant eux des populations trop nombreuses et trop puissantes pour pouvoir essayer de les détruire ou de les déloger'. Maintenant, et depuis plusieurs siècles, toute nouvelle entreprise de ce genre leur est devenue décidément impossible; et le reste de ces hordes barbares se trouve à jamais confiné dans les déserts brûlans de l'Asie et de l'Afrique, ou dans les régions glacées de la Sibérie. Mais les mêmes causes continuent à produire parmi elles des effets semblables; et désormais trop faibles pour pouvoir attaquer les

(1) Pendant le cours des huitième, neuvième et dixième siècles, les nations de l'Europe réputées aujourdhui les plus puissantes par les armes et par l'industrie avaient été livrées comme sans défense aux constantes déprédations des Normands. « À la fin, dit Malthus, elles crûrent en force, et parvinrent à ôter aux peuples du Nord toute espérance de succès dans leurs futures invasions. Ceux-ci cédèrent *lentement et avec répugnance* à la nécessité, et apprirent à se renfermer dans leurs propres limites. Ils échangèrent peu à peu leur vie pastorale ainsi que le goût du pillage et l'habitude des migrations, pour les travaux patiens du commerce et de l'agriculture, qui, en les accoutumant à des profits moins rapides, changèrent imperceptiblement leurs mœurs et leur caractère. » (*Essai sur le princ. de la pop.*, p. 155 et suiv. de la trad.)

nations civilisées, elles consument l'excédant de leur population dans leurs querelles mutuelles et sans cesse renaissantes.

La guerre est donc la suite inévitable du mode imparfait de subsistance adopté par les peuples pasteurs. Pour achever de faire sentir combien cette remarque est fondée, il suffit de dire que chez les Arabes la tradition a conservé, seulement pour les temps antérieurs à Mahomet, le souvenir de dix-sept cents batailles, et de rappeler cette trève annuelle de deux mois qu'ils observaient avec une fidélité religieuse, et qui caractérisait avec encore plus de force, comme l'observe Gibbon, leurs constantes habitudes d'anarchie et d'hostilité [1].

Si la guerre est une chose forcée dans la vie pastorale, l'ignorance et les excès de tout genre qui s'opposent au développement de la liberté y sont, à leur tour, des suites inévitables de la guerre. Le barbare, qui croit améliorer son sort par le pillage, ne fait qu'arrêter toute production et se rendre de plus en plus misérable. La misère croissant fortifie son penchant à la rapine

---

[1] Hist. de la déc. de l'emp. rom., t. X.

et le rend toujours plus incapable de faire de ses forces un utile emploi. Son incurable paresse naît, comme son ignorance, de ses exercices violens; son intempérance et ses débauches naissent, à leur tour, de sa paresse. Tous ses vices sont ainsi la conséquence de son état social. L'esclavage de ses serviteurs, celui de sa femme; ses disputes, ses rixes sanglantes, sa dépendance politique et religieuse découlent de la même source. C'est parce qu'il fait la guerre qu'il a besoin de se soumettre à la volonté arbitraire d'autrui. C'est parce qu'il fait la guerre qu'il est ignorant, par conséquent superstitieux, par conséquent sous le joug de ses prêtres. C'est parce qu'il fait la guerre qu'il veut vider toutes ses querelles comme on les vide à la guerre, c'est-à-dire, à main armée. C'est parce qu'il fait la guerre, et que la guerre le rend fainéant et brutal, qu'il néglige tous les travaux utiles, et en rejette le fardeau sur les êtres les moins capables de le supporter. Finalement, tout ce qu'il y a de grossier dans son esprit et dans ses mœurs, naît de son état habituel de guerre, qui, de son côté, est l'accompagnement obligé de l'état pastoral.

9. Toutefois, on retrouve dans cet état les germes de liberté que j'ai fait apercevoir dans celui qui précède, et comme je l'ai dit d'abord, on les y retrouve plus développés. Il y a un peu plus d'industrie, un peu plus d'instruction, un peu moins de férocité ; on entre en composition pour les injures et pour le meurtre ; on maltraite moins les femmes ; on n'extermine pas toujours les prisonniers, et il n'arrive jamais qu'on les dévore, comme cela se pratique quelquefois dans l'âge précédent.

Seulement comme les périls et les maux sont moins grands, les mœurs ne sont plus tout-à-fait aussi farouches, et il semble que le sentiment de l'indépendance individuelle ait déjà perdu quelque chose de son âpre énergie. Quelque sauvage que fût la vertu de ces femmes cimbres, qui, au moment d'une déroute, s'efforçaient de soustraire par la mort leurs parens à la servitude, étouffaient leurs enfans de leurs propres mains, les foulaient aux pieds des chevaux, et finissaient par se tuer elles-mêmes [1], il y a loin pourtant de cette frénésie à la fanatique obstination

(1) Plutarque, Vie de Marius ; et Tacite, Mœurs des Germ. ch. 7 et 8.

de ce sauvage, qui, attaché à l'épieu fatal, subit plutôt que de s'avouer vaincu, les plus effroyables tortures; qui, *pour quelque danger de la mort voisine, ne relasche aucun point de son asseurance,* et qui expire, comme dit Montaigne, *en faisant la moue* à ses bourreaux [1].

10. Nous allons voir maintenant ce que deviennent ces progrès chez les peuples sédentaires; et, procédant par ordre, nous examinerons d'abord quelle liberté comporte la manière de vivre de ceux de ces peuples qui se font entretenir par des hommes asservis.

[1] Essais, *des Cannibales.*

CHAPITRE VI.

Du degré de liberté qui est compatible avec la manière de vivre des peuples sédentaires qui se font entretenir par des esclaves.

---

1. L'homme fait d'abord sa principale nourriture de fruits et d'animaux sauvages; puis du lait et de la chair des animaux qu'il a subjugués; puis des produits du sol qu'il fait cultiver par son esclave. Il ne passe qu'avec une extrême lenteur de l'un de ces états à l'autre; et quelque barbare que soit encore le dernier, on est obligé de reconnaître qu'il se trouve à une longue distance de ceux qui le précèdent, et qu'il y a déjà un grand espace de parcouru dans la route de la civilisation. Le guerrier sauvage ne fait point d'esclaves : ses passions sont encore trop impétueuses; et d'ailleurs quel moyen aurait-il de les garder et à quel usage les emploierait-il? Le guerrier nomade n'en fait qu'autant qu'il en peut vendre : il lui en faut peu pour la garde de ses troupeaux et pour l'exploitation du peu de terres

qu'il livre à la culture. Mais, à mesure que les produits du sol entrent pour une plus grande part dans la nourriture de l'homme barbare, le nombre des captifs qu'il fait à la guerre devient plus considérable : le labour succédant au pâturage, il met des esclaves à la place des troupeaux, et finit par faire sa principale ressource de l'asservissement de ses semblables.

Je ne connais point d'expression propre à désigner l'état des peuples qui se font nourrir ainsi par des hommes vaincus et enchaînés à la glèbe. Le nom de peuples agricoles qu'on leur a donné ne leur paraît guère applicable ; ce nom appartiendrait à l'esclave qui féconde la terre plutôt qu'au barbare qui vit de ses sueurs [1]. Toutefois pour n'avoir pas de dénomination qui lui convienne cet état n'en a pas été moins réel, ni moins général. Il n'est pas de nation qui, en passant de la vie errante à la vie sédentaire, n'ait été d'abord et pendant fort long-temps entretenue

---

(1) En général, il serait plus convenable de donner aux peuples encore barbares des noms pris de la guerre, que des noms empruntés à l'industrie. On devrait, à ce qu'il semble, réserver ceux-ci pour les nations qui ont abjuré toute violence, tout brigandage, et fondé constitutionnellement leur existence sur le travail.

par des hommes asservis. Les peuples que nous appelons si improprement anciens n'ont jamais eu d'autre manière de vivre. C'étaient des esclaves qui pourvoyaient à la subsistance de tous les Grecs ; les Lacédémoniens étaient nourris par les Ilotes, les Crétois par les périèciens, les Mégariens par les Mariandyniens, les Thessaliens par les pénestes [1]. Il y avait à Athènes, du temps de Démétrius de Phalère, quatre cent mille esclaves pour nourrir vingt mille citoyens [2]. Rome, à la fin de la république, comptait moitié moins de citoyens que d'esclaves [3] ; beaucoup de Romains en avaient plusieurs milliers ; quelques riches particuliers en possédaient jusqu'à vingt mille [4]. César trouva l'esclavage établi chez les Gaulois. Lorsque les peuples barbares du nord de l'Europe se répandirent et se fixèrent dans

---

(1) Esp. des lois, liv. 4, ch. 7. Les mots de *périèciens*, de *pénestes*, etc., n'étaient pas, à ce qu'il paraît, des noms de peuples ; c'étaient des termes génériques dont divers peuples se servaient pour désigner leurs esclaves : pénestes, *hommes de peine* ; périèciens, c'est-à-dire *serfs*. (*Polit. d'Arist.*, trad. de M. Thurot, et les notes du traducteur, p. 451 et 452.)

(2) Esp. des lois, liv. 3, ch. 5.

(3) Histoire de la déc. de l'emp. rom., t. I, p. 90, trad. de M. Guizot.

(4) *Ib.*, t. I, p. 87, la note.

le midi, ils eurent partout des esclaves pour travailler à la terre et produire les choses nécessaires à leurs besoins [1]. Ce sont encore des serfs qui pourvoient à la subsistance de la noblesse russe et polonaise. Qui ne sait enfin que l'esclavage est toujours le fonds et le fonds unique sur lequel vivent les planteurs de nos colonies.

2. Il semble dérisoire de demander si la liberté est compatible avec un état social où la moitié, les trois quarts et quelquefois une portion beaucoup plus considérable de la population se trouve ainsi la propriété de l'autre. Aussi la question n'est-elle pas de savoir si cette portion de la population est libre, mais si celle qui a fondé sa subsistance sur son asservissement peut jouir de la liberté; si la liberté est compatible avec la manière de vivre des peuples qui se font entretenir par des esclaves.

Bien des gens peut-être décideraient encore cette question affirmativement. Qui n'a considéré les peuples de l'antiquité comme des peuples essentiellement libres? Qui n'a entendu parler de

---

(1) Il est vrai que, sous la domination de ces peuples, l'esclavage se modifia. (*Voy. plus loin*, ch. VII.)

la liberté des Grecs et des Romains? Combien de temps, en fait de liberté, n'avons-nous pas puisé chez eux nos autorités et nos exemples? Rousseau appelle quelque part les Romains *le modèle de tous les peuples libres.* Il dit, en parlant des Grecs : « des esclaves faisaient leurs travaux ; leur grande affaire c'était la liberté [1]. » Il est si loin de considérer la liberté comme inconciliable avec le mode d'existence des peuples qui font exécuter leurs travaux par des esclaves, qu'il fait assez clairement de l'esclavage une condition de la liberté. « Quoi, se demande-t-il, la liberté ne se maintient qu'à l'appui de la servitude? peut-être. *Tout ce qui n'est pas dans la nature* a ses inconvéniens, et *la société civile* plus que tout le reste. Il y a des positions malheureuses où l'on ne peut conserver sa liberté qu'aux dépens de celle d'autrui, et où le citoyen ne peut être parfaitement libre que l'esclave ne soit extrêmement esclave... Pour vous, peuples modernes, ajoute-t-il, vous n'avez pas d'esclaves, mais vous l'êtes ; vous payez leur liberté de la vôtre [2]. »

Rousseau avait dit d'abord qu'on ne pouvait

---

(1) Contrat social, liv. 3, ch. 15.
(2) Id., ib.

être libre que dans la vie sauvage et en s'abstenant de toute industrie, de tout progrès. Il paraît ajouter maintenant que si l'on veut vivre dans un état aussi hors de nature que la société, il faut au moins, pour être libre, faire exécuter ses travaux par des esclaves. Cette nouvelle proposition est-elle plus admissible que la première ?

Nous avons vu que les hommes ne sont libres qu'en proportion du développement qu'ils donnent à leurs facultés. Bien loin donc que, pour jouir d'une grande liberté ils doivent se faire nourrir par des esclaves, il est évident que s'ils se déchargent sur des esclaves du soin d'exécuter leurs travaux, leurs facultés resteront incultes, et qu'ils n'acquerront que très imparfaitement la liberté de s'en servir. Nous avons vu que, dans la société, tout le monde dispose d'autant plus librement de ses forces que chacun sait mieux en renfermer l'usage dans les bornes de ce qui ne nuit point. Bien loin donc que, pour être libre, il soit nécessaire d'asservir une partie de ses semblables, il est visible que celui qui fonde sa liberté sur la servitude d'autrui n'établit par là que sa propre servitude, qu'il se place dans une situation violente où il est sans cesse obligé de se tenir en garde contre ceux qu'il opprime, et où il est ainsi plus ou moins privé de la libre disposition de ses mouvemens. On peut donc apercevoir déjà que les peuples qui se veulent faire nourrir par des esclaves fondent leur existence sur une ressource naturellement contraire à leur liberté.

5. Je commencerai pourtant par reconnaître que la liberté est un peu moins incompatible avec ce nouveau mode d'existence qu'avec le précédent, de même qu'elle l'était moins avec celui-ci qu'avec celui qui l'avait précédé. La raison en est simple : c'est que cette nouvelle manière de vivre est un peu moins violente et moins destructive. L'homme fondant ici sa subsistance sur les produits du travail de l'homme, il est impossible que les facultés humaines restent dans le même état d'inertie et d'abrutissement. Précédemment on asservissait ses ennemis pour en faire des pâtres ; maintenant on les asservit pour en faire des laboureurs, des artisans, comme on les asservira plus tard pour en faire des rhéteurs, des grammairiens, des instituteurs. Or il est aisé de voir que ces nouvelles destinations données à l'esclave

rendent l'esclavage moins ennemi de la civilisation et de la liberté. D'une autre part, la liberté a moins à souffrir des suites de la guerre. Dans l'état pastoral, le guerrier voulait tout convertir en pâturages et en déserts; il rasait les villes, massacrait les populations et n'épargnait que le petit nombre de captifs qu'il se croyait assuré de vendre ou qu'il pouvait employer à la garde de ses troupeaux [1]. Dans l'état actuel il pille peut-être davantage, mais il détruit moins; il asservit plus d'hommes, mais il n'en extermine pas un aussi grand nombre : il ne commet que les ravages et les massacres indispensables au but de la guerre, qui est la conquête du terrain et la réduction des habitans à l'état d'esclaves ou de tributaires [2]. Il est manifeste que cette nouvelle ma-

(1) Voltaire dit en parlant de Gengis-Kan : « Dans ses conquêtes il ne fit que détruire, et si l'on excepte Boccara et deux ou trois autres villes dont il permit qu'on relevât les ruines, son empire, des frontières de la Russie à celles de la Chine, fut une dévastation. » (*Ess. sur les mœurs,* ch. 60.)

(2) Tout ce que demandaient les Romains c'était de forcer leurs ennemis à se rendre. Aussi condamnaient-ils ceux qui posaient les armes à un esclavage moins rigoureux que ceux qu'ils prenaient sur le champ de bataille ou après l'assaut d'une ville. Les premiers, qu'ils appelaient *dediti*, conservaient une espèce de liberté; les seconds étaient vendus comme esclaves. (*Tit.-Liv.*, liv. 5, ch. 22, et liv. 7, ch. 31.)

nière de vivre, toute violente qu'elle soit, est pourtant moins contraire à la liberté que la précédente.

Aussi l'expérience montre-t-elle que chez les peuples dont la subsistance est fondée sur ce nouveau moyen l'espèce peut parvenir à un plus haut degré de développement et de liberté que chez les nations pastorales. Les monumens qui nous restent des arts et de la civilisation des anciens ne permettent d'élever aucun doute sur ce point. On ne peut sûrement pas nier que les peuples de la Grèce et de Rome n'aient été beaucoup plus cultivés qu'aucun de ceux de l'âge que j'ai décrit dans mon dernier chapitre; qu'ils n'aient été mieux pourvus des choses nécessaires à la vie; que l'industrie et surtout l'agriculture n'aient fait chez eux des progrès beaucoup plus grands; qu'ils n'aient eu des relations commerciales infiniment plus étendues. Ces peuples ont surtout excellé dans les arts de l'imagination et du goût; leurs poètes, leurs orateurs, leurs statuaires n'ont été depuis ni surpassés, ni peut-être égalés. Enfin les écrits de leurs philosophes et les monumens de leur législation que le temps a épargnés prouvent que leurs mœurs avaient fait, à plusieurs égards, des progrès non moins remarquables que leurs idées.

4. Cependant, quels qu'aient été les progrès de ces peuples, je crois qu'il y a fort à rabattre de l'admiration que le monde leur accorde, et qu'on ne peut admettre qu'avec beaucoup de réserve et de grandes restrictions ce que l'on dit communément de leur culture et de leur liberté. Je crois cela surtout à l'égard des Romains, de tous les peuples de la terre celui qui a fondé le plus énergiquement son existence sur l'esclavage, et chez qui on peut le mieux observer tous les effets de ce genre de vie.

Par cela seul d'abord que ce peuple faisait exécuter la plupart de ses travaux par des esclaves, il semble que ce serait à ses esclaves et non point à lui qu'on en devrait rapporter la gloire. Est-ce bien le peuple romain qui a construit ces nombreux monumens d'architecture, ces égoûts, ces ponts, ces routes, ces aqueducs que l'on attribue à la civilisation romaine ? non ; ce sont, pour la plus grande partie du moins, des captifs, des esclaves, qui n'appartenaient point au peuple romain. C'est avec l'industrie et les capitaux des nations vaincues que Rome a exécuté ses plus magnifiques ouvrages. Il ne se faisait, sous son empire, presque rien de véritablement utile qui ne fût exécuté par des hommes asservis. La loi de Romulus avait interdit au Romain toute profession industrielle; les arts libéraux furent long-temps enveloppés dans la même proscription : c'étaient des esclaves qui exerçaient la médecine; la grammaire, la rhétorique, la philosophie étaient enseignées par des esclaves. Tout ce qu'il y avait chez ce peuple de vraie civilisation, toute celle qui pouvait survivre à ses violences, il la reléguait hors de l'état. Son industrie à lui, c'était la guerre; ses œuvres, c'étaient des pillages et des massacres; les monumens qu'il laissa, ce furent des ruines, ce furent l'appauvrissement et la dépopulation de l'univers [1]. Sans lui peut-être nous

(1) Avant les Romains, « l'Italie, la Grèce, la Sicile, l'Asie-Mineure, l'Espagne, la Gaule, la Germanie étaient pleines de petits peuples et regorgeaient d'habitans... Toutes ces petites républiques furent englouties dans une grande, et l'on vit insensiblement l'univers se dépeupler... « On me demandera, « dit Tite-Live, où les Volsques ont pu trouver assez de sol-« dats pour faire la guerre, après avoir été si souvent vaincus. « Il fallait qu'il y eût un peuple infini dans ces contrées, *qui ne* « *seraient aujourd'hui qu'un désert. sans quelques* SOLDATS *et* « *quelques* ESCLAVES *romains.* Les oracles ont cessé, dit Plu-« tarque, parce que les lieux où ils parlaient sont détruits : à

n'aurions pas eu les débris d'un Panthéon, d'un Colysée ; mais qui sait ce qu'aurait transmis à la postérité l'industrie libre et féconde des nations vaincues, par les mains de qui furent érigés ces fastueux édifices ? Il y a tout lieu de croire que sans ce peuple la civilisation aurait été beaucoup plus en mesure de se défendre contre la barbarie lorsque les hordes errantes du nord de l'Europe vinrent exercer leurs effroyables dévastations dans le midi ; et l'on peut justement imputer à ses brigandages le long retard que d'autres brigands purent, après lui, mettre aux progrès de l'espèce humaine [1].

Il s'en faut bien d'ailleurs que les arts eussent fait de vrais progrès chez les Romains, au moins tant qu'ils étaient demeurés fidèles au principe

« peine trouverait-on aujourd'hui dans la Grèce trois mille « hommes de guerre. Je ne décrirai point, dit Strabon, l'Epire « et les lieux circonvoisins, *parce que ces pays sont entière-* « *ment déserts.* Cette dépopulation, qui a commencé depuis « long-temps, continue tous les jours : de sorte que *les sol-* « *dats romains ont leur camp dans les maisons abandonnées.* » Strabon trouve la cause de ceci dans Polybe, qui dit que Paul Emile, après sa victoire, DÉTRUISIT SOIXANTE ET DIX VILLES DE L'ÉPIRE, ET EN EMMENA CENT CINQUANTE MILLE ESCLAVES. » (Montesquieu, *Esprit des lois*, liv. 23, ch. 18 et 19.)

(1) « On eût dit qu'il n'avait conquis le monde que pour l'affaiblir et le livrer sans défense aux barbares. » (*Ib.*, ch. 23.)

de leur institution. Ils restèrent barbares tout le temps qu'ils furent purement militaires, et ils ne commencèrent à civiliser le monde qu'après l'avoir pillé et asservi. Rome, à l'époque où les Gaulois la brûlèrent, c'est-à-dire, 364 ans après sa fondation, ne renfermait encore que des cabanes couvertes de chaume¹. Rebâtie alors, elle le fut d'une manière un peu plus solide, mais non pas plus régulière. Il n'y avait pas de rues, les maisons étaient confusément éparses, et elles furent si grossièrement construites que, du temps de Pyrrhus, à plus d'un siècle de là, elles n'étaient encore couvertes que de lattes et de planches², et qu'au commencement de l'empire, la plupart étaient encore en bois³. On peut juger par là de l'état où l'industrie devait se trouver sous d'autres rapports. Ce ne fut que sous le règne d'Auguste que la ville éternelle commença à posséder de beaux édifices, et après avoir été incendiée par Néron qu'elle fut bâtie avec une véritable splendeur⁴. Les lettres ne commen-

---

(1) Antiquités rom. d'Adam, t. II, p. 389 de la trad. fr.
(2) Id., ibid.
(3) Ibid.
(4) Id., p. 389 et 390.

cèrent à fleurir que vers la fin de la république; elles ne brillèrent d'un grand éclat que sous les premiers empereurs; enfin les sciences et les arts utiles ne furent cultivés avec un grand succès à aucune époque. Il n'y a pas la moindre comparaison à établir entre les progrès qu'ils avaient faits chez eux et ceux qu'ils ont faits parmi nous; entre l'agriculture des Romains et la nôtre, leurs manufactures et les nôtres, le commerce qu'ils faisaient et celui que nous faisons [1]. Ce que le monde a gagné depuis en lumières, en richesses est incalculable : les plus simples bourgeois de Paris ou de Londres ont des habitations

---

(1) Quand je parle des manufactures des Romains, je leur fais beaucoup d'honneur. Les Romains n'avaient pas de manufactures. Ils n'avaient pour ainsi dire qu'une industrie de ménage, et chacun faisait fabriquer chez soi, par les mains de ses femmes et de ses esclaves, les produits ordinaires de sa consommation. Auguste, suivant Suétone, n'avait d'habits que ceux que lui faisaient ses femmes et ses filles. A prendre le mot de manufacture dans l'acception étendue que lui ont donnée les peuples modernes, on peut dire qu'il n'y a eu de manufactures dans aucun état de l'antiquité. « Je ne me souviens point, dit Hume, d'avoir lu dans les auteurs anciens un seul passage où la prospérité d'une ville soit attribuée à l'existence de quelque genre de fabrique; et, quant au commerce, il se bornait presque, là où l'on dit qu'il a le plus fleuri, à l'échange des productions propres au sol et au climat de chaque contrée. » (*Essais*, t. I. 2ᵉ part.; *Essai* XI, p. 434.)

plus agréables, des ameublemens plus commodes, des vêtemens plus riches et plus élégans que les plus riches patriciens de Rome [1]. Enfin, si le progrès des mœurs n'a suivi que de loin le progrès des arts, si nous avons moins de vertu que d'instruction et de bien-être, il est toutefois impossible de nier que nous ne vivions mieux que ne faisaient les Romains, que nous ne sachions faire un usage plus juste et plus modéré de nos forces. On sait que les mœurs de ces maî-

---

[1] Les Romains n'avaient pas de chemise, et portaient, comme chacun sait, la laine sur la peau. Les étoffes de lin étaient chez eux très rares et du plus haut prix. Il n'y avait pas de vitres aux fenêtres des maisons; on les fermait avec du filet, de la toile de lin, de la corne ou de la pierre transparente. Il paraît que la même pièce (*atrium*) servait à la fois de cuisine, de salle à manger, de salon de compagnie, d'atelier, de galerie. On y étalait simultanément la vaisselle, les images des dieux, les portraits des aïeux, les objets fabriqués, etc. La lumière y pénétrait d'en-haut, et comme il n'y avait pas de cheminée, tout y était ordinairement très enfumé. Les Romains n'avaient pour écrire que l'écorce de l'arbre appelé *papyrus*; ils ne commencèrent à faire usage du parchemin que vers la fin de la république et ne connurent jamais le papier. Un poinçon de fer ou un roseau taillé leur servait de plume; ils n'écrivaient qu'en lettres majuscules; ils ignoraient absolument l'art de multiplier les copies par l'imprimerie. Ils n'avaient aucune idée de l'établissement des postes et faisaient porter leurs lettres par des messagers. La plupart de leurs arts étaient dans l'état d'enfance le plus complet. (*Voy. les Antiq. rom. d'Adam.*)

tres du monde, d'abord horriblement violentes, devinrent ensuite horriblement dissolues, et que le plus inique de tous les peuples finit par se montrer le plus dépravé. De quelque manière donc qu'on les considère, on est conduit à reconnaître qu'ils avaient moins de vraie civilisation et par suite moins de vraie liberté que nous.

5. Non-seulement le peuple romain n'a pas été industrieux, éclairé, moral et libre par conséquent au même degré que nous le sommes, mais il n'était pas même possible qu'il le fût. L'obstacle était dans le genre de vie qu'il avait adopté, et dans l'état social qui devait en être la conséquence. Il était naturellement impossible qu'un peuple qui avait fondé son existence sur le pillage et l'asservissement successif de tous les autres pût croître beaucoup en civilisation et jouir jamais d'une liberté bien grande.

Une telle manière de subvenir à ses besoins demandait une guerre perpétuelle; elle était dans l'objet de l'association; elle tendait d'ailleurs à se perpétuer d'elle-même, et quand les Romains ne l'auraient pas faite pour renouveler ou accroître leurs provisions en denrées et en esclaves, ils l'auraient faite pour aller au-devant des vengeances et des représailles dont ils étaient perpétuellement menacés [1].

Voués ainsi à une éternelle guerre, il fallut que leur état social s'assortît à leur destination. La population en masse reçut, dès le commencement, une organisation toute militaire. Elle fut divisée en tribus, curies, décuries; puis en classes et centuries ; et ces divisions, toutes militaires, furent commandées par des tribuns, des curions, des décurions, des centurions qui eurent sur elle toute l'autorité de chefs militaires [2]. Le sénat, composé des officiers les plus riches et les plus distingués, fut en quelque sorte l'état-major général de l'armée; les consuls, choisis parmi les officiers supérieurs, en étaient les généraux en chefs; les soldats, c'est-à-dire presque tous les citoyens, juraient aux consuls de se rassembler au premier ordre et de ne jamais

---

[1] Depuis le règne de Numa jusqu'à celui d'Auguste, dans un intervalle de sept cents ans, le temple de Janus ne fut fermé que deux fois, la première sous le consulat de Manlius, à la fin de la première guerre punique, et la seconde sous Auguste même, après la bataille d'Actium. (*Tit.-Liv.*, I, 10.)

[2] Denis d'Halicarnasse, liv. 2, ch. 3, § 1.—Tite-Live, I, 42, 43.

quitter l'armée sans permission [1]. Ce serment était peut-être moins énergique que celui des Tartares; mais il n'était pas moins obligatoire, et de fait il subordonnait invinciblement le peuple à ses chefs.

Cette subordination fut encore affermie par l'établissement des patronages et des clientelles. Tous les citoyens furent obligés de se choisir dans la caste patricienne des protecteurs qui devaient défendre leurs procès en justice, mais auxquels ils s'enchaînaient par les nœuds les plus étroits; de sorte que chaque individu, déjà subordonné comme militaire, le fut encore comme client.

Une dépendance encore plus rigoureuse s'établit au sein des familles. Chaque maison, *domus*, fut une domination; chaque chef de maison, *dominus*, fut investi d'un pouvoir sans bornes. Le père était à la fois le pontife, le souverain, le juge de toute sa famille. Il pouvait condamner ses enfans à la prison, au fouet, à l'exil, à l'esclavage, à la mort. Enfin ce pouvoir, que rien ne limitait, et auquel on ne pouvait se dérober durant la vie du père, s'étendait à la fois à la

---

[1] Tite-Live, III. 20; XXII, 38.

mère, aux enfans, aux petits-enfans, à toute la postérité. La femme, en se mariant, devenait en quelque sorte la fille de son mari et la sœur de ses propres enfans. Elle perdait la possession de tout ce qu'elle avait, et ne pouvait rien acquérir qui ne fût acquis au mari : tout, dans la maison, tombait sous la puissance du père de famille.

Puissamment fortifiée par l'institution du patronat et de la puissance paternelle, la subordination militaire établie entre les Romains fut encore affermie par l'établissement des censeurs, officiers d'un grade élevé, que l'on chargea spécialement de faire le recensement de l'armée et d'y maintenir la rigidité des mœurs et l'inflexibilité de la discipline [1]. « Entre autres pouvoirs, dit Plutarque, un censeur a loy d'enquérir sur la vie et de réformer les mœurs d'un chascun ; parce que les Romains ont estimé qu'il ne fallait pas qu'il fût loysible à chascun de soy marier, vivre chez soy en privé, ni faire banquets et festins à sa fantaisie [2]. » Outre ces pouvoirs extra-

---

(1) Les censeurs étaient d'anciens généraux qui avaient passé par tous les grades de l'armée. Ils étaient pris ordinairement dans les familles consulaires. (*Tite-Live*, IV, 8; VII, 22.)

(2) Hommes illustres de Plut., vie de Marc. Cat.

ordinaires sur la vie privée, les censeurs en avaient d'immenses sur la vie publique. Ils pouvaient expulser les sénateurs du sénat, les chevaliers de l'ordre équestre, et rayer les simples individus de la liste des citoyens [1].

Ainsi constitués pour la guerre, les Romains ne purent s'occuper d'aucun travail manuel. Les professions industrielles, que l'on qualifia de sordides (*sordidæ artes*), leur furent sévèrement interdites; et dans le même temps le service militaire fut pour eux d'obligation si étroite que le citoyen qui aurait refusé de prendre les armes, ou qui seulement aurait négligé de se faire inscrire sur les livres du cens, aurait été dépouillé de ses biens, battu de verges et vendu comme esclave au-delà du Tibre [2].

---

[1] *Senatu ejiciebant, equum adimebant, tribu movebant, ærarium faciebant.* (Tite-Live.)

[2] *Cic. pro Cæcina*, 34. — Tite-Liv., IV, 53.

Pour avoir la clef des institutions politiques des Romains ainsi que des Grecs, il faut considérer que ces peuples, à l'époque où s'était formé leur état social, étaient encore à cet âge de la civilisation où l'homme fonde principalement sa subsistance sur la spoliation et l'asservissement de ses semblables. On a souvent remarqué que leur existence était toute guerrière; mais on n'a pas assez pris garde que leur état social avait dû naturellement s'accommoder à cette manière de vivre, et que toutes leurs constitutions étaient celles des peuples voués à la guerre

6. Que, dans cet état, la nation romaine se trouvât très fortement organisée pour la domination, je l'accorde. Mais de quelle liberté était-elle susceptible ? On voit d'abord qu'elle ne pouvait jouir de celle que donne le développement de l'intelligence et de l'industrie. Ce développement n'était pas compatible avec le genre de vie qu'elle avait adopté ; et d'ailleurs, nous venons

par état. Du moins n'en a-t-on pas parlé de manière à faire croire qu'on en eût cette idée. Montesquieu nous donne pour des lois de la république une multitude d'institutions de l'antiquité qui étaient tout simplement celles de peuples qui avaient fondé leur existence sur la guerre et cherché à donner à ce mode d'existence un haut degré d'énergie. Beaucoup de publicistes venus après lui sont tombés dans la même méprise, et l'on rencontre fréquemment encore des écrivains politiques qui présentent la communauté des biens, l'égalité des fortunes, les lois agraires, la censure, l'ostracisme et d'autres institutions des anciens, comme des conditions obligées de la constitution républicaine. D'autres ont dit que les anciens n'attachaient d'importance qu'à l'exercice des droits de cité, et que c'était dans l'intérêt de leur activité politique qu'ils avaient restreint ainsi leur indépendance privée (*Condorcet, Sismondi, Benj. Constant*). Ces explications ne paraissent guère admissibles. D'une part, il n'est pas vrai que les lois agraires, l'ostracisme, etc., entrent, de nécessité, dans la constitution du gouvernement républicain ; et d'un autre côté, il n'est pas croyable que des peuples se soient soumis aux plus dures contraintes pour le seul plaisir d'être en république ou de prendre une part active à l'exercice du pouvoir collectif. Il est à présumer qu'ils ont eu des motifs plus sérieux et plus solides. Ils se sont soumis à ces gênes parce qu'elles de dire qu'elle s'était interdit tous les travaux qui auraient pu le faire naître. Le Romain, pour être propre à la guerre, avait besoin de rester grossier, brutal, superstitieux. C'eût été diminuer sa capacité pour le brigandage que de le laisser se livrer à l'étude des sciences ou à la pratique des arts, et la première attention à avoir était sans doute de le préserver soigneusement de toute culture. Aussi ne négligea-t-on rien pour le maintenir dans un favorable abrutissement. Rome, après cinq cents ans d'existence, n'était guère moins ignorante et moins farouche que sous ses premiers rois; et telle était, lorsque Diogènes et Carnéades parurent dans ses murs, l'horreur qu'on y avait encore de toute instruction, que Caton se hâta de proposer au sénat de congédier ces ambassadeurs philosophes, et que, dans une diatribe insensée contre les lumières, ce vieux

---

étaient conformes au genre de vie qu'ils avaient adopté, parce qu'elles ajoutaient à leur force comme peuples guerriers, parce qu'elles assuraient le succès de leurs expéditions militaires. M. Comte est, si je ne me trompe, l'écrivain politique qui a le mieux compris l'organisation des peuples de l'antiquité. (*Voy.* dans le tome II du *Censeur Européen* un article sur *l'organisation sociale considérée dans ses rapports avec les moyens de subsistance des peuples*.)

fanatique s'oublia jusqu'à traiter Socrate de bavard et de séditieux [1].

Ajoutons que dans le temps où la vie guerrière des Romains prévenait en eux le développement de toute industrie, le régime de l'esclavage produisait le même effet parmi leurs esclaves, et qu'ainsi ils se privaient de la faculté de se servir eux-mêmes sans acquérir véritablement celle de se faire servir par d'autres. On sait quels

---

(1) Plut., vie de Marc. Cat. — Malgré les semonces de Caton et des vieux sénateurs qui, comme lui, tenaient ferme pour le maintien de l'ignorance et des anciennes mœurs, il arriva à Rome ce qui était arrivé en Grèce après une suite de guerres heureuses, c'est-à-dire que lorsqu'on eut battu, pillé, asservi ses ennemis, et qu'on se fut procuré par ces honnêtes moyens du loisir et des richesses, n'ayant rien de mieux à faire, on eut le désir d'étudier. Mais comme la manière de vivre resta la même, que l'on conserva le même mépris pour les travaux de l'industrie, les effets de cette passion nouvelle ne furent que très médiocrement avantageux. On étudia, comme on le faisait en Grèce, par passe-temps, sans aucune vue d'application utile, ou seulement dans des vues d'ambition. On apprit la rhétorique, la dialectique; on disputa sur le souverain bien; on s'exerça à séduire la multitude par l'artifice du langage et des discours étudiés; on eut des légistes, des orateurs, des sophistes, des poètes, des musiciens; mais pour des hommes vraiment éclairés et capables de faire d'utiles applications de leurs connaissances, il ne pouvait guère s'en former : ce n'est que chez les peuples industrieux que les études, bien dirigées, peuvent produire de véritables lumières et qu'elles conduisent à d'heureuses applications. (*Voy.* ch. IX.)

sont sur l'homme asservi les effets de la servitude; si elle abrutit le maître, elle abrutit bien plus sûrement l'esclave : l'homme n'a dans l'esclavage presque aucun intérêt à développer ses forces; la crainte du châtiment, loin de l'exciter à montrer sa puissance lui conseille au contraire de la déguiser : « il se mettrait à l'amende par une œuvre de surérogation; il ne ferait, en montrant sa capacité, que hausser la mesure de ses devoirs ordinaires. Il s'établit donc une ambition inverse, et l'industrie aspire à descendre plutôt qu'à monter[1]. »

Aussi partout où les Romains substituèrent des esclaves à des hommes libres la vit-on décliner très rapidement. L'agriculture fut également en décadence. Toutes les fois, dit Hume, que les agronomes de l'antiquité se plaignent de la diminution du blé en Italie, ils ne manquent pas d'attribuer ce décroissement de richesse territoriale à l'introduction de l'exploitation servile[2]. L'esclavage eut à cet égard de tels effets que l'Italie finit par devenir presque aussi improductive que l'est aujourd'hui la campagne de Rome.

---

[1] Bentham, traité de législation, t. II, p. 183 et suiv.
[2] Essai XI, p. 504.

et qu'au lieu d'exporter du blé, comme elle l'avait fait pendant quelque temps, elle fut obligée de compter pour sa subsistance sur les moissons de la Barbarie, de l'Egypte et de la Sicile [1].

Les effets de l'esclavage ne s'arrêtèrent pas là. La population déclina non moins rapidement que les moyens de subsistance. Les légions romaines avaient beau faire la traite et envoyer en Italie des nations entières réduites en servitude, elles ne pouvaient suffire à l'effroyable consommation d'hommes que faisaient l'esclavage et la misère, et le nombre des artisans et des cultivateurs allait sans cesse en décroissant. Il en était de même des hommes libres : il fallut tirer des citoyens du dehors comme on en tirait des denrées et des esclaves; et le peuple-roi, recruté d'abord en Italie, le fut ensuite dans les provinces et ensuite chez les Barbares. « La nation tout entière, dit un publiciste, disparut peu à peu par l'effet de cet odieux régime. On ne trouvait plus de Romains qu'à Rome, d'Italiens que dans les grandes villes. Quelques esclaves gardaient encore quelques troupeaux dans les campagnes;

---

[1] Antiquités romaines, t. II, p. 429.

mais les fleuves avaient rompu leurs digues, les forêts s'étaient étendues dans les prairies, et les loups et les sangliers avaient repris possession de l'antique domaine de la civilisation [1]. »

Voilà quels étaient, relativement à l'industrie, à la richesse, à la population, les effets de la guerre et de l'esclavage.

7. Joignez que ce système, si contraire à l'industrie des Romains, n'était pas moins funeste à leur morale.

Je sais que les peuples qui fondent leur exis-

(1) Sismondi, nouv. princ. d'éc. pol., t. I, p. 113. — Des enquêtes faites par les soins de l'Angleterre nous montrent à quel point l'esclavage est funeste à la population dans les colonies. A Tortola, à Démérari, à la Jamaïque, la population noire diminue continuellement et ne peut être maintenue au même niveau que par la traite. La perte moyenne, pour toutes les colonies anglaises, moins la Barbade et les îles de Bahama, est de dix-huit mille esclaves tous les trois ans. Et la preuve que ce décroissement de la population noire tient uniquement à son état de servitude, c'est qu'elle fait des progrès considérables à Haïti depuis qu'elle y est affranchie. Au commencement de la révolution française, la population totale de cette dernière île n'était que de six cent soixante-cinq mille ames, et malgré la suite d'expéditions sanglantes qui l'ont dévastée depuis cette époque jusqu'en 1809 où l'expédition française a été expulsée, la population s'y élève maintenant à plus de neuf cent trente-cinq mille ames. (Voy. l'*Edimburg review* de juillet 1825.)

tence sur la spoliation et l'asservissement des autres nations, peuvent concilier quelquefois une grande rigidité de mœurs avec le goût du brigandage. Tant que ces peuples ont affaire à des populations pauvres, qui ont peu de choses à leur donner, et qui savent défendre énergiquement ce qu'elles possèdent, il faut bien de nécessité qu'ils s'accoutument à vivre de peu. Mais cette frugalité n'est pas ordinairement une vertu bien méritoire ; elle ne dure qu'autant qu'elle est forcée [1] ; et si les mêmes peuples parviennent à subjuguer des nations opulentes, et à se placer dans une situation où ils puissent jouir avec quelque sécurité du fruit de leurs rapines, on les

---

(1) Voici ce que dit un habile peintre de mœurs, parlant des montagnards d'Ecosse, à une époque où la guerre était encore leur principale industrie : «Waverley ne pouvait en croire ses yeux, il ne pouvait concilier cette singulière voracité (des montagnards) avec ce qu'il avait entendu dire de leur vie frugale ; il ignorait que leur sobriété n'était qu'apparente et forcée, et que, semblables à certains animaux de proie, les montagnards savaient jeûner au besoin, se réservant de se dédommager de cette abstinence lorsqu'ils en trouveraient l'occasion. » (*Waverley, ou l'Ecosse il y a soixante ans.*) Voilà la frugalité que nous admirons chez les premiers Romains et dans les temps héroïques de la Grèce ; c'est ce que nous appelons du *beau antique*. Les mœurs que décrit ici Walter-Scott sont tout-à-fait dans le goût de celles des héros d'Homère.

verra se livrer à des profusions, à des orgies, à des débauches incroyables. Voilà ce que montrent toutes les histoires de races militaires, et la Romaine plus qu'aucune autre. Les Romains furent des modèles de tempérance et même d'austérité, tant qu'ils n'eurent à combattre que les Eques, les Volsques, les Latins, les Samnites, qui, sans cesse défaits, revenaient sans cesse à la charge, et qui leur vendaient très cher des victoires qui ne produisaient rien. Mais quand enfin ils eurent soumis l'Italie, quand ils eurent vaincu Carthage, quand ils n'eurent plus d'ennemis capables de leur résister, qu'ils furent tranquilles sur leur puissance et qu'ils eurent conduit à Rome les dépouilles de la terre, ils tombèrent dans une horrible dissolution de mœurs. Ces désordres étaient la conséquence toute naturelle de leur mode d'existence. Ce ne furent pas leurs richesses qui les corrompirent, comme on l'a tant écrit, et comme on le répète encore; ce fut la manière dont ils se les étaient procurées. Les hommes ne jouissent avec modération que des biens qu'ils ont acquis avec honneur. Il en est du butin fait à la guerre comme de l'argent gagné au jeu, comme des sommes extorquées aux nations qu'on opprime : on dissipe presque toujours d'une manière honteuse ce qu'on s'est procuré d'une manière honteuse. Il n'est pas possible que des hommes, assez dépravés pour fonder leur existence sur le pillage, le vol, la levée de tributs illégitimes, soient en même temps assez purs pour faire un usage moral de biens aussi immoralement acquis.

Le genre de vie des Romains ne faisait donc pas d'eux seulement des hommes ignorans, il tendait à en faire aussi des hommes dissolus, et l'on comprend assez qu'il ne pouvait leur procurer l'espèce de liberté qui naît du bon emploi qu'on fait de ses facultés par rapport à soi-même.

8. Enfin il leur pouvait encore moins donner celle qui résulte pour les hommes de l'usage inoffensif qu'ils font entre eux de leurs facultés.

Bien loin d'user ainsi de leurs forces, les Romains en faisaient l'usage le plus injuste et le plus agressif. Leur objet même était la spoliation et l'asservissement du monde. Or il n'était pas possible qu'ils fissent ainsi violence à tout l'univers, sans se placer eux-mêmes dans une situation extrêmement violente.

On a vu de quelle manière ils avaient besoin de s'ordonner pour faire la guerre avec succès. Voulant asservir les autres, ils étaient obligés de commencer par s'enchaîner eux-mêmes. Il leur fallait, comme dans une armée, se classer, s'enrégimenter, se subordonner l'un à l'autre, multiplier au-dessus d'eux les pouvoirs arbitraires et illimités, renoncer à toute indépendance individuelle, n'exister en quelque sorte qu'en abstraction et comme membres de la masse organisée dont ils faisaient partie; se soumettre enfin aux plus tyranniques volontés de cette masse d'hommes, ou plutôt à celles des ambitieux qu'elle se donnait pour directeurs et pour maîtres.

Voilà à quel prix les Romains pouvaient dépouiller et asservir les autres peuples. Plus ils voulaient être forts pour la domination, moins ils pouvaient avoir de liberté. La liberté n'entrait pas dans l'objet de leur institution, elle n'était pas possible; elle aurait même été funeste; car elle aurait affaibli l'esprit guerrier et relâché le nerf de la discipline. Il eût été contre nature de vouloir donner de l'indépendance aux individus dans un état social où les individus, toujours engagés dans des expéditions militaires, avaient besoin, par cela même, de former une masse compacte et très fortement constituée.

J'ai parlé des pouvoirs exorbitans que la nécessité de la discipline avait fait établir; mais ai-je énuméré les actes arbitraires et violens qu'elle faisait commettre? Un père exilait ses enfans, il leur infligeait les travaux forcés des esclaves, il les condamnait à périr par la main du bourreau. Un censeur dégradait sans formalité un sénateur, un chevalier, un citoyen; il s'ingérait dans tous les détails de la vie privée, et défendait les actes les plus innocens ou en commandait qui moralement n'avaient rien d'obligatoire. Les derniers rangs de l'armée tombaient-ils dans le dénûment? on procédait à des expropriations pour rétablir entre les fortunes une égalité impossible; on décidait que nul ne pourrait posséder au-delà d'une certaine étendue de terrain, et on enlevait l'excédant à ceux qui en avaient pour le distribuer aux citoyens pauvres. La guerre, l'esclavage, le vice, la misère réduisaient-ils le nombre des citoyens et des soldats? on rendait des lois ridiculement vexatoires pour contraindre les gens à se marier et à procréer beaucoup d'enfans. Une fois, on réglait comment on pourrait voyager; une autre fois, comment on serait vêtu; une autre fois, la dépense qu'on pourrait faire pour sa table et le nombre de convives qu'il serait permis d'y recevoir. Il n'y avait réellement ni propriété, ni sûreté, ni liberté; on ne tenait point compte de cela; tout était sacrifié au maintien de la discipline et à la bonne constitution de l'armée.

Et ce n'était pas seulement à cause de cet arbitraire que les Romains étaient peu libres. Remarquez qu'en se soumettant à ce dur régime le gros de l'armée n'en retirait presque aucun profit. Dans cette domination, comme dans toutes, les agens subalternes n'obtenaient qu'une très petite part de richesses et d'autorité. Les dépouilles des ennemis vaincus étaient distribuées là, comme ailleurs les contributions levées sur les peuples: les gros lots étaient pour l'état-major de l'armée, pour les consuls, le sénat, les patriciens; le peuple, les soldats recevaient à peine de quoi vivre. On eût craint sans doute, en les enrichissant, d'affaiblir en eux cet utile amour des conquêtes et du pillage d'où dépendait la fortune des classes élevées. Jamais aristocratie n'a fait de son ascendant un usage plus dur, plus inique, plus hautain que l'aristocratie romaine. Tel était l'abaissement où elle tenait le peuple que les mariages entre les personnes de la classe patricienne et de la classe plébéienne avaient fini par être regardés comme des unions contre nature; et que lorsque ces sortes d'alliances furent autorisées, on prétendit qu'il en sortirait des monstres[1]. Telle était la hauteur des chefs, même du temps de la république, que lorsqu'un consul venait à passer, tout citoyen devait s'écarter de la route, se découvrir la tête, se lever de son siége ou descendre de cheval. Quiconque eût négligé de lui donner ces marques de déférence et de respect eût été promptement rappelé à son devoir par les licteurs; le préteur Lucullus ne s'étant pas levé, dans un moment où il rendait la justice, devant le consul Acilius, celui-ci fit briser à l'instant sa chaise curule[2]. Il n'est peut-être pas de pays où une autorité plus arbitraire se soit exercée avec des formes plus dures et plus impérieuses. C'était proprement le régime d'un camp de Tartares.

Dépendans sous mille rapports comme individus, les Romains n'étaient pas même libres comme

---

(1) *Proles secum ipsa discors* (Tite-Live).
(2) Antiquités rom. d'Adam, t. I, p. 163 et 164.

corps de nation. Leur existence sociale était perpétuellement menacée, au dedans par les esclaves et les prolétaires, au dehors par les ennemis que ne cessait de soulever leur ambition.

On sait ce que la république avait à craindre des esclaves. Le désespoir leur donna souvent des armes, dit Gibbon, et leur soulèvement mit plus d'une fois l'état sur le penchant de sa ruine. On les jugeait si redoutables qu'on n'osa pas les distinguer par un habit particulier. On pensa que le jour où ils pourraient s'apercevoir de leur nombre, leurs maîtres seraient exposés aux plus grands périls[1]. Il fallut faire des lois terribles pour se mettre à l'abri de leurs entreprises et agir avec eux comme avec des ennemis mortels. Ils purent être, pour de légers manquemens, torturés, fouettés, marqués au visage d'un fer chaud, condamnés à tourner la meule[2]. On établit que si un maître était tué dans sa demeure, et que le meurtrier ne fût pas découvert, tous les esclaves pourraient être mis à mort; et Tacite parle d'un cas où quatre cents esclaves furent exécutés par cela seul que leur maître avait péri et qu'ils n'avaient

(1) Hist. de la décad. de l'emp. rom., t. I, ch. 2.
(2) Ibid.—Ant. rom., t. I, p. 56.

pas fait connaître l'auteur du meurtre [1]. Voilà à quelles extrémités on en était réduit. On sent que de telles atrocités, loin d'augmenter la sûreté des citoyens, devaient achever de la détruire; ce fut, observe Montesquieu, lorsque les Romains eurent perdu pour leurs esclaves tous les sentimens de l'humanité que l'on vit naître ces guerres serviles que l'on a comparées aux guerres puniques [2].

La sûreté du peuple romain, si gravement menacée par ses esclaves, l'était plus encore par ses prolétaires. Quoique dans l'origine les terres eussent été assez également partagées, il s'établit bientôt entre les fortunes cette inégalité inévitable, que nulle bonne institution ne pourrait entièrement prévenir [3], mais que favorisent presque toujours des institutions iniques; et l'on vit à Rome, comme ailleurs, et d'une manière beaucoup plus tranchée qu'ailleurs, la population partagée entre un petit nombre de gens riches et une masse de citoyens misérables. Dans un pays où les arts utiles n'eussent pas été avilis et abandonnés à des esclaves, cette dernière classe d'indi-

(1) Annales XIV, 42.
(2) Esp. des lois, liv. 15, ch. 16.
(3) *Voy*. plus loin, ch. X.

vidus aurait pu trouver dans l'industrie une ressource contre l'indigence, et en devenant moins à plaindre elle eût été moins à redouter. Mais ne possédant rien et ne se livrant à aucun travail, cette populace gueuse et fière ne pouvait manquer de se rendre à la fin très redoutable. Elle ne cessait de contracter des dettes qu'elle n'avait aucun moyen d'acquitter, et qui devenaient entre elle et ses créanciers une source inépuisable de démêlés violens. On était obligé, pour étouffer ses clameurs, de lui faire régulièrement des aumônes qui ne servaient qu'à l'accroître et à la rendre de plus en plus menaçante. Sans doute, dans l'état de dénûment où elle se trouvait, et où s'efforçait peut-être de la retenir une politique avare et cruelle, elle offrait à l'ambition des sénateurs un puissant levier pour la conquête et l'oppression du monde; mais aussi quel point d'appui contre la république ne présentait-elle pas aux ambitieux mécontens? On pouvait s'en servir pour la guerre civile comme pour la guerre étrangère; elle était l'instrument des brigues, des conjurations, des discordes; « elle devint l'auxiliaire soldé d'un Marius et d'un Sylla, d'un César et d'un Pompée, d'un Octave et d'un Antoine; » et après avoir soumis l'univers à Rome, elle finit par mettre Rome sous les pieds des plus exécrables tyrans.

Enfin, tandis que le système des Romains entretenait parmi eux deux classes d'ennemis si redoutables, il ne cessait de leur susciter au dehors des ennemis encore plus dangereux. Les Romains, dit Montesquieu, étaient dans une guerre éternelle et toujours violente; ils n'avaient pas le temps de respirer; il leur fallait faire un continuel effort; exposés aux plus affreuses vengeances s'ils étaient vaincus, ils s'étaient imposé la terrible obligation de toujours vaincre; ils ne pouvaient faire la paix que vainqueurs; ils étaient obligés à des prodiges de constance[1]. On peut juger de la violence de leur situation par celle des lois qu'ils avaient rendues contre quiconque se dérobait au service militaire.... Enfin, après avoir été constamment, pendant le long cours de leurs triomphes, sous l'oppression morale de périls toujours imminens, ils finirent par subir à leur tour autant de violences matérielles qu'ils en avaient fait souffrir à d'autres. Vainqueurs du monde ci-

---

(1) Causes de la grandeur et de la décadence des Romains, *passim*.

vilisé, ils ne surent que le livrer au joug des barbares. Rien n'égala la dégradation, la honte, et le malheur de leurs derniers momens.

9. Voilà comment furent libres les Romains, *ces modèles,* suivant Rousseau, *de tous les peuples libres.* Nous voyons en nous résumant que le système de la guerre et de l'esclavage sur lequel ils avaient fondé leur subsistance s'opposait directement aux progrès de leur industrie et de leurs idées, qu'il tendait non moins fortement à la dépravation de leurs mœurs, qu'il les obligeait de se soumettre au régime social le plus dur et le plus arbitraire, qu'il leur suscitait au-dedans et au dehors les ennemis les plus dangereux; qu'enfin, après avoir rempli leur existence de trouble, de corruption et de violence, il finit par amener leur totale destruction.

10. Il me serait aisé, si je voulais insister sur le sujet que je traite, de montrer que l'esclavage avait été d'abord aussi funeste aux Grecs qu'il le fut ensuite aux Romains.

Les citoyens des villes grecques, pourvus par des esclaves des choses nécessaires à la vie, et affranchis à cet égard de tout travail et de tout soin, employaient leur temps à la guerre, à l'exercice des droits de cité, à la poursuite des magistratures, à des luttes d'ambition, à des querelles intestines; ou bien ils partageaient leurs loisirs entre les exercices de la gymnastique et l'étude des sciences qu'ils appelaient libérales, c'est-à-dire, de la grammaire, de la rhétorique, de la philosophie, de la musique, et de quelques autres arts, qu'ils ne cultivaient que par forme de passe-temps et seulement pour leur plaisir.

Cette manière d'être, qui forma d'abord des guerriers et plus tard des rhéteurs, des sophistes, des poètes, des artistes, opposait d'insurmontables obstacles au vrai développement des peuples qui l'avaient adoptée. Elle était destructive de toute paix et de tout ordre; elle ne comportait le progrès ni de la population, ni de la richesse, ni des mœurs, ni des arts utiles, ni des connaissances véritables. Aussi les Grecs n'acquirent-ils jamais que d'une manière fort imparfaite ces élémens de force et de liberté. Ils consumaient leur vie en querelles ou en vaines disputes. Ils furent d'abord tout militaires, et puis, quand la guerre les eut enrichis, ils se livrèrent à de dangereux plaisirs et à de frivoles exercices, dans lesquels ils perdirent leur ancienne énergie guerrière, sans acquérir la force, l'instruction, la richesse, les bonnes habitudes morales que leur eût donné la pratique de l'industrie. Voilà ce qui explique en partie leur chute et celle de la plupart des peuples de l'antiquité. C'est l'histoire de toutes les sociétés militaires [1].

11. Une circonstance empêche que l'esclavage ne soit aussi funeste en Amérique qu'il le fut en Europe, dans l'antiquité ; c'est la manière dont

---

(1) Rien de si étrange que la faveur dont jouissent auprès des classes *industrieuses* de nos sociétés modernes ces fiers républicains de l'antiquité, dont le premier principe politique était qu'il fallait tenir dans l'esclavage tout homme livré à l'*industrie*. Ces classes ne feraient-elles pas mieux de se passionner pour les seigneurs féodaux du moyen âge? La méprise, à mon avis, serait moins forte. Ces seigneurs, il est vrai, n'étaient pas aussi beaux parleurs que les nobles citoyens d'Athènes au temps de Périclès, ou de Rome à la fin de la république ; mais ils n'étaient peut-être pas aussi ennemis des classes laborieuses ; ils ne les tenaient pas aussi abaissées, ils ne méprisaient pas autant leurs travaux ; je ne sais s'ils avaient au même degré les préjugés de la barbarie. Il y a dans la politique du citoyen Aristote et dans la république du philosophe Platon des principes que n'oserait pas avouer l'aristocrate le plus renforcé de nos monarchies les plus absolues. Ceci soit dit sans préjudice pour les Grecs modernes, qui ont passé plus de trois siècles dans

on s'y procure les esclaves. On les obtient par le commerce et non par la guerre ; ils sont achetés et non pas conquis. Les créoles ne sont pas, comme le furent les Grecs et les Romains, des peuples militaires, voués au brigandage et à la domination ; leur titre est celui de planteurs, de colons ; ce sont des entrepreneurs d'industrie ; seulement, leurs ouvriers sont des esclaves achetés à des rois d'Afrique, qui font la guerre pour eux.

Cette manière de vivre est moins mauvaise que celle des anciens. Il y a de moins la guerre extérieure et les discordes intestines que l'ambition devait continuellement susciter parmi des hommes à l'activité desquels il n'y avait, dans chaque état, qu'une seule carrière d'ouverte, celle du gouvernement. Cependant l'esclavage a encore dans les parties de l'Amérique où il existe des conséquences fort graves. Il est pour les habitans une cause d'inactivité, d'insouciance, d'incapacité ; il corrompt leur morale ; il compromet leur sûreté ; enfin, il a ceci de particulier et de

un esclavage *presque aussi dur* que celui que leurs aïeux firent long-temps souffrir à d'autres peuples, et qui fonderont sûrement le nouvel état social de la Grèce sur les principes d'une politique plus humaine et plus éclairée.

terrible, qu'on ne saurait trop comment le détruire et que cette plaie honteuse de l'Amérique semble être à jamais incurable. L'abolition graduelle de l'esclavage eût été facile chez les anciens, où les maîtres avaient pour esclaves des hommes de leur couleur et de leur race; mais que faire là où les esclaves sont d'une autre race et d'une autre couleur? Les éloigner en les affranchissant? cela, dans bien des cas, serait impraticable : il est tel pays de l'Amérique où ils forment la presque totalité de la classe ouvrière et le fond de la population. Les affranchir et les garder? mais quel serait, au milieu d'un peuple de noirs délivrés des liens de la servitude et devenus graduellement propriétaires et citoyens, le sort du petit nombre de blancs qui auraient été leurs maîtres, surtout si ces blancs craignaient de se dégrader en s'alliant à eux, et ne voulaient pas souffrir le mélange des races[1]? On tournera long-temps dans les difficultés de cette question avant de trouver un bon moyen d'en sortir. Elle fait le désespoir des hommes d'état les plus éclairés de l'Amérique septentrionale.

---

(1) *Voy*. Les notes de M. Jefferson sur la Virginie, p. 212.

12. Je ne suivrai pas les effets de l'esclavage dans tous les pays où il a existé. Comme il ne s'est pas établi dans des circonstances semblables et n'a pas été partout le même, on sent que ses résultats ont dû beaucoup varier. Mais l'esclavage a des effets généraux qui se reproduisent également partout; partout il a pour effet d'abrutir et de dépraver les populations qu'il fait vivre, de s'opposer aux progrès de leur industrie, de leur morale privée, de leurs habitudes sociales, et de prévenir ainsi chez elles le développement des causes d'où nous savons que découle toute liberté.

« Dans un climat chaud, dit M. Jefferson, nul homme ne travaille s'il peut en contraindre un autre à travailler pour lui. » Cela est vrai dans tous les climats possibles. Partout où des hommes peuvent en contraindre d'autres à travailler pour eux, il est fort rare qu'ils s'instruisent, qu'ils deviennent industrieux, qu'ils se rendent capables de quelque chose d'utile. L'inactivité de l'esprit, comme l'observe M. Say, est la conséquence de celle du corps; le fouet à la main, on est dispensé d'intelligence.

J'ajoute qu'il n'est pas plus facile à ces hommes d'acquérir des mœurs que de l'industrie. Ils sont dans une position qui tend directement à corrompre leur morale. Un maître peut abuser impunément des femmes qu'il tient en servitude : comment serait-il continent? Ce qu'il récolte ne lui a coûté aucun effort : comment en userait-il avec mesure? Il vit dans un état habituel d'oisiveté : comment n'aurait-il pas les vices qu'engendrent l'indolence et le désœuvrement?

Enfin s'il est difficile dans une telle situation de contracter de bonnes habitudes personnelles, il l'est peut-être plus encore de se former à de bonnes habitudes sociales. « Le commerce entre le maître et l'esclave, dit Jefferson [1], est un exercice continuel des plus violentes passions de la part de celui-là et de la soumission la plus abjecte de la part de celui-ci [2]. Nos enfans qui ont ce spectacle

---

(1) Note sur la Virginie, p. 212.

(2) La cruauté des traitemens qu'on a presque toujours fait subir aux hommes asservis tient à la nature particulière de cette espèce de serfs, beaucoup plus généreux et plus difficiles à soumettre que les autres animaux voués à la servitude domestique. A la rigueur, un maître peut traiter humainement son cheval, son chien, son âne : il n'a pas à craindre que ces esclaves-là se concertent et se révoltent; mais il ne saurait être aussi tranquille sur la soumission des êtres semblables à lui qu'il tient dans l'asservissement; comme leur nature est plus noble, il sent qu'il

sous les yeux suivent bientôt l'exemple qu'on leur donne. Le chef de famille s'emporte contre son esclave : l'enfant l'observe ; il imite dans les mouvemens de son visage les traits du maître irrité et prend bientôt le même air dans le cercle des jeunes esclaves qui l'entourent. Il apprend ainsi à lâcher la bride à ses plus dangereuses passions ; et élevé dans la pratique de l'injustice, exercé journellement à la tyrannie, il demeure pour ainsi dire marqué de leurs traits les plus odieux. L'homme placé dans de telles circonstances serait un prodige s'il conservait la bonté de son caractère et de sa morale. »

En somme, ignorance, incapacité, mollesse, faste, iniquité, violence, voilà ce que l'esclavage tend naturellement à donner aux populations qui en font leur ressource.

13. Et pourtant il est vrai de dire que lorsque ce nouveau mode d'existence vint à s'établir parmi

a plus à faire pour les subjuguer, et il les traite avec inhumanité précisément parce qu'ils sont des hommes. Il est tel propriétaire d'esclaves qui passerait avec raison pour un fou furieux, digne d'être à jamais interdit, s'il s'avisait de traiter ses bêtes comme il lui arrive de traiter ses gens.

les hommes, on fut plus près de la liberté qu'on ne l'avait été aux époques antérieures, où l'usage le plus général était encore de massacrer les prisonniers. Les esclaves, *servi*, étaient, comme le mot l'indique, des hommes conservés, *servati*, et l'action de faire des serfs, qui nous paraît avec raison la chose du monde la plus sauvage, fut dans l'origine un acte d'humanité et un trait de civilisation.

La destination donnée aux esclaves rendit ce trait encore plus favorable à la liberté. A l'âge de la société que je décris, l'homme de guerre ne conserva pas ses prisonniers pour les associer à ses brigandages ou pour en faire de simples gardeurs de troupeaux, il les conserva pour les appliquer à la culture du sol, à l'exercice de divers métiers et peu à peu à tous ces travaux d'où est sortie avec le temps la civilisation de l'espèce humaine.

A la vérité ces hommes ne travaillaient pas pour eux; ils ne travaillaient que contraints; mais il valait encore mieux qu'ils fussent asservis que s'ils avaient été tués et que tout fût resté comme auparavant dans le brigandage. Au sein d'une telle barbarie; l'introduction de l'esclavage était une innovation heureuse, et l'usage de condamner les vaincus au travail fut, sans contredit, un grand acheminement à la liberté. L'essentiel était que, de manière ou d'autre, l'industrie devînt la principale ressource [1].

Sans doute, il eût encore mieux été qu'on cessât de faire la guerre, et qu'on s'assujétît soi-même au travail plutôt que d'y contraindre son semblable; mais il n'était pas dans la nature de l'espèce de faire tout à coup de si grands progrès; un tel changement était bien loin encore d'être possible; c'était beaucoup que l'on cessât d'exterminer les prisonniers et que l'on s'avisât de les réduire en servitude. Aussi paraît-il que l'on commença par-là; et, comme je l'ai dit dès le début de ce chapitre, on ne connaît pas de peuple qui, en passant de la vie errante à la vie sé-

---

[1] Non-seulement, par l'institution de l'esclavage, il y eut des hommes utilement occupés; mais ces hommes purent travailler avec quelque sécurité, sous la protection de leurs maîtres, qui, en les opprimant pour leur compte, furent pourtant intéressés à les préserver de tout trouble étranger. En outre, par l'effet de cette protection et de la fixité des établissemens, quelques accumulations devinrent possibles, et ceci prépara beaucoup d'autres progrès.

dentaire, n'ait eu d'abord des esclaves pour le servir.

Ces esclaves qui d'abord ne travaillent que pour autrui travailleront un jour pour eux. Ils sont faibles, ils deviendront forts; ils sont aux sources de la vie, de la lumière, de la richesse, de la puissance : il ne faut que leur inspirer le désir d'y puiser, et les maîtres eux-mêmes sentiront un jour le besoin de leur inspirer ce désir. Voulant stimuler leur activité, ils relâcheront un peu leur chaînes; ils leur laisseront une part de la richesse qu'ils auront créée. Ceux-ci conserveront ces faibles produits; ils les accroîtront par le travail et par l'épargne; et quelque jour les fruits lentement accumulés de leur pécule étoufferont ceux de la violence et de l'usurpation. Esclaves dans l'antiquité, les hommes d'industrie ne seront plus que serfs tributaires dans le moyen âge; puis ils deviendront les affranchis des communes; puis le tiers-état; puis la société tout entière.

C'est ici, c'est chez les peuples entretenus par des esclaves, c'est au sein même de l'esclavage que commence réellement la vie industrielle, la seule, comme on le verra bientôt, où les hommes puissent donner un grand essor à leurs facultés, acquérir de bonnes habitudes morales, prospérer sans se faire mutuellement de mal; la seule, par conséquent, où ils puissent devenir vraiment libres.

CHAPITRE VII.

Du degré de liberté qui est compatible avec la manière de vivre des peuples qui n'ont pas d'esclaves, mais chez qui tout est privilége.

1. Le monde, dans son adolescence, n'a pas connu d'état social plus avancé que celui dont je viens d'offrir le tableau. Par toute la terre, jusqu'au moyen âge, l'espèce humaine est restée partagée en deux classes : celle des vainqueurs, qui dominaient dans l'oisiveté; celle des vaincus, qui travaillaient dans la servitude. On avait bien vu, dans les temps anciens, des affranchissemens particuliers; on n'avait jamais vu nulle part l'abolition de l'esclavage. L'abandon de cette brutale injustice était réservé à un autre temps. L'idée n'en avait pas pu venir aux nations anciennes. A l'époque où ces nations avaient vécu, il n'y avait pas encore assez de peuples attachés au sol, il n'était pas assez difficile de se procurer des esclaves pour que l'esclavage pût cesser. Nous lisons que, sous les Romains, il y avait une per-

pétuelle affluence d'esclaves sur les marchés de l'Italie; qu'on en envoyait des provinces les plus éloignées; qu'il en arrivait de la Syrie, de la Cilicie, de la Cappadoce, de l'Asie-Mineure, de la Thrace et de l'Égypte [1]. L'abondance quelquefois en était telle qu'ils se donnaient pour presque rien : Plutarque nous apprend que dans le camp de Lucullus un esclave fut vendu quatre drachmes, environ trois livres dix sols [2]. On conçoit que dans des temps où les esclaves étaient à ce prix, il ne pouvait guère être question d'abolir ou même de modifier l'esclavage. Moins la denrée était chère et plus on devait s'endurcir dans l'habitude qu'on avait prise d'en user et d'en abuser.

2. Mais quand l'empire romain eut été détruit par les barbares; que plusieurs de ces peuples eurent réussi à s'établir dans le midi; que, par l'impossibilité de les déloger, les hordes qui les

---

(1) *Voy.* les Essais de Hume, t. I, 2ᵉ part., Essai XI, p. 406. Strabon, parlant de la ville de Délos en Cilicie, dit qu'il n'était pas rare qu'il se vendît sur le marché de cette ville jusqu'à dix mille esclaves par jour pour l'usage des Romains. (Liv. XIV, *cité par Hume*, ib.)

(2) Hommes illustres, vie de Lucullus.

suivirent se furent, à leur tour, fixées plus au nord; qu'il y eut partout des nations sédentaires, et que chacune de ces nations se trouva réduite pour l'exécution de ses travaux aux seuls esclaves qu'elle avait sous la main, alors les esclaves devenant beaucoup plus précieux et plus rares, il fallut commencer à les ménager, l'esclavage dut nécessairement s'adoucir.

Je ne sais pas si ce grand changement a jamais été rapporté à sa véritable cause. Ce ne furent, à ce qu'il me semble, ni l'influence du christianisme, ni la prétendue générosité des mœurs germaines, ni le progrès des lumières et de l'industrie qui d'abord le provoquèrent : ce fut simplement la nécessité des circonstances nouvelles où le monde se trouvait placé. On commença à renoncer à l'esclavage comme on avait achevé de renoncer aux courses et aux brigandages de la vie pastorale, par force. Aucune révolution importante dans la manière de vivre des hommes ne s'est opérée autrement. Ne faisons pas le roman de notre espèce. Il n'est pas, que je sache, d'iniquité monstrueuse dont elle se soit spontanément désistée. Une chose, de sa nature, a beau être odieuse, tant qu'elle est reçue et possible, la religion et la morale humaines trouvent toujours le moyen de s'y plier. Le christianisme, qui a, dit-on, aboli l'esclavage en Europe dans le moyen âge, le tolère depuis trois siècles dans les colonies. Il arrive parmi les chrétiens, on ne le voit que trop, ce qui arrive parmi tous les hommes : on y fait durer le plus qu'on peut l'iniquité à laquelle on croit trouver son compte ; on y attend obstinément pour abandonner une injustice qu'il ne soit plus possible de la commettre avec impunité, ou même qu'il soit absolument impossible de la commettre. Mais revenons à notre sujet.

Je dis donc que dans le moyen âge, lorsque la plupart des peuples errans eurent formé des établissemens fixes, la condition des hommes asservis dut nécessairement devenir moins dure. Ce n'est pas que les dominateurs de cet âge de fer fussent plus doux que ne l'avaient été les républicains de Sparte ou de Rome ; mais c'est qu'ils se trouvaient dans une situation où ils avaient un intérêt beaucoup plus grand à épargner leurs esclaves, parce qu'il était devenu infiniment plus difficile de s'en procurer de nouveaux¹.

(1) Voilà ce qui détermina d'abord ; les sentimens religieux

On commença donc à les traiter d'une façon un peu moins inhumaine. Dans les villes et les

n'agirent qu'ensuite. Il arriva ce qui arriverait aujourd'hui dans les colonies, si la traite devenait décidément impossible, et qu'on se vît pour jamais réduit aux seuls esclaves qu'on possède en ce moment. On céda à l'intérêt pressant qu'on avait de ménager des esclaves qu'il n'était plus possible de remplacer. Le sort des esclaves devenant plus doux, les progrès leur furent plus faciles; avec la force vint la dignité; on sentit plus vivement le besoin de l'indépendance, et il éclata des insurrections qui firent beaucoup de mal aux oppresseurs. Alors s'éveilla le remords; alors naquirent les scrupules, et les terreurs superstitieuses se mêlèrent aux divers motifs qui dictèrent des chartes d'affranchissement. Mais si les classes laborieuses étaient toujours restées faibles, il y a lieu de croire qu'elles seraient toujours restées serves, et que les dominateurs auraient très bien su accommoder leur religion avec le maintien de la servitude: témoin la facilité avec laquelle on a su la concilier depuis avec la traite et l'esclavage des noirs. On dit souvent que le christianisme nous a civilisés : il me paraîtrait plus exact de dire que la civilisation a épuré notre christianisme. Sans doute, la lettre des Evangiles n'a pas changé; mais nous avons beaucoup changé dans notre manière d'entendre l'Evangile; nos sentimens et nos principes religieux ont suivi la marche de tous nos sentimens et de tous nos principes; ils sont devenus plus purs et plus raisonnables à mesure que nous avons été plus cultivés. Les Chrétiens d'aujourd'hui ne le sont pas à la manière de ceux du temps de la ligue. Notre religion, qui souffre encore que nous trafiquions du sang et de la vie des Africains, deviendra peut-être plus humaine, lorsque la dure expérience nous aura mieux fait comprendre tous les dangers de cette iniquité; mais si les progrès de la religion ne viennent qu'avec tous les autres, comment serait-on fondé à dire qu'elle les a tous précédés et tous provoqués?

campagnes, ils devinrent peu à peu de serfs proprement dits des serfs purement tributaires. A la vérité, dans cette condition nouvelle, ils dépendaient encore beaucoup; ils tenaient en quelque sorte à la terre; ils passaient de main en main avec la propriété du sol sur lequel ils étaient nés; ils étaient obligés à une multitude de devoirs onéreux et serviles; ils avaient de forts tributs à payer et beaucoup d'avanies à souffrir. Mais enfin la dépendance n'était plus aussi entière; ils jouissaient d'un peu plus de sécurité; il leur était un peu moins difficile de faire des épargnes, ils avaient à eux des marchandises, des animaux, de l'argent, et ils parvenaient, surtout dans les villes, à se composer insensiblement de petites fortunes [1].

Tel était l'état des esclaves sous la domination toute militaire à laquelle on a donné le nom de régime féodal; ce régime ne diffère pas assez du précédent pour que je m'en occupe d'une manière spéciale. On n'y saurait guère voir, comme dans les républiques de l'antiquité, que des associa-

---

(1) Montlosier, de la Mon. fr. t. I, p. 81, 103, 104, 141, 147, 148 et 149. — Robertson, hist. de Charles V, t. II, notes 9 et 26, p. 62, 109 et suivantes de la trad. fr., éd. in-12.

tions d'hommes de guerre, qui se font nourrir par des hommes asservis. Je ne m'y suis un instant arrêté que parce que la condition des esclaves y était devenue un peu meilleure, et qu'il a servi de transition de la pure servitude au régime des priviléges dont je dois parler maintenant.

3. La crise qui amena ce nouveau mode d'existence commença vers le douzième siècle. A cette époque, les classes laborieuses étaient encore dans la demi-servitude que j'ai décrite il n'y a qu'un instant. Cependant elles avaient fait des progrès assez considérables; elles étaient infiniment plus puissantes qu'elles ne l'eussent jamais été dans l'antiquité; et, favorisées par des circonstances heureuses, elles se crurent assez fortes pour achever de sortir de leur ancien état de dépendance et d'abaissement. Par toute l'Europe, elles se mirent à former des ligues, des associations, pour s'affranchir tout-à-fait de la domination des gens de guerre.

On sait quel fut l'effet immédiat de ce vaste mouvement. Il partagea en quelque sorte les populations en autant d'agrégations d'hommes qu'il y avait de villes, de communautés, de professions qui entreprenaient de se délivrer.

Long-temps cette organisation fut purement défensive; elle prit plus tard un caractère agressif : les hommes qui s'étaient ligués pour l'indépendance du travail finirent par en vouloir faire le monopole, et par imiter à leur manière l'esprit dominateur de ceux qui les avaient opprimés. Il n'y eut plus en quelque sorte d'esclaves ni de demi-esclaves; aucune classe n'était la propriété matérielle d'aucune autre; mais chacune, à l'exclusion de toutes, voulut s'emparer de quelque mode spécial d'activité, de quelque branche particulière de fonctions ou de travaux ; et, avec le temps, on vit sortir de ce conflit de prétentions injustes un état de choses dans lequel la masse entière des individus se trouva partagée en un certain nombre de classes, d'ordres, de corporations qui eurent tous leurs intérêts séparés, leurs lois particulières, leurs priviléges (*privatæ leges*), et dont chacun exerçait sur tout le reste quelque genre de tyrannie.

Je suis arrivé tout d'un coup au bout de cette grande révolution. Il serait hors de mon sujet d'en exposer ici le détail et la suite. Je n'ai besoin que d'en montrer les conséquences, et de bien faire connaître l'état social qui se manifesta lorsqu'elle fut pleinement accomplie.

4. D'abord les gens de guerre, en voyant les hommes d'industrie élevés à la condition d'hommes libres, s'étaient formés en état séparé sous le nom de *Noblesse*. Les gens d'église s'étaient isolés à leur tour sous le nom de *Clergé*. Les légistes, les officiers de justice, les savans, les artisans, tous les hommes, voués aux professions dites libérales ou mercantiles, avaient formé un troisième état sous le nom de *Tiers*.

Chacune de ces grandes divisions s'était subdivisée ensuite en corporations nombreuses. La noblesse avait ses ordres militaires; le clergé, ses ordres religieux; le barreau, ses compagnies; la science, ses facultés; l'industrie, ses jurandes.

L'esprit général des trois ordres était une vive émulation de haine et de mépris les uns pour les autres; le même esprit avait pénétré dans l'intérieur des corporations. On avait partout affecté d'établir des hiérarchies factices : la science avait ses degrés comme la noblesse; l'industrie comme la science; et de même que, parmi les nobles, on s'était distingué par les grades d'écuyer et de chevalier, de même on avait voulu se distinguer, parmi les savans, par ceux de bachelier et de licencié, et parmi les artisans, par ceux de compagnon et de maître.

Enfin un esprit universel d'exclusion s'était emparé de toutes les classes, de toutes les agrégations. C'était à qui obtiendrait le plus de priviléges odieux, le plus d'injustes préférences. La noblesse avait le monopole du service public; le clergé, celui de l'enseignement et des doctrines; le tiers-état, celui des travaux industriels. Dans ce troisième ordre, les arts libéraux étaient devenus l'apanage d'un certain nombre de compagnies; divers corps de marchands avaient envahi le négoce; les arts mécaniques étaient tombés au pouvoir d'autant de communautés qu'on avait pu distinguer de genres différens de fabrication.

Les rois avaient favorisé, à prix d'argent, toutes ces usurpations criantes. Ils ne cessaient de vendre à des corps ou à des individus désignés ce qui était le droit naturel de chacun et de la masse. Ils vendaient la noblesse, c'est-à-dire l'aptitude au service public; ils vendaient le droit de rendre la justice; ils vendaient jusqu'au droit de travailler : le travail, que dans les âges précédens on renvoyait dédaigneusement aux esclaves, était devenu, on ne sait comment, une prérogative de la couronne, *un droit royal et domanial*, qu'on n'exerçait que par délégation du chef de l'état et moyennant finance. Nul ne pouvait, sans payer, gagner honnêtement sa vie; et quelques-uns, en payant, acquéraient le droit de faire seuls ce que naturellement tout le monde aurait dû avoir le droit de faire.

Enfin ce mouvement ne s'était pas arrêté à des individus, à des compagnies. Les villes avaient voulu avoir leurs priviléges comme les corporations; les provinces, comme les villes; les royaumes, comme les provinces. Il y avait des ports francs, qui avaient, à l'exclusion de tous autres, le droit de faire librement le commerce maritime. Certaines villes manufacturières étaient en possession de fabriquer seules de certains produits. Il existait des provinces à qui appartenait, par privilége exclusif, l'exploitation de certaines branches de commerce. Enfin il n'était pas

---

(1) Edit de Henry III, de 1581.

de pays qui n'eût voulu avoir un accès libre sur tous les marchés étrangers, et qui cependant ne prétendît écarter de ses marchés toute concurrence étrangère. Depuis les plus petites communautés jusqu'aux plus vastes états, c'était une manie générale d'accaparement, un débordement universel de prétentions exclusives et iniques.

5. Dans ce nouveau mode d'existence, chacun donna le nom de liberté aux priviléges dont il jouissait au détriment de tout le reste. Ainsi la noblesse appela ses libertés son droit exclusif aux faveurs de cour, son monopole des fonctions honorifiques et de la plupart des fonctions lucratives, ses exemptions d'impôt, ses bannalités, ses droits de chasse, et une multitude d'autres droits plus ou moins oppressifs, qu'elle avait sauvés du naufrage de ses anciennes tyrannies. Les libertés du clergé, ce furent le droit d'imposer les croyances, le droit de lever la dîme, le droit de ne pas payer de taxes, le droit d'avoir des tribunaux particuliers; celles de chaque communauté d'artisans, le droit exclusif de fabriquer de certaines marchandises et de faire la loi aux marchands; celles de chaque corps de marchands; le droit

de vendre seul de certaines denrées, et de faire sur les consommateurs des profits illégitimes. Il n'y en avait presque point qui ne consistassent en injustices, en exactions, en violences.

6. Il semble qu'aucune véritable liberté ne devait pouvoir se concilier avec des libertés pareilles ; et, en effet, nous verrons bientôt qu'elles opposaient le plus grand obstacle au développement de l'intelligence et de l'industrie ; qu'elles étaient la source des désordres les plus graves, et que, de toute manière, la liberté ne pouvait qu'en beaucoup souffrir. Cependant, comparées aux excès de l'âge précédent, elles lui étaient certainement favorables, et il n'est pas douteux qu'elle ne pût prendre plus d'extension sous le régime des priviléges, qu'elle ne l'avait fait sous celui de l'esclavage proprement dit.

Par cela seul que, dans ce nouveau régime, une moitié de la population avait cessé d'être la propriété matérielle de l'autre, il est visible qu'il devait y avoir plus de liberté. D'abord l'industrie humaine y pouvait prendre plus d'essor : les anciens dominateurs, ne fondant plus uniquement leur subsistance sur les produits de la guerre et le travail des hommes vaincus, devaient commencer à faire quelque usage de leurs facultés productives; et, d'un autre côté, les hommes anciennement asservis, travaillant maintenant pour eux-mêmes, devaient se livrer au travail avec plus de zèle, de suite et d'activité. Chacun, il est vrai, se trouvait encore comme emprisonné dans le cadre où le hasard l'avait fait naître ; ce n'était qu'avec la plus grande peine qu'on pouvait abandonner l'état de ses parens pour embrasser celui auquel on se sentait plus particulièrement appelé. Mais du moins, chacun, dans la condition où il était né, pouvait jusqu'à un certain point user de ses forces pour son propre compte et commencer à accumuler les fruits de son travail. Pour reconnaître que cet ordre social ne rendait pas tout développement impossible, il suffit de faire attention que c'est au sein même de cet ordre qu'ont commencé à s'étendre, à s'élever, à prendre de l'importance, ces classes si diversement laborieuses, à qui les nations de notre âge sont redevables de presque tout ce qu'elles possèdent de lumières et de bien-être, et que la nature des choses appelle hautement à devenir les premières dans l'ordre politique, comme elles le sont depuis long-temps dans toutes les autres branches de la civilisation [1].

Il faut ajouter que ce mode d'existence, plus favorable que les précédens aux progrès de l'industrie et des lumières, l'était aussi aux progrès des mœurs. L'homme de guerre, ne comptant plus autant sur le pillage pour entretenir ou accroître sa fortune, devait un peu mieux sentir la nécessité de la dépenser avec discernement et modération. L'homme d'industrie, devenu plus maître de lui-même et des fruits de son travail,

---

[1] Rien n'oppose de plus grand obstacle au développement des classes laborieuses que le défaut de capacité politique : je ne dis pas le défaut d'ambition, la répugnance à chercher dans l'intrigue une fortune qu'on ne serait pas capable d'acquérir par le travail; mais le défaut de zèle à s'occuper des affaires publiques et d'aptitude à juger les opérations du gouvernement. Les hommes d'industrie ne sauront que la moitié de leur métier tant qu'ils ne seront pas capables de considérer d'un point de vue général les intérêts de la société industrielle, tant qu'ils ne pourront pas juger sainement de ce qui est favorable ou nuisible à ses divers travaux, tant qu'ils ne seront pas disposés à empêcher que les pouvoirs établis ne fassent rien qui lui soit contraire. Cette capacité est tout-à-fait dans l'ordre de leurs professions; elle s'y lie de la manière la plus étroite; elle est une de celles qu'il leur importerait le plus d'avoir pour les exercer avec succès et avec fruit. Malheureusement, elle est encore une de celles qu'ils possèdent le moins; mais elle ne peut manquer de naître après les autres; elle en sera la conséquence nécessaire et tout à la fois le véhicule le plus puissant.

avait acquis un intérêt plus grand à se bien conduire. Sûr d'augmenter son bien-être par l'application, l'économie, l'ordre, la régularité, il était naturellement excité à contracter l'habitude de ces vertus. Il devenait moins intempérant par cela même qu'il était moins misérable : il était moins excité à chercher dans la débauche un dédommagement à des privations qu'il n'éprouvait plus : ses goûts devenaient plus délicats à mesure qu'il avait plus de quoi les satisfaire; et, croissant en instruction et en richesses, il devait croître nécessairement en bonnes mœurs.

Enfin tandis que dans ce régime les hommes apprenaient à mieux user de leurs facultés à l'égard d'eux-mêmes, ils en faisaient aussi, des uns aux autres, un usage moins violent et moins agressif. Quelles que fussent les rivalités des corporations et des ordres, il ne pouvait pas, à beaucoup près, régner entre eux autant d'animosité qu'il y en avait eu précédemment entre les maîtres et les esclaves. Quelles que fussent les jalousies commerciales qui divisaient les nations, leurs haines mutuelles ne pouvaient pas avoir l'énergie de celles qui avaient existé entre des peuples acharnés à se piller et à s'asservir. Dans le nouvel ordre social, l'opposition des intérêts était visiblement moins forte : la guerre intestine et extérieure devait donc être moins ardente, et par cela même, ses conséquences ne pouvaient pas être aussi fatales à la liberté. D'une autre part, l'esprit de domination étant affaibli, l'organisation sociale n'avait pas besoin d'être aussi tendue; les gens de guerre pouvaient relâcher un peu les liens de l'ancienne discipline, et donner quelque liberté à leurs mouvemens; les gens d'industrie en acquéraient, par cela seul, davantage; enfin, tandis que le pouvoir ne pesait plus sur ceux-ci avec la même intensité, leur ordre intervenait de plusieurs manières dans son action et pouvait encore en tempérer l'exercice.

Il y avait donc, sous le régime du privilége, progrès incontestable vers la liberté. Les facultés humaines y prenaient plus de développement; les hommes s'y conduisaient mieux envers eux-mêmes; ils ne s'y faisaient pas mutuellement autant de mal. Il suffit, pour se convaincre de la justesse de ces remarques, de comparer les peuples de cet âge avec ceux de l'âge précédent, même avec ceux qu'on dit avoir été les plus libres. Il n'y a pas le moindre doute, par exemple, qu'on n'eût en France, avant la révolution et sous le régime des corporations et des ordres, infiniment plus de vraie liberté qu'on n'en posséda jamais à Sparte ou à Rome dans les plus beaux temps de ces républiques [1].

7. Cependant, si le régime du privilége était

---

(1) Quand nous parlons des peuples anciens, nous ne voyons jamais que le petit nombre d'hommes qui formaient le corps politique, c'est-à-dire, les citoyens, les dominateurs, les maîtres; et nous ne tenons aucun compte des esclaves. La classe des esclaves est pourtant celle qu'il nous faudrait surtout considérer quand nous nous comparons aux anciens peuples, et que nous voulons juger des progrès qu'a faits la société. Cette classe, en effet, était celle qui formait le fond de la population, celle qui nourrissait la société, celle qui répondait aux classes laborieuses de nos temps modernes et à ce que nous nommons aujourd'hui le peuple, la nation. Or, je demande si jamais elle fut aussi libre que l'était devenu, sous le régime des priviléges, le peuple de nos sociétés modernes? Non-seulement, du temps des priviléges, le peuple, parmi nous, était beaucoup plus libre que ne le furent jamais les classes laborieuses dans l'antiquité, mais il l'était même plus, à beaucoup d'égards, que ne l'avaient été chez les anciens les classes dominatrices. Il y avait sûrement dans notre tiers-état, avant la révolution, plus de savoir, d'habileté, de richesse, de morale et de vrais élémens de liberté qu'il n'y en avait eu à Rome, sous la république, dans le corps des citoyens et des hommes libres. Seulement, du côté de nos bourgeois la capacité politique était moins grande; le tiers-état ne s'appartenait pas autant que s'était appartenu le peuple romain; il ne décidait pas des intérêts de l'industrie comme le

favorable à la liberté, ce n'était que par compa
raison avec celui qui l'avait précédé; car, envi
sagé en lui-même, il lui opposait encore d'im
menses obstacles.

8. On ne pouvait d'abord, sous ce régime
jouir que très incomplètement de la liberté qu
résulte du progrès de nos facultés industrielles
et productives. Il ne comportait pas le plein dé
veloppement de ces facultés; il le rendait au
contraire impossible, et il retenait les arts et les
sciences dans un véritable état d'imperfection,
comparativement du moins à ce qu'ils peuvent
devenir dans un ordre de choses plus naturel et
plus raisonnable.

Le trait caractéristique de cet état social, c'é-
tait que la profession de chacun était déterminée
par sa naissance. On était ce qu'on était né; on
faisait ce qu'avaient fait ses ancêtres[1]. Il n'était

citoyen romain avait décidé de ceux de la guerre. On ne peut
nier que, sous ce rapport, il ne reste encore aujourd'hui beaucoup à faire aux classes industrieuses : elles ont à effacer les
dernières traces de la conquête, c'est-à-dire à devenir complètement maîtresses d'elles-mêmes, à se gouverner dans les
intérêts de l'industrie.

(1) Il est tout-à-fait dans la nature des choses qu'un fils suive
la carrière de son père : c'est celle dont l'accès lui est plus facile,

pas absolument impossible de changer d'état; mais cela du moins était fort difficile : la tendance la plus énergique de toute corporation était de repousser les étrangers de son sein, et de réserver pour les siens la place vacante.

L'emploi des forces humaines, dans cet état, se trouvait donc déterminé par une circonstance absolument étrangère à la véritable vocation des hommes. Tel était avocat, que la nature avait fait médecin; tel autre maçon, qu'elle avait destiné à être statuaire. Ce n'était en quelque sorte que par hasard que l'on était à sa place. Une multitude de capacités se trouvaient détournées de leur véritable application. De là une immense déperdition de forces, et par conséquent un très grand retard mis aux progrès de l'humanité.

Tandis qu'une masse de forces considérable était mal employée, une masse encore plus grande peut-être se trouvait perdue faute d'emploi. C'était la suite toute naturelle de la tendance des corps à se réduire, à diminuer, dans chaque car-

---

celle où il a le plus de chances de succès. Mais il ne suit pas de là qu'il faille lui fermer les autres voies vers lesquelles pourrait l'entraîner son penchant naturel. Or c'est ce qui avait lieu sous le régime des corporations et des priviléges.

rière, le nombre des compétiteurs. Il résultait de là qu'une multitude d'hommes, surtout dans les rangs inférieurs de la société, restaient toute leur vie sans profession, et languissaient dans un état misérable, où leurs facultés ne pouvaient prendre aucun essor. Il y avait donc encore, sous ce rapport, perte de talens, de capacités, de forces, d'où résultait visiblement un nouveau retard dans le progrès des facultés de l'espèce.

C'était peu de diminuer la masse des hommes actifs; c'était peu d'empêcher que les hommes occupés le fussent de la chose à laquelle ils auraient eu le plus d'aptitude; le système des corporations avait encore pour effet d'empêcher que dans l'état qu'on exerçait on fît tout ce qu'on eût été capable de faire. Je ne dirai pas qu'il détruisît entièrement l'émulation; mais qui pourrait nier qu'il ne l'amortît d'une manière sensible. S'il est vrai que, plus on a de rivaux dans une profession, plus il faut travailler, s'évertuer pour obtenir la préférence, il est clair qu'un système qui délivrait de beaucoup de concurrens dispensait par cela même de beaucoup d'efforts, et devait laisser beaucoup de forces inactives. C'était donc, de la part de ce système, une nouvelle manière de diminuer les travaux de toute espèce, et par conséquent de retarder les progrès de la culture et de la liberté.

Avant d'arriver à la maîtrise, dans toute profession, il fallait dépenser infructueusement un temps et des sommes considérables. Quand on y était parvenu, il fallait en dépenser encore davantage pour défendre contre toute usurpation le privilége qu'on avait acquis. Enfin, comme tout privilége était une injustice criante, et qui ne pouvait se maintenir d'elle-même, il fallait, pour en jouir sans trouble, avoir l'appui de l'autorité; et l'autorité faisait payer cher cet appui. C'était donc encore une masse considérable de capitaux, de temps, d'activité qui était dérobée au travail utile, et dépensée, non-seulement sans fruit, mais d'une manière très-préjudiciable au progrès des facultés et de la liberté.

J'ai dit que les priviléges affaiblissaient l'émulation; ce n'est point assez : sous un certain rapport, ils rendaient les progrès impossibles. Toute découverte relative à un art, faite hors de la communauté qui en avait le monopole, restait sans application : la communauté ne souffrait pas que l'inventeur en profitât à son préjudice¹ ; et toute découverte faite dans le sein même d'une corporation était également perdue : les membres à qui elle n'appartenait pas, sentant qu'elle ne pouvait que nuire au débit de leurs propres produits, la traitaient d'innovation dangereuse, et ne négligeaient rien pour la faire avorter². L'emploi de tout nouveau procédé se trouvait donc comme impossible. Dès lors, on n'avait plus aucun intérêt à rechercher les meilleurs, et pendant des siècles, les sciences et les arts se traînaient péniblement dans la même ornière.

J'ai parlé des efforts qu'on faisait pour écarter la concurrence des hommes ; on n'en faisait pas moins pour se débarrasser de celle des choses. Les communautés travaillaient à l'envi l'une de l'autre à repousser de leur territoire les marchandises des forains. Il en résultait que l'action du

---

(1) *Voy.* les exemples que cite M. Say, dans son Traité d'économie politique, t. I, p. 246 et 247.

(2) Les moyens, à une certaine époque, ne manquaient pas. Colbert avait soumis la plupart des fabrications à des règles dont il était strictement défendu de s'écarter. Nul ouvrier ne pouvait, sous peine d'amende et de confiscation, se permettre de mieux faire qu'un autre. (*Ordonnance du mois d'août* 1669.)

commerce, comme celle de la fabrication, se trouvait resserrée dans les bornes les plus étroites ; que chacun vivait dans l'isolement; que partout on était réduit à sa propre expérience ; qu'une découverte faite dans un lieu ne servait de rien au reste de l'humanité, et qu'un bon procédé, pour devenir général, avait besoin en quelque sorte d'être autant de fois inventé qu'il y avait de peuples qui s'entouraient de barrières, et qui, en repoussant les produits de l'étranger, s'ôtaient la ressource si précieuse et si commode de l'imitation.

Je ne finirais point si je voulais montrer de combien de manières le système des priviléges nuisait au développement de l'intelligence et de l'industrie. Les faits, à cet égard, en disent plus que tous les raisonnemens. Les faits montrent avec évidence que partout où l'on a pu discuter et travailler sans contrainte, les sciences et les arts ont fait de rapides progrès ; tandis qu'ils sont restés plus ou moins stationnaires partout où quelques hommes ont eu le monopole des doctrines et de l'industrie. Le gros de la population est fort ignorant en Espagne, où le clergé a depuis plusieurs siècles une juridiction illimitée sur les travaux de l'esprit ; l'instruction est plus commune en France, où ces travaux ont joui d'une latitude plus grande ; et beaucoup plus commune en Angleterre, où, depuis long-temps, ils ne sont plus sujets à aucun obstacle préventif. On a vu en Angleterre les villes qui avaient des corps de métiers, croître d'une manière beaucoup moins prompte que celles qui n'en avaient pas. Yorck, Bristol, Cantorbéry, soumis au régime des corporations, ont perdu, observe M. Say, le rang qu'ils tenaient anciennement ; et, sous le rapport des richesses et de la population, ils ne viennent plus que fort après les villes de Manchester, de Birmingham et de Liverpool, qui n'étaient que des bourgades il y a deux siècles, mais qui avaient l'avantage de ne point avoir de corps de métiers [1]. A Londres, la ville du centre, où l'industrie est sujette aux règlemens, a diminué de population ; tandis que les faubourgs, où elle est libre, ont envahi la moitié du comté de Midlesex, et s'étendent chaque jour davantage [2].

(1) Traité d'écon. pol., t. I, p. 245.

(2) La population de la cité, à Londres, n'est plus maintenant que les deux cinquièmes de ce qu'elle était au commencement du dix-huitième siècle (Ch. Dupin, *Voyage dans la Grande Brétagne, force commerc.*, t. II, p. 3). M. Dupin attribue ce

On sait qu'à Paris, sous l'ancien régime, l'industrie était incomparablement plus avancée dans la partie de la ville où elle n'était point gênée que dans celle où elle se trouvait sous le joug des maîtrises¹. Il n'y aurait enfin aucune exagération à dire que l'industrie, malgré les troubles et les guerres de la révolution, a plus fait de progrès en France, dans les trente-cinq ans qui se sont écoulés depuis l'abolition des priviléges, qu'elle n'en avait fait, en plusieurs siècles, sous l'ancienne monarchie.

9. Si le régime des priviléges nuisait aux progrès des arts, il n'était pas moins contraire à celui des mœurs, et la liberté, sous ce rapport, en recevait encore de graves atteintes. Les mœurs sans doute avaient beaucoup gagné à l'abolition de l'esclavage ; mais combien n'avaient-elles pas encore à souffrir des priviléges des ordres et

décroissement de population à des causes qui ont pu influer, mais qui n'ont pas agi seules. Il n'est pas douteux que les trente-deux compagnies exclusives de la ville du centre n'aient aussi contribué à la faire déserter. *Voy.* ce que dit à ce sujet un écrivain anglais, cité par M. Say, t. I, p. 246, de son *Traité d'économie politique.*

(1) M. Say, *ibid.*

des corporations ? Sans rappeler tel de ces privilèges, qui, dans des temps reculés, avait fait en certains cas, pour certains hommes, un droit du viol et de l'adultère, il en subsistait encore de fort corrupteurs. Tel était notamment le privilége des hautes classes de conserver la noblesse dans l'oisiveté, ou plutôt le privilége qui faisait pour elles, de l'oisiveté, une condition de la noblesse; tel, le privilége de ces aînés de famille que leur titre dispensait, pour être riches, de toutes les qualités nécessaires pour acquérir une

(1) Il n'y eut, long-temps, comme on sait, d'exercices permis à la noblesse que les exercices propres à la domination, les emplois, la guerre, l'escrime, etc. Elle ne pouvait, sans déroger, exercer aucune profession utile. Montesquieu, qui voit la raison de toutes choses dans la forme du gouvernement, dit qu'elle ne faisait pas le commerce, parce que ç'eût été contraire à l'*esprit de la monarchie;* ce n'est pas cela. La noblesse ne faisait pas le commerce par la même raison que les Grecs, que les Romains, que les Germains ne l'avaient pas fait; par la même raison que les Turcs ne le font pas : parce qu'il n'est pas dans l'esprit des races militaires; parce qu'il répugne à la barbarie; parce qu'il affaiblit le penchant à la guerre et l'amour de la domination. La raison de ses mœurs à cet égard était dans son origine tant soit peu sauvage. On sait que les Germains, au dire de César et de Tacite, avaient une telle peur de prendre le goût de l'agriculture et de perdre celui du brigandage qu'ils faisaient tous les ans un nouveau partage du sol : c'était par un reste de cet esprit que la noblesse s'était toujours abstenue de faire le commerce.

fortune, et que leur position particulière appelait souvent à dépenser follement et licencieusement celle qu'ils avaient; tel, le privilége de ces propriétaires de biens substitués, qui pouvaient s'abîmer de dettes sans courir le risque de grever ces biens et d'appauvrir ceux qui devaient en hériter; tel encore, le privilége de ces hommes de cour qui, visant à accroître leur fortune, pouvaient commencer par la dissiper, assurés qu'ils étaient de rattraper par des dons et des graces encore plus de biens qu'ils n'en détruisaient par leurs profusions [1].

Mais, outre que certains priviléges tendaient immédiatement à corrompre les mœurs, ils y tendaient tous d'une manière plus éloignée, en s'opposant, comme je l'ai dit, au développement du travail, de la richesse et des lumières. Tout ce qui met obstacle aux progrès de l'instruction nuit essentiellement à la morale, qui est le fruit

---

[1] Montesquieu dit, en parlant de la noblesse : « Cette noblesse toute guerrière, qui pense qu'*en quelque degré de richesse que l'on soit, il faut faire sa fortune, mais qu'*IL EST HONTEUX D'AUGMENTER SON BIEN, SI L'ON NE COMMENCE PAR LE DISSIPER, etc. » (*Esprit des lois*, l. 20, ch. 22.) On sait d'où lui venaient ces belles maximes : elle n'aurait pas tenu si fort à honneur de commencer par se ruiner, si elle n'avait eu, pour s'enrichir, que les moyens ordinaires.

du bon sens autant que des bons sentimens. Tout ce qui s'oppose aux progrès de la richesse nuit également aux bonnes mœurs, qui viennent à la suite de l'aisance, au lieu que le dénûment et la misère marchent presque toujours escortés de la dépravation. La morale enfin est directement attaquée par tout ce qui gêne le travail; puisque l'oisiveté est mère du vice et qu'à l'indigent qu'on empêche de travailler il ne reste que le vol ou la mendicité pour ressource [1].

(1) S'il est une chose qui dût paraître désirable, surtout après une révolution qui aurait soulevé beaucoup de passions ambitieuses, ce serait sans doute de voir les citoyens tourner leur activité vers l'industrie, se livrer à des travaux utiles et paisibles. Il est clair que rien ne serait aussi propre à délivrer le pouvoir d'ennemis dangereux, à calmer les têtes effervescentes, à ramener la paix, à épurer les mœurs, à faire naître la prospérité générale. Que penser donc d'administrations qui, loin d'exciter une tendance aussi favorable, s'appliqueraient de temps en temps à la contrarier; qui, non contentes de fermer aux partis qui leur seraient opposés l'accès des fonctions publiques, prétendraient leur interdire encore l'exercice des professions privées; qui, par vengeance, prohiberaient le travail, l'étude; qui chasseraient des jeunes gens des écoles, qui défendraient de prendre un état; qui empêcheraient de devenir médecin, avocat, avoué, notaire, professeur, maître de pension, imprimeur, libraire, marchand de vin, que sais-je? qui réduiraient, pour ainsi dire, un homme à l'alternative de mourir de faim ou de vivre par des moyens condamnables?... Voilà pourtant ce qui s'est vu et qu'on ne sait comment qualifier. Les expressions manquent pour flétrir, comme il conviendrait de le faire, un

Si l'on veut juger à quel point la morale souffrait du régime des priviléges, il n'y a qu'à considérer le nombre de personnes qu'il dispensait de toute honnête occupation dans les rangs élevés de la société, et le nombre encore plus grand de celles à qui il interdisait toute industrie dans les conditions inférieures ; il n'y a qu'à regarder un peu tout ce qu'il faisait naître dans le monde de dissipateurs, d'intrigans, d'oisifs, de valets, de mendians.

Ajoutez que ce système ne dépravait pas seulement les hommes des dernières et des premières classes; mais encore, bien qu'à un moindre degré, ceux de l'ordre intermédiaire des citoyens. Il y avait en effet dans leur prospérité quelque chose de violent et d'illégitime ; elle n'était pas seulement le fruit du travail ; elle était aussi celui du monopole, et une partie de leurs profits venait toujours de ce qu'ils pouvaient réduire, d'autorité, le nombre de leurs concurrens. C'était même à écarter les rivaux, beaucoup plus qu'à les surpasser en mérite, qu'était dirigée leur acti-

tel mélange d'absurdité et de tyrannie. Tout ce qu'on peut dire, c'est qu'il n'est rien de plus irritant que de tels excès, si ce n'est pourtant la mollesse d'un public qui consentirait à les souffrir sans se plaindre.

vité, et leur esprit, dans ce système, était continuellement préoccupé d'idées injustes et tyranniques.

10. Enfin tandis que le même régime pervertissait ainsi les mœurs, il troublait violemment la paix; il mettait de toutes parts les hommes aux prises, et c'était surtout par là qu'il était funeste à la liberté.

Je l'ai déjà dit, depuis les plus petites communautés jusqu'aux plus vastes états, il n'était pas une agrégation qui n'exerçât en dehors d'elle quelque germe de despotisme; mais il n'en était pas une, en revanche, qui ne souffrît une multitude d'oppressions. Si chacun faisait la loi, chacun à son tour la subissait. Tel ordre d'artisans demandait-il le monopole de tel genre de fabrication? tous élevaient des prétentions analogues; et, pour vouloir accaparer une industrie, on se faisait interdire toutes les autres. Telle classe de marchands voulait-elle avoir le privilége de telle branche de commerce? toutes prétendaient rendre leur commerce privilégié; et, pour faire plus de bénéfices dans ses ventes, on s'exposait à être surfait dans tous ses achats. C'était une société de fripons dans laquelle tout le monde était plus ou moins dupe. Repoussiez-vous les marchandises des forains? tous les forains repoussaient vos marchandises. Vous refusiez de souffrir la concurrence des étrangers? nul étranger ne voulait souffrir votre concurrence. Non-seulement dans ce système les hommes placés hors des corps qui avaient accaparé les divers modes d'activité et d'industrie se trouvaient injustement dépouillés de l'usage innocent de leurs facultés, mais entre les accapareurs même il n'y avait que vengeances et que représailles, qu'injustices souffertes pour des injustices exercées : c'était un véritable état de guerre, et de guerre universelle.

A la vérité cette guerre n'entraînait pas partout l'effusion du sang. Les petites corporations, au sein de chaque peuple, étaient ordinairement contenues par l'ascendant des grands corps entre les mains de qui résidait la puissance publique. Mais si les rivalités des basses corporations se manifestaient rarement par des meurtres, elles ne cessaient d'éclater en procès, et la violence mutuelle qu'elles se faisaient par leurs droits exclusifs était perpétuellement agravée par des démêlés judiciaires. On a vu des communautés plaider, *durant des siècles entiers,* contre d'autres communautés : les tailleurs par exemple contre les fripiers, pour établir la ligne de démarcation entre un habit tout fait et un vieil habit; les cordonniers contre les savetiers, pour ôter à ceux-ci le droit de faire leurs souliers et ceux de leurs enfans et de leurs femmes [1]. Les communautés de Paris, suivant un habile financier, dépensaient près d'un million tous les ans en frais de procédure [2].

Et ce n'était pas seulement ainsi que se combattaient les corps inférieurs. Chacun voulait avoir la grande corporation des gouvernans pour auxiliaire, et s'efforçait de la rendre complice de l'iniquité de ses prétentions. On allait effrontément la supplier de prohiber telle industrie dont on redoutait la concurrence; on ne demandait pas mieux que de recevoir d'elle des chaînes, que de lui payer des tributs, pourvu qu'elle daignât

---

(1) M. Say, Cours d'écon. pol. à l'Athénée; *voy.* une brochure de M. Pillet-Will, intitulée : *Réponse à M. Levacher-Duplessis.*

(2) M. Vital-Roux, Rapport sur les corps d'arts et métiers, 1805, imprimé par ordre de la Chambre du commerce.

concéder de tyranniques priviléges. On s'épuisait en frais, en sollicitations, en prières ; et toutes ces bassesses, on les commettait pour obtenir le droit d'être injuste : *et omnia serviliter pro dominatione.*

« Lorsqu'on commença à fabriquer des cotonades en France, dit M. Say, le commerce tout entier des villes d'Amiens, de Reims, de Beauvais se mit en réclamation, et représenta l'industrie de ces villes comme détruite.... Ce fut bien pis quand la mode des toiles peintes vint à s'introduire : toutes les chambres de commerce se mirent en mouvement. De toutes parts il y eut des convocations, des délibérations et beaucoup d'argent répandu. Rouen peignit à son tour la misère qui allait assiéger ses portes, les femmes, les vieillards, les enfans dans la désolation, les terres les mieux cultivées du royaume restant en friche, et cette belle et riche province devenant un désert. La ville de Tours fit voir les députés de tout le royaume dans les gémissemens, et prédit une commotion qui occasionnerait une convulsion dans le gouvernement politique. Lyon ne voulut pas se taire sur un projet qui répandait la terreur dans toutes les fabriques. Paris ne s'était jamais présenté au pied du trône, que le commerce arrosait de ses larmes, pour une affaire aussi importante. Amiens regarda la permission des toiles peintes comme le tombeau dans lequel toutes les manufactures du royaume devaient être anéanties. Son mémoire, délibéré au bureau des marchands des trois corps réunis, était ainsi terminé : « Au reste il suffit, pour proscrire à jamais l'usage des toiles peintes, que tout le royaume frémit d'horreur quand il entend annoncer qu'elles vont être permises : VOX POPULI, VOX DEI [1]. »

Ces réclamations, dans lesquelles la sottise le disputait à l'iniquité [2]; ces demandes odieuses et sans cesse renouvelées de priviléges pour soi et d'interdiction pour les autres n'étaient pas toujours écoutées; mais on sent quel ascendant elles devaient donner à l'autorité sur les professions

---

(1) Traité d'écon. pol., t. I, p. 181 et suiv.

(2) Ce qui constituait la sottise de ces réclamations, c'est qu'elles étaient directement contraires à l'intérêt de ceux-là même qui les formaient. En effet, l'introduction de toute industrie nouvelle crée une nouvelle main-d'œuvre, provoque un surcroît de richesse et de population, fait naître des consommateurs avec des moyens d'échange, et ouvre ainsi de nouveaux débouchés aux produits des industries déjà existantes. Le plus mauvais service qu'on eût pu rendre aux pétitionnaires, dans les cas cités par M. Say, c'eût été d'écouter leurs demandes; c'est ce que l'expérience ne tarda pas à faire voir.

qui les faisaient entendre ; on sent combien il devait être aisé d'asservir, de rendre tributaires des corps qui demandaient sans cesse à faire échange de la liberté contre la domination. Aussi, en leur accordant des droits abusifs, ne leur épargnait-on ni les charges, ni les réglemens, ni les maîtres. Chaque corporation, déjà opprimée par les priviléges de ses rivales, encore opprimée par les procès qu'elle avait à soutenir pour la défense de ses priviléges particuliers, l'était d'une troisième, d'une quatrième, d'une cinquième manière par les taxes qu'on lui faisait payer, par les entraves auxquelles elle était soumise, par l'abus que ses membres en dignité faisaient d'un pouvoir déjà vexatoire de sa nature, enfin par la domination que le gouvernement exerçait sur elles en dominant les chefs qu'il lui avait donnés.

Si les priviléges des corps d'industrie et de commerce n'amenaient ordinairement que des procès, ceux des ordres supérieurs provoquaient des dissentions beaucoup plus graves. Ce que ces ordres avaient à souffrir du système général des corporations n'était rien en comparaison de ce qu'ils en retiraient d'avantages. Leur part, dans cette distribution de tyrannies de toute espèce, était manifestement la meilleure. Ils recevaient bien sans doute quelque dommage des priviléges des ordres inférieurs ; mais le tort que chaque communauté pouvait leur faire, à la faveur du monopole dont elle jouissait, était amplement compensé par tout ce qu'ils retiraient de l'ordre établi, en droits seigneuriaux, en immunités pécuniaires, en honneurs, en traitemens, en pensions, en gratifications, en graces de cour de toute espèce. Aussi, dans l'impuissance de rétablir leur ancienne domination, étaient-ils grandement partisans d'un système qui, confinant pour ainsi dire tous les citoyens des ordres inférieurs et secondaires dans l'exercice des professions privées, leur livrait par cela même le monopole du service public et de tout ce qu'il donnait de richesse et de lustre.

Mais plus les priviléges des ordres supérieurs étaient grands et plus la jalousie qu'ils excitaient était violente. Le clergé, la noblesse, la judicature étaient l'objet de l'universelle animadversion des corporations inférieures. Ces corporations, dans lesquelles on jouissait sans scrupule de droits extrêmement odieux, ne pouvaient souffrir qu'au-dessus d'elles on en eût de plus considérables et de plus odieux encore; et telle communauté d'artisans ou de marchands, telle compagnie de lettrés ou de légistes, qui auraient accaparé volontiers tout ce qu'il y avait au monde de procès, de savoir, d'industrie, de commerce, frémissaient d'indignation en voyant une classe d'hommes appelés nobles prétendre de leur côté au monopole de certaines places, à l'exemption de certains impôts, etc. On sait assez, sans que je le dise, ce que les rivalités de la noblesse et du tiers-état ont produit de troubles et de dissentions dans la plupart des contrées de l'Europe, et tout ce que ces ordres, dans leurs querelles, se sont mutuellement fait souffrir de violences et d'oppressions. Le régime sous lequel ils vivaient était donc pour chacun d'eux une source féconde de maux et de servitudes.

Ce régime, qu'on a présenté comme une source d'ordre, parce que les hommes y étaient arrangés avec une sorte de symétrie, n'avait donc tout au plus de l'ordre que les apparences, et recélait, en réalité, une profonde anarchie. Depuis la base du système jusqu'à son sommet, tout le monde y était en état d'hostilité; et c'est précisément dans ce qu'on représente comme une source de paix qu'était le germe de cette universelle discorde. C'est parce que d'avance la place de chacun y était arrêtée, que nul n'y était content de sa place; il divisait les hommes, parce qu'il les classait arbitrairement; il les excitait à se jalouser, parce que le bien-être y était le fruit de la faveur et non du mérite; il rendait, à tous les étages, les rangs inférieurs ennemis des supérieurs, parce qu'il donnait partout aux supérieurs le moyen d'être injuste envers les subalternes.

Enfin, tandis que ce régime entretenait ainsi la division parmi tous les ordres de la société, entre la classe ouvrière et le corps des maîtres, entre les corporations et les corporations, entre les ordres inférieurs et les classes supérieures, il était surtout une cause de guerres de nation à nation. Personne n'ignore le rôle que les jalousies commerciales ont joué, depuis trois siècles, dans les guerres de l'Europe, et les maux horribles que les peuples de ce quartier du globe se sont faits pour s'exclure mutuellement du champ du commerce et de l'industrie, pour accaparer, chacun de leur côté, toute l'activité industrielle et commerciale. Il y a eu pour cela, on le sait bien, des millions d'hommes égorgés, des fleuves de sang répandu.

Le système des ordres et des corporations, très préférable à celui de l'esclavage, était donc encore, sous beaucoup de rapports, excessivement contraire à la liberté. Il s'opposait au plein développement de l'industrie, de la richesse et des lumières; il entretenait une profonde corruption dans les mœurs; il fomentait violemment la guerre civile et la guerre extérieure... Hâtons-nous d'avancer vers un meilleur état.

CHAPITRE VIII.

Du degré de liberté qui est compatible avec la vie des peuples qui n'ont pas de priviléges, mais chez qui tout est emporté vers la recherche des places.

1. Une grande révolution, opérée en France il y a trente-cinq ans, y détruisit, à peu près radicalement, l'ordre social que je viens de décrire. Toutes les distinctions d'ordre furent effacées, toutes les hiérarchies artificielles abolies, toutes les influences subreptices annulées, toutes les corporations oppressives dissoutes.

Il ne faut pourtant pas dire, comme on l'a fait si souvent et si faussement, que l'on passa le niveau sur les têtes. Il ne fut sûrement pas décidé que les hommes de six pieds n'en auraient que cinq, que la vertu serait abaissée au niveau du vice, que la sottise aurait sa place à côté du génie, que l'ignorance et le dénûment obtiendraient dans la société le même ascendant que la richesse et les lumières : bien loin de chercher à détruire les inégalités naturelles, en voulut, au contraire, les faire ressortir, en ôtant les inégalités factices qui les empêchaient de se produire.

C'étaient les hommes du régime précédent, c'étaient les apôtres du privilége qui avaient été de vrais niveleurs. Dans leurs classifications arbitraires et immuables, ils ne tenaient aucun compte des prééminences réelles, et ils voulaient que l'on fût grand ou petit, bon ou mauvais, habile ou sot, par droit de naissance. C'est contre cette égalisation absurde et forcée que fut dirigée la révolution. Elle brisa le niveau que des mains oppressives tenaient abaissé sur les masses; et, sans prétendre assigner de rang à personne, elle voulut que chacun pût devenir tout ce que légitimement il pourrait être, et ne fût jamais dans le droit que ce qu'il serait dans la réalité. Pour cela, il fut simplement décidé que nul ne pourrait être gêné dans l'usage inoffensif de ses facultés naturelles; que toutes les carrières paisibles seraient ouvertes à toutes les activités; que toutes les professions, tous les travaux, tous les services légitimes seraient livrés à la concurrence universelle. C'est en cela que consistait le nouvel ordre social qu'elle proclama [1].

2. Que la liberté existât *virtuellement* au fond d'un tel ordre de choses, c'est ce qui ne paraît pas pouvoir être mis en doute. Cet ordre nouveau permettait, en quelque sorte, aux facultés humaines de prendre un développement illimité; il assurait le progrès des mœurs, par cela même qu'il assurait celui des lumières et du bien-être; il excluait enfin toute violence; mais en même temps il froissait trop d'intérêts illégitimes pour qu'il pût aisément s'établir; et d'ailleurs il y avait dans les mœurs publiques une passion, parmi beaucoup d'autres, qui seule aurait suffi pour l'empêcher de se fonder, quand même il n'au-

[1] Il n'y a que cet ordre de raisonnable, on ne saurait trop le répéter. Ce n'est que par le libre concours de tous les citoyens à tous les genres de services que les hommes parviennent à se classer, ainsi que le demandent la justice et l'utilité commune. On ne peut fixer des rangs qu'entre les membres du gouvernement; il est matériellement impossible d'en établir dans la société. Rien de moins stable que la grandeur, le talent, la moralité, la richesse et toutes les qualités qui pourraient motiver d'abord un pareil arrangement. Ces qualités se déplacent sans cesse; et vouloir assigner d'avance et à perpétuité un certain rang à de certaines familles, ce serait assurer pour toujours un avantage à qui peut-être n'y aurait bientôt plus aucun droit.

rait pas rencontré dans celles qu'il comprimait une aussi grande résistance. Je veux parler de l'amour des places et de cette tendance presque universelle qu'on avait contractée de chercher l'illustration et la fortune dans le service public.

Que le public eût considéré le gouvernement, la police du pays, son administration, sa défense comme une chose qui intéressait tous les citoyens, qui les regardait tous et sur laquelle il importait qu'ils eussent tous les yeux ouverts; qu'il l'eût envisagé comme une entreprise d'intérêt public, qu'il fallait adjuger aux plus dignes et aux meilleures conditions possibles, comme tous les travaux publics, ce n'est pas là qu'eût été le mal, et ce n'est pas la chose que je signale.

Mais en pensant qu'en effet on devait, sans nulle distinction de naissance, adjuger le service public aux meilleurs citoyens et aux conditions les meilleures pour la société, chacun songeait un peu à y prendre une part directe et aux meilleures conditions pour soi; chacun, à l'imitation des classes qu'on en avait dépouillées, était assez disposé à l'envisager comme une ressource; chacun voulait y puiser quelque chose de la richesse et du lustre qu'il avait toujours répandus sur ses possesseurs. Toutes les professions étaient déclarées libres; mais c'était vers celle-là, de préférence, que se dirigeait l'activité; la tendance des idées et des mœurs était d'en faire en quelque sorte un moyen général d'existence, une carrière immense, ouverte à toutes les ambitions. Or c'était cette tendance qui seule aurait suffi pour dénaturer le nouvel ordre social, quand toutes les passions de l'ancien régime ne se seraient pas liguées pour le détruire [1].

3. On sait d'où était venue cette disposition. Quoique les classes laborieuses eussent acquis diverses sortes de priviléges, la position sociale des classes gouvernantes était restée, comme je

---

(1) J'espère que ceci ne donnera lieu à aucune équivoque. On voit assez ce que je blâme. Ce que je blâme, ce n'est pas l'activité politique, comme quelques personnes ont paru le croire; ce n'est pas la disposition à surveiller la gestion des intérêts généraux de la société; ce n'est pas même le désir de devenir l'homme d'affaires de la société; pourvu que ce soit de son consentement et à des conditions librement débattues avec elle ou avec ses délégués loyalement élus : le vice politique que je signale, c'est la disposition à vivre des ressources du public, à accepter des places sans être sûr qu'elles lui sont utiles, et des honoraires sans trop examiner si, dans un marché libre et éclairé, il consentirait à donner des services qu'on prétend lui rendre le prix que l'on consent à en recevoir.

l'ai dit, incomparablement la meilleure. Leurs professions étaient celles qui conduisaient le plus sûrement et le plus rapidement à la fortune ; elles étaient les seules d'ailleurs qui donnassent l'illustration. L'industrie, en passant dans le domaine royal, n'avait pas cessé d'être roturière : c'était déroger que de faire le commerce ; il n'y avait de nobles que les travaux de service public. Ainsi l'avaient décidé les classes qui s'en étaient réservé le monopole ; et, à cet égard comme à beaucoup d'autres, c'était d'elles encore que le public recevait ses idées. Il y avait donc toute raison pour qu'on préférât le pouvoir à l'industrie. Aussi, la tendance avait-elle été, de tout temps, d'abandonner le travail pour les places. Les classes laborieuses n'étaient pas encore assez avancées pour comprendre que la dignité véritable est dans l'exercice des professions utiles à la société ; elles ne voyaient de gloire qu'à se rapprocher des classes dominatrices, qu'à leur appartenir, qu'à participer à leurs priviléges ; il était fort peu d'hommes, parmi elles, qui ne fussent prêts à troquer contre un titre, un brevet, un emploi public la fortune qu'ils avaient péniblement acquise dans l'exercice des professions privées ; on allait de toutes parts au devant de ces sortes d'échanges, et le pouvoir avait beau multiplier les offices, il ne pouvait suffire à l'empressement des solliciteurs : « Le roi, disait Colbert, ne peut pas créer une charge, que Dieu, tout aussitôt, ne crée un sot pour l'acheter. »

« Où l'abus des places s'est-il étendu plus loin qu'aujourd'hui en France ? écrivait le marquis d'Argenson, il y a près d'un siècle. Tout y est emploi, tout s'en honore et tout vit des deniers publics. Gens de finance et de robe, administrateurs, politiques, gens de cour, militaires, tout prétend satisfaire son luxe par des emplois et des emplois très lucratifs. Les jeunes gens ne savent que faire s'ils n'ont pas de charge. Il faut donc que tout le monde se mêle d'administration : par-là l'état est perdu. Chacun veut dominer le public, rendre service, dit-on, au public, et personne ne veut être de ce public. Les abus sensibles de cette vermine augmentent chaque jour, et tout dépérit[1]. »

Le marquis d'Argenson faisait ces remarques en 1735, quelques années avant qu'il fût appelé

---

(1) Mémoires inédits.

au ministère. Depuis, l'abus dont il se plaignait ne fit que croître. A mesure que le tiers-état devint plus puissant et plus riche, les fonctions publiques furent plus convoitées, et chaque jour on conçut plus d'aversion et de jalousie contre les priviléges des classes qui en faisaient le monopole.

4. On conçoit donc avec quelle impétuosité la multitude dut se porter vers le pouvoir, lorsque la révolution vint renverser les barrières qui en défendaient l'approche au grand nombre, et le déclarer accessible à tous [1]. Il était odieux, il était criant que quelques familles eussent joui seules jusqu'alors de ses avantages. La justice voulait que tout le monde y eût part; et au lieu de le considérer, ainsi que le prescrivait la raison, comme une chose indispensable sans doute,

(1) C'est ce qu'ont fait toutes nos constitutions, depuis celle de 1791, jusqu'à la charte de 1814 et à l'acte additionnel de 1815. Il n'est pas un de ces pactes sociaux dans lequel l'égale admissibilité de tous les citoyens à toutes les fonctions publiques n'ait été expressément stipulée; tandis qu'il n'en est pas un, si j'ai bonne mémoire, où l'on ait consacré la liberté de l'industrie : preuve malheureusement trop claire que, jusqu'à ces derniers temps, on a plus tenu à la faculté de parvenir aux places qu'à celle de n'être pas gêné dans son travail.

mais naturellement onéreuse, et à laquelle il était désirable que la société n'eût à appliquer que le moins possible de son temps, de son activité et de ses ressources, on fut réduit à l'envisager comme une source commune de bénéfices, où chacun devait pouvoir aller puiser, et d'où en effet un nombre immense de personnes voulurent bientôt tirer leur subsistance [1].

« Du sein du désordre et de l'anarchie, dit un publiciste, on vit sortir une nuée de petits administrateurs despotes, couverts de l'encre et de la poussière des dossiers, la plume sur l'oreille, le *considérant* à la bouche. Cette armée dressa ses bureaux en manière de tente sur toute la surface de la France. C'est à tort qu'on en attribue la création à Napoléon; lorsqu'il parut elle était déjà en pleine activité... Mais Napoléon n'eut

---

[1] Je ne voudrais pourtant pas dire que la révolution fut entreprise dans des vues d'ambition. Je crois que ce qu'on voulait avant toute chose, c'était la réforme des abus; mais je crois aussi qu'à cette haine généreuse contre les abus se joignait, dans l'esprit public, une propension très ancienne et très forte à parvenir aux places : penchant que la destruction de beaucoup d'industries privées, la défaite et l'émigration des classes anciennement gouvernantes, la nécessité de reformer un gouvernement, celle de défendre la révolution et d'autres circonstances encore, excitèrent bientôt au plus haut degré.

garde de détruire un ordre de choses qui servait merveilleusement la centralisation du pouvoir, et paralysait toutes les indépendances particulières [1]. »

Bien loin de combattre les passions ambitieuses et cupides, le chef du gouvernement s'appliqua à les enflammer; il en fit son principal moyen d'élévation et de fortune; il agit constamment comme si la nation, en proclamant l'égale admissibilité de tous les citoyens à tous les emplois, n'avait voulu qu'étendre à tous le droit de tirer sa fortune du public, qui avait été précédemment le patrimoine d'une classe. Il est vrai qu'on n'était que trop disposé à sentir ainsi l'égalité; on l'a encore été davantage après la chute de l'empire. Nous avons vu le plus libéral de nos ministères, le ministère de 1819, entreprendre de justifier l'énormité des dépenses publiques, en disant que l'égalité politique devait nécessairement enchérir le gouvernement [2]. Nous avons

---

(1) M. Alex. de Laborde, *De l'Esprit d'association*, p. 45, prem. édit.

(2) Voir dans le *Moniteur* du mois de juin 1819, séances de la Chambre des députés, les discours de MM. Decazes et de Saint-Aulaire, dans la partie de la discussion du budget relatif aux traitemens des préfets.

vu les écrivains les plus recommandables excuser et presque défendre la disposition du public à prospérer par l'industrie des places. Qu'importe, après tout, semblaient-ils dire, que le personnel du gouvernement soit plus ou moins nombreux, que son action s'exerce avec plus ou moins d'intensité et d'étendue, que ses dépenses soient plus ou moins considérables, si d'ailleurs il est conforme à l'esprit de la société, si sa conduite est droite et dirigée au bien public ? « La véritable économie ne se laisse pas toujours réduire en chiffres. Il y en a beaucoup à élire ses députés, à discuter ses lois, à jouir de la sûreté des personnes et des biens, de la liberté de la presse, *lors même que la machine qui procure ces avantages coûte fort cher*[1]. »

5. Les objections se présentent en foule contre cette doctrine. Je vais m'attacher à une seule qui les renferme toutes. Il y a économie, dit-on, à dépenser beaucoup en frais de gouvernement, si l'on obtient, à la faveur de cette dépense, la sûreté des personnes et des biens, la liberté de

---

(1) M. Guizot, *Des moyens de gouvernement et d'opposition*

l'industrie et de la pensée. Mais la question est justement de savoir si, lorsqu'un gouvernement coûte fort cher, il peut procurer ces avantages, s'il n'est pas contradictoire de vouloir à la fois être libre et dépenser beaucoup en frais de gouvernement. C'est ce que n'examinent pas les publicistes dont je parle, et c'est pourtant ce qu'il serait essentiel d'examiner. C'est aussi la recherche que je vais faire. Mon objet ici est de savoir quelle est la liberté dont peut jouir un peuple qui a aboli tout privilége, déclaré toute profession libre, mais dont l'activité reste particulièrement tournée vers l'exercice du pouvoir, qui dépense en frais d'administration et de gouvernement une portion très considérable de son temps, de ses capitaux, de son intelligence et de ses forces.

6. J'accorderai volontiers que cette nouvelle manière d'être comporte plus de liberté que celle qui a été décrite dans mon dernier chapitre. Par cela seul que toutes les distinctions de caste y sont abolies, que nulle corporation n'y fait le monopole d'aucune sorte de travaux, que toutes les professions y sont livrées à la concurrence,

il est aisé d'apercevoir que les facultés humaines y doivent prendre plus d'essor, que les mœurs y doivent devenir plus pures, qu'elles y doivent être moins violentes, que par conséquent il y doit avoir, de toute manière, plus de liberté.

L'état de la France depuis le commencement de la révolution offre de ceci des preuves éclatantes. Ce qu'elle a gagné en industrie, en lumières, en richesses, par le seul fait de l'abolition des corporations et des priviléges et malgré les obstacles qu'ont mis à ses progrès la passion des places et le régime dispendieux et oppressif qu'il est dans la nature de cette passion de faire naître, est véritablement incalculable. Elle a donc fait, sous ce premier rapport, de grands progrès en puissance et en liberté.

En même temps que ses habitans ont acquis plus de lumières et de bien-être, ils ont pris de meilleures mœurs. C'est un fait que tout observateur impartial sera disposé à reconnaître. Il n'est pas d'homme de bonne foi qui, ayant vu les Français sous l'ancien régime et les comparant à ce qu'ils sont devenus depuis la révolution, ne convienne qu'ils sont aujourd'hui plus occupés, plus actifs, plus soigneux de leurs affaires, mieux réglés dans leurs dépenses, moins livrés au libertinage, au faste, à la dissipation, plus capables en un mot de faire par rapport à eux-mêmes un usage judicieux et moral de leurs facultés. Ils sont donc encore sous ce rapport devenus beaucoup plus libres.

Enfin, ils sont devenus plus libres aussi parce qu'ils se sont fait réciproquement moins de violence, parce que des uns aux autres ils ont usé plus équitablement de leurs facultés. Il n'a plus été au pouvoir d'un homme d'empêcher qu'un autre ne pût gagner honnêtement sa vie. Nul n'a élevé la prétention de faire exclusivement ce qui ne nuisait à personne, et ce qui, par cela même, devait être permis à tous. Ce que ce changement a fait tomber d'entraves; ce qu'il a fait cesser d'oppositions, de haines, de rivalités, de procès, de guerres intestines; ce que, par cela même, il a mis de facilité et de liberté dans les actions individuelles et dans les relations sociales ne pourrait être que très difficilement et très imparfaitement apprécié.

Il n'est donc pas douteux que, depuis l'abolition des priviléges et des monopoles, on n'ait fait en général de ses forces un usage plus étendu et mieux réglé, et qu'on ne soit devenu par conséquent beaucoup plus libre'.

(1) Je pourrais donner de la vérité de ces résultats des preuves innombrables. Mais d'abord les progrès de notre puissance industrielle sont si patens que nul ne songe à les contester; et quant à ceux de nos mœurs, sont-ils moins évidens parce qu'on est plus disposé à les mettre en doute? Il est des traits auxquels on les reconnaît aisément. Que sont devenus tous ces poètes licencieux qui faisaient autrefois les délices de la meilleure compagnie? Pourquoi les Boufflers, les Parny, les Bertin, les Gentil-Bernard n'ont-ils pas un successeur dans nos jeunes poètes? c'est que le libertinage n'est plus de bon ton. Les liens de famille sont plus forts, plus respectés : il n'est plus plaisant de porter le désordre dans un ménage; on rit moins des maris trompés; on méprise davantage les suborneurs; qui cherche aujourd'hui à passer pour un homme à bonnes fortunes? D'une autre part, les dépenses sont plus sensées : si l'on n'a pas encore une probité politique bien sévère, si l'on n'est pas très délicat sur les moyens de tirer de l'argent du public, du moins dissipe-t-on moins follement celui qu'on lui vole. Tout possesseur de sinécures songe à économiser; les courtisans font des épargnes; on ne bâtit plus de grands châteaux; on démolit beaucoup de ceux qui restaient. Les grands seigneurs ne traînent plus à leur suite cette nombreuse valetaille qui débauchait par passe-temps les paysannes de leurs terres et des autres lieux où ils passaient. La dépense pour le logement, la table, les vêtemens, le service domestique est infiniment mieux entendue. Voilà pour ce qui est des habitudes privées. Quant à la morale de relation, les progrès ne sont pas moins manifestes. On est peut-être moins cérémonieux, moins complimenteur; mais on se respecte mutuellement davantage; les hommes de tous les rangs ont plus de valeur; on méprise et on maltraite moins les classes inférieures; de beaux messieurs ne s'aviseraient pas aujourd'hui de distribuer des coups de canne à des cochers de fiacre, comme

7. Mais, en même temps, il faut reconnaître que l'amour des places a beaucoup diminué les effets de cette grande réforme, et en général qu'il y a dans cette passion, surtout lorsqu'elle est devenue très commune, d'immenses obstacles à la liberté. Commençons par observer le changement qu'elle produit dans l'économie de la société, et l'ordre de choses tout nouveau qu'elle tend à substituer à l'ancien régime des priviléges.

Dans ce nouvel état social, il n'y a plus de classes, d'ordres, de corporations, de commu-

il était de bel air de le faire, et comme on le faisait impunément, à Paris, avant la révolution. Personne, il y a quarante ans, n'eût osé prendre le costume d'un état supérieur au sien : un notaire n'était pas reçu dans les bonnes maisons ; à peine un homme riche admettait-il son médecin à sa table ; l'agent de change du trésor royal n'osait se permettre le carrosse et allait en voiture de place, quoiqu'il fût riche à millions, etc., etc. Tout cela est bien changé. Nous sommes tous vêtus de la même manière ; nous recevons tous la même éducation : le fils du prince du sang et celui du riche épicier fréquentent les mêmes écoles, et concourent pour le même prix. Aucune classe, aucune profession n'est tenue dans un état de dégradation systématique ; nous ne distinguons plus les hommes que par le degré de culture. Sans doute l'homme riche ne fait pas sa société du crocheteur, du porte-faix ; mais ce n'est pas que leur travail lui semble méprisable, c'est que leurs esprits sont différens, c'est qu'ils n'ont pas les mêmes mœurs, le même langage. Il n'est pas d'utile profession qui ne paraisse honorable, exercée par des hommes capables de l'honorer.

nautés; mais, à la place de ces agrégations diversement privilégiées, la passion que je signale va élever une administration gigantesque qui héritera de tous leurs priviléges; ce qui était affaire de corps deviendra affaire de gouvernement; une multitude de pouvoirs et d'établissemens particuliers passeront dans le domaine de l'autorité politique [1]. Cet effet est naturel, il est inévitable, on l'a assez pu voir chez nous. A mesure que les passions ambitieuses ont attiré plus d'hommes vers le pouvoir, le pouvoir a graduellement étendu sa sphère. Il a multiplié non-seulement les emplois mais les administrations. On compterait difficilement le nombre de régies qu'il a créées pour ouvrir des débouchés à la multitude toujours croissante des hommes zélés et surtout désintéressés qui demandaient à se vouer à la chose publique : régie des tabacs, des sels, des jeux, des théâtres, des écoles, du commerce, des manufactu-

(1) C'est ainsi, par exemple, qu'après avoir détruit les corps enseignans et les colléges particuliers, on a créé des écoles publiques avec une direction centrale à Paris, et que les hommes livrés à l'enseignement, d'hommes privés qu'ils étaient, sont devenus des fonctionnaires. Il serait aisé de citer d'autres exemples, et de montrer comment, par l'effet de la passion dominante, une multitude d'états particuliers ont été transformés en offices publics.

res, etc. Il a peu à peu étendu son action à tout; il s'est ingéré dans tous les travaux avec la prétention de les régler et de les conduire. On n'a plus trouvé sur son chemin les syndics des corporations; mais on a eu devant soi les agens de l'autorité. Dans les champs, dans les bois, dans les mines, sur les routes, aux frontières de l'état, aux barrières des villes, sur le seuil de toutes les professions, à l'entrée de toutes les carrières, on les a rencontrés partout. Le premier effet de la passion des places a été de les multiplier au-delà de toute mesure : cette passion a fait prendre à l'autorité centrale des développemens illimités.

Cet effet en a entraîné d'autres. Plus les attributions du pouvoir se sont étendues et plus les dépenses ont dû s'élever. En même temps que le personnel de toutes les administrations s'est augmenté, les frais de tous les services se sont accrus. Il serait long de considérer ces accroissemens de dépense dans tous leurs détails; mais observons-les dans leur ensemble. C'est sûrement une chose curieuse que de suivre la filiation des lois de finance depuis le commencement de ce siècle, et de voir comment, d'un budget énorme, il est né tous les ans un budget un peu plus colossal. De 1802 à 1807, les dépenses se sont élevées de 500 millions à 720 ; elles ont été de 772 en 1808, de 788 en 1809, de 795 en 1810 ; elles ont atteint un milliard en 1811 ; elles l'ont passé de 30 millions en 1812, et de 150 millions en 1813. En 1814, la France, rendue à la paix et à ses anciennes limites, n'a pas pu ne pas réduire ses frais de gouvernement ; cependant, ces frais sont restés proportionnellement plus considérables, et le budjet a toujours continué à suivre son mouvement de progression : de 791 millions en 1815, il a été de 884 en 1816, d'un milliard 69 millions en 1817, et a touché à 1,100 millions en 1818. Rendu alors, par le départ des étrangers, à des proportions moins effrayantes, il est pourtant resté beaucoup plus fort qu'il ne l'était avant leur arrivée ; et, tandis qu'il ne s'était élevé qu'à 791 millions en 1815, il s'est trouvé de 845 en 1819, de 875 en 1820, de 896 en 1821, de plus de 912 en 1822 ; et voilà qu'il dépasse encore un milliard ; c'est-à-dire que les dépenses sont redevenues aussi fortes qu'elles l'étaient en 1812, lorsque la France mettait l'Europe à contribution, qu'elle était d'un grand tiers plus étendue, qu'elle touchait à Lubeck et à Rome, qu'elle avait six cent mille hommes sous les armes et faisait la guerre sous Cadix et à Moscou¹.

(1) Un publiciste allemand, Frédéric Gentz, a entrepris d'expliquer et de justifier les rapides progrès que font les dépenses de gouvernement dans toutes les contrées de l'Europe, et surtout dans les contrées riches. « Cet accroissement, dit-il, tient au progrès même de la richesse, qui, en même temps qu'elle crée une multitude de nouveaux besoins, fait hausser le prix de toutes les marchandises. Chaque homme veut dépenser davantage, et, avec la même quantité d'argent, à peine peut-il avoir la moitié de ce qu'il obtenait il y a cinquante ans. Le gouvernement, comme personne collective, se trouve dans la même position que les individus. A l'exemple de tout ce qui l'environne, il faut qu'il étende la sphère de ses dépenses, et d'année en année, il est obligé de payer plus cher tous les objets de son immense consommation. » (*Essai sur l'administration des finances et de la richesse de la Grande-Bretagne*, p. 12 à 22.)

Ces remarques, toutes spécieuses qu'elles sont, ne justifient point l'extrême accroissement des dépenses publiques. S'il y a des raisons pour qu'elles augmentent, des raisons bien meilleures devraient les faire diminuer. Il n'est point exact de dire d'abord que *tout* augmente de valeur. Le progrès des arts a fait baisser au contraire le prix de bien des choses. Ensuite, on ne peut nier que le gouvernement, qui est aussi un art, ne fût, comme tous les autres, si certains hommes le voulaient, susceptible de se simplifier, et par cela même de devenir moins cher. Toute manière de faire la police et d'administrer la justice n'est pas également bonne. A cet égard, comme à tout autre, les méthodes seraient susceptibles d'amélioration. Joignez que les besoins publics dont je viens de parler, les besoins de police et de justice, deviennent, à mesure que nous nous civilisons, plus faciles à satisfaire : il faut sûrement moins de peine et de dépense pour maintenir l'ordre au sein d'un peuple laborieux et

Où le chapitre des dépenses croît ainsi, on sent que celui des voies et moyens resterait difficilement stationnaire. Il n'y aura pas d'expédient dont on ne s'avise pour tâcher de soutirer tous les ans au public un peu plus d'argent. Aucune source ne paraîtra assez impure pour qu'on rougisse d'y puiser; aucun impôt, assez immoral pour qu'on craigne de le fonder ou de le maintenir. Toutes les denrées, toutes les industries, toutes les transactions, toutes les jouissances, tous les mouvemens, pour ainsi dire, seront soumis à quelque genre de rétribution. On imaginera de se faire une ressource de l'arriéré et d'enfler ses dettes pour pouvoir accroître ses

cultivé qu'au milieu d'une troupe de barbares. Enfin il est une multitude de choses, cela devient chaque jour plus patent, que l'autorité pourrait, avec grand profit pour le public, abandonner aux efforts de l'activité particulière.

Ainsi, en admettant que les services politiques, comme tous les autres, doivent être mieux rétribués aujourd'hui qu'ils ne l'étaient il y a cinquante ans, il y aurait encore de bonnes et nombreuses raisons pour que les dépenses publiques dussent baisser; et si, tout au contraire, elles s'élèvent, cela tient, comme je le dis, au penchant dépravé qui pousse les populations à prendre part aux exactions exercées sur elles, à la sottise qui leur fait souffrir ces exactions alors même qu'elles n'y peuvent point participer, et à la disposition toute naturelle de vieux gouvernemens corrompus à profiter de nos erreurs et de nos vices pour maintenir et accroître de vieux abus.

dépenses; on percevra, sous divers prétextes, des rétributions qu'aucune loi n'aura autorisées. Le génie de la fiscalité, pour surprendre les revenus du public, revêtira successivement toutes les formes. Non content d'épuiser les revenus, il se mettra, par des emprunts, à attaquer les capitaux, et l'on pourra voir, en peu d'années, croître de plusieurs milliards la dette nationale [1].

Ce n'est pas tout. A mesure que les passions cupides étendront ainsi les empiétemens et les dépenses, elles voudront, pour se mettre plus à l'aise, pervertir toutes les institutions. Plus elles tendront à rendre l'administration fiscale, et plus elles seront intéressées à rendre le gouvernement despotique. On les verra, à chaque nouvelle révolution, à chaque changement de régime, s'efforcer de corrompre ou de fausser tous les pouvoirs, créer des lois d'élection frauduleuses, interdire la discussion aux corps délibérans,

---

(1) Au mois d'avril 1814, la dette publique était, en compte rond, de 61 millions ; maintenant elle est de 197. Elle s'est donc accrue de 136 millions qui, au taux où est aujourd'hui la rente, font une dette capitale de près de 3 milliards, dont la France a été grevée depuis dix ans. Il est juste d'observer qu'une partie de cet accroissement provient du fait des administrations précédentes.

ôter la publicité à leurs séances, transformer les jurys en commissions, substituer des juges prévôtaux à la justice régulière, livrer l'élection des conseils généraux et municipaux aux fonctionnaires responsables que ces conseils doivent surveiller, ne pas se donner de relâche enfin qu'elles n'aient subjugué tous les corps destinés à protéger les citoyens, et ne les aient convertis en instrumens d'oppression et de pillage.

Ajoutons, pour compléter le tableau de ce régime, qu'avec lui et par lui se fortifieront les passions qui l'engendrent, et qui sont les plus propres à le perpétuer. Plus s'agrandit la carrière des places, et plus les places sont avidement recherchées. Il arrive à cet égard ce qui arrive à l'égard de toute branche d'industrie qui vient à ouvrir de nombreux débouchés à l'activité générale : la foule se tourne naturellement de ce côté. Il y a même une raison pour qu'on se porte vers le pouvoir avec plus d'empressement qu'on ne ferait vers aucune autre profession. Il faut, pour se pousser dans les voies de l'industrie, des talens et des qualités morales qui sont loin d'être également indispensables dans les voies de l'ambition. Le hasard, l'intrigue, la faveur, disposent d'un grand nombre d'emplois. Dès lors, il n'est plus personne qui ne croie pouvoir en obtenir; le gouvernement devient une loterie dans laquelle chacun se flatte d'avoir un bon lot; il se présente comme une ressource à qui n'en a point d'autre; tous les hommes sans profession prétendent en faire leur métier, et une multitude presque innombrable d'intrigans, de désœuvrés, d'honnêtes et de malhonnêtes gens se jettent pêle-mêle dans cette carrière, où bientôt il se trouve mille fois plus de bras qu'il n'est possible d'en employer.

Enfin, tandis que ce régime va fomenter dans tous les rangs de la société la cupidité qui l'a fait naître, il détruit partout le désintéressement et le courage qui seraient capables de le réformer. Ne cherchez ici ni esprit public, car il n'y a pas de public; ni esprit de corps, car il n'y a plus de corps; ni indépendance individuelle, car que peuvent être les individus devant le colosse formidable que l'ambition universelle a élevé? De même que tous les corps se sont fondus dans une corporation, toutes les volontés semblent s'être réduites à une seule. Il n'y a de personnalité, d'existence propre que dans l'administration.

Hors de là, rien qui vive, qui se sente, qui résiste : ni individus, ni corps constitués. N'espérez pas que des pouvoirs élevés, n'allez pas croire qu'un Tribunat, un Corps Législatif, un Sénat, mettent à défendre les intérêts du public le courage que, dans d'autres temps, les corporations les plus faibles et les plus obscures mettaient à garder leurs priviléges particuliers : l'esprit de sollicitation qui a envahi les derniers rangs de la société règne dans les ordres supérieurs avec encore plus d'empire ; électeurs, députés, sénateurs, tout est descendu au rôle de client, et les postes les plus éminens ne sont envisagés que comme des positions particulières où l'intrigue a plus de chances de fortune et où les bassesses sont mieux payées.

Voici donc ce que la passion qui a été de nos jours la plus populaire, la passion des places, tend naturellement à produire : sous le nom d'administration, je ne sais quel corps monstrueux, immense, étendant à tout ses innombrables mains, mettant des entraves à toutes choses, levant d'énormes contributions, pliant par la fraude, la corruption, la violence, tous les pouvoirs politiques à ses desseins, soufflant partout l'esprit d'ambition qui le produit, et l'esprit de servilité qui le conserve... Il ne s'agit plus que d'examiner ce que, sous l'influence de ce corps et des passions qui l'ont créé et qui le font vivre, il est possible d'avoir de liberté; ce que peuvent être l'industrie, les mœurs, les relations sociales, et en général toutes les choses d'où nous savons que dépend l'exercice plus ou moins libre de nos facultés.

8. Je reconnaîtrai de nouveau que l'industrie est ici moins comprimée que sous le régime des priviléges : le pouvoir ne lui oppose pas autant d'entraves que lui en opposaient les corporations; il n'est pas aussi porté à resserrer ses mouvemens et n'y met pas le même zèle. Cependant que d'obstacles ne trouve-t-elle pas encore dans ce nouvel état !

Observez d'abord que plus ici l'esprit d'ambition est fort et plus l'esprit d'industrie y doit rester faible. Ces deux esprits ne sauraient animer à la fois la même population; ils ne diffèrent pas seulement, ils sont contraires : le goût des places exclut les qualités nécessaires au travail. On n'a pas assez remarqué à quel point l'habitude de vivre de traitemens peut détruire en nous toute capacité industrielle. J'ai vu des hommes remplis de talent et d'instruction pratique s'affecter profondément de la perte d'un emploi qui était loin de leur donner ce qu'ils auraient aisément pu gagner par l'exercice d'une profession indépendante. La possibilité de se créer une fortune par un usage actif et soutenu de leurs facultés productives ne valait pas, à leurs yeux, le traitement exigu, mais fixe et assuré, qu'ils avaient perdu. Ils ne supportaient pas l'idée d'être chargés d'eux-mêmes, de se trouver responsables de leur existence, d'avoir à faire les efforts nécessaires pour l'assurer ; et avec des facultés réelles et puissantes, ils ne savaient de quoi s'aviser pour subvenir à leurs besoins. Ils étaient comme ces oiseaux élevés dans la captivité, et qui n'ont jamais eu à s'occuper du soin de leur nourriture : si on leur donnait la liberté, ils ne sauraient comment vivre, et seraient exposés à périr au milieu des moissons.

Le goût des places altère donc profondément les facultés industrielles du peuple qui en est infecté. Il détruit en lui l'esprit d'invention et d'entreprise, l'activité, l'émulation, le courage, la patience, tout ce qui constitue l'esprit d'industrie.

Il est, sous ce rapport, d'autant plus nuisible qu'il domine principalement les classes supérieures, et qu'il prive ainsi les arts utiles du concours des hommes qui pourraient le plus contribuer à leur avancement.

Et il ne leur nuit pas seulement en leur enlevant le secours des classes que leur fortune et leur position sociale mettraient le mieux à même de les servir; il leur fait un tort encore plus grave peut-être, en ce sens qu'il détourne d'eux une portion beaucoup trop considérable de la population [1].

Joignez que les hommes dont il les prive sans nécessité ne sont pas seulement annulés, mais

---

(1) Non-seulement, par l'effet de ce penchant, on a créé chez nous le plus d'administrations qu'on a pu, mais l'on s'est arrangé pour que, dans chaque administration, il y eût le plus d'emplois possible. L'égalité voulant que tout le monde participât aux bénéfices du pouvoir, on a pensé qu'il fallait moins rétribuer les fonctionnaires et créer un plus grand nombre de fonctions. C'est ainsi qu'on a porté le nombre des juges à cinq ou six mille, et borné à 60 louis le traitement de la plupart de ces officiers publics Il n'est pas une administration en France qui ne rende témoignage de ces efforts pour multiplier les places.

rendus nuisibles : leur activité n'est pas uniquement dérobée à l'industrie, elle est dirigée contre elle. Comme les offices nécessaires ne peuvent suffire à les occuper, il en faut créer d'inutiles, de vexatoires, dans lesquels ils ne font que gêner les mouvemens de la société, troubler ses travaux et retarder le développement de sa richesse et de ses forces.

C'est peu de leur enlever les hommes, il leur fait perdre aussi les capitaux. Chaque nouvelle création d'emplois entraîne une création correspondante de taxes nouvelles, et l'industrie, déjà privée des services des individus que l'ambition jette sans nécessité dans la carrière des places, est encore obligée de faire les fonds nécessaires pour entretenir ces individus dans leur nouvel emploi.

Notez encore que ces fonds, de même que ces individus, ne sont pas seulement perdus pour l'industrie, mais employés contre elle. Ils servent à gager non des oisifs, non des possesseurs de sinécures (il n'y aurait que moitié mal); mais des hommes à qui on veut faire gagner leur argent, et dont l'activité s'épuise en actes nuisibles; de sorte qu'elle est dépouillée de capitaux considérables et qui contribueraient puissamment à ses progrès, pour voir, en retour, son développement contrarié de mille manières.

Enfin, comme de lui-même un tel ordre aurait quelque peine à se maintenir, il faut, pour le mettre à l'abri de toute réforme, arrêter autant que possible l'essor de la population ; détruire en elle toute capacité politique, tout esprit d'association, toute aptitude à faire elle-même ses affaires ; empêcher, du mieux qu'on peut, qu'elle n'apprenne à lire, qu'elle ne s'instruise, qu'elle ne parle, qu'elle n'écrive ; et l'industrie, déjà très affaiblie par l'argent qu'on lui prend et les fers qu'on lui donne, se trouve encore privée de ce que l'activité de l'enseignement, celle des débats publics et l'esprit d'association sous toutes ses formes pourraient lui communiquer de force et de liberté.

Je ne prétends point donner ici une idée complète du dommage que cause à l'industrie la fureur des places. Il faudrait pour cela connaître la quantité d'hommes qu'elle détourne inutilement de ses travaux, et pouvoir dire en même temps ce que ceux-là mettent d'obstacle à l'activité de tous les autres. Il faudrait savoir ce qu'ils leur enlèvent de fonds, ce qu'ils leur imposent de gênes, ce qu'ils leur font souffrir de violences. Il faudrait pouvoir estimer le temps qu'ils leur font perdre, les distractions qu'ils leur causent, le découragement et les dégoûts qu'ils leur inspirent. Tout cela n'est guère susceptible d'évaluation ; mais quand je dirais que, par l'ensemble des lois fiscales et des mesures compressives que la passion que je signale a fait établir en ce pays, la puissance productive de ses habitans se trouve réduite de moitié, je ne sais si je ferais une estimation bien exagérée du mal que sous ce rapport elle lui cause.

9. Si tel est le tort que cette passion fait aux arts, elle n'est guère moins funeste à la morale. Quand elle n'aurait d'autre effet que de retarder les progrès de la richesse et de l'aisance universelle, elle serait déjà un grand obstacle au progrès des mœurs ; mais elle va directement à les corrompre, parce qu'elle enseigne de mauvais moyens de s'enrichir. Des citoyens elle fait des courtisans ; elle étend les vices de la cour à la population presque entière ; où devrait régner l'industrie elle fomente l'ambition ; à l'activité

du travail elle fait succéder celle de l'intrigue ; un ton obséquieux, des habitudes uniformément ministérielles se communiquent à tous les rangs de la société : flatter, solliciter, mendier n'est plus le privilége d'une classe, c'est l'occupation de toutes ; plus il y a de gens qui se vouent à ce métier, et plus, pour l'exercer avec fruit, il y faut déployer de savoir-faire : on met de l'émulation dans la bassesse ; on s'évertue à s'avilir, à se prostituer. Les mœurs, sous d'autres rapports, ne sont pas meilleures ; à la servilité des courtisans, on joint leurs habitudes licencieuses, leur goût du faste et de la dissipation ; la débauche se propage sous le nom de galanterie ; le luxe accompagne la luxure ; on est guidé dans ses dépenses non par ce désir éclairé d'être mieux, c'est-à-dire plus sainement, plus commodément, plus *confortablement,* qui naît des habitudes laborieuses et qui les encourage ; mais par le vain désir de briller, d'en imposer aux yeux : on n'aspire pas à être, mais à paraître. Il a été aisé d'observer la plupart de ces effets du temps de l'empire, à cet âge classique de l'ambition, où l'amour des places régnait sans partage ; où chacun voulait être quelque chose, et où l'on n'était quelque chose que par les places ; où la recherche et l'exploitation des places étaient la principale industrie du pays, la véritable industrie nationale. On a pu voir alors, dis-je, ce que cette industrie peut mettre de frivolité, de corruption et surtout de servilité dans les habitudes d'un peuple : notre caractère retient encore, à plus d'un égard, les fâcheuses empreintes qu'il reçut en ce temps, et il faudra plus d'une génération pour qu'elles s'effacent.

10. Autant enfin la passion dont j'expose ici les effets peut introduire de dépravation dans les mœurs, autant elle porte de trouble dans les relations sociales. Où domine l'amour des places, les places ont beau se multiplier, le nombre en est toujours très inférieur à celui des ambitieux qui les convoitent. Dès lors, c'est à qui les aura ; aucun parti ne se croit obligé d'y renoncer en faveur d'aucun autre ; bien des gens s'abstiendraient d'y prétendre, si l'on consultait pour les établir l'intérêt du public, qui en veulent leur part, comme tout le monde, du moment qu'elles n'existent que pour satisfaire les ambitions privées. « Puisque la destination du pouvoir

est de faire des fortunes, il doit faire la mienne ainsi que la vôtre ; s'il n'est qu'une mine à exploiter, pourquoi ne l'exploiterais-je pas aussi bien que vous? Allons, monsieur, vous avez assez rançonné le public; c'est maintenant mon tour; ôtez-vous de là que je m'y mette...; et voilà la guerre aux places. L'effet le plus inévitable du vice honteux que je dénonce, surtout quand il est devenu très général, comme c'est ici mon hypothèse, est de faire naître des partis qui se disputent opiniâtrément le pouvoir; et comme aucun de ces partis ne le recherche que pour l'exercer à son profit, un autre effet de la même passion est de rendre le public également mécontent de tous les partis qui s'en emparent, et de le disposer à faire cause commune avec tous ceux qui ne l'ont pas, contre tous ceux qui le possèdent.

Enfin la passion des places peut agrandir encore le cercle des discordes qu'elle suscite, et à des luttes intestines faire succéder la guerre extérieure. Mère de gouvernemens despotiques, elle donne aussi naissance à des gouvernemens conquérans. C'est elle qui a détourné notre révolution de sa fin, qui a fait dégénérer en guerres d'invasion une guerre de liberté et d'indépendance, qui a fourni des instrumens à Bonaparte pour la conquête et la spoliation de l'Europe, comme elle lui en fournissait pour le pillage et l'asservissement de la France. Il suffit qu'elle élève, en chaque pays, le nombre des ambitieux fort au-dessus de ce qu'il est possible de créer de places, pour qu'elle donne à tout gouvernement qui consent à la satisfaire un intérêt puissant à étendre sa domination, et devienne ainsi, entre les peuples, une cause très active de dissensions et de guerres.

11. Cette passion est donc également funeste à l'industrie, aux mœurs, à la paix, à tout ce qui facilite, affermit, étend l'exercice de nos forces. Pour apercevoir d'un coup d'œil à quel point elle lui est contraire, il n'y a qu'à considérer ce qu'elle fait perdre annuellement à l'industrie d'hommes et de capitaux; ce que, par cette dépense énorme et sans cesse renouvelée, elle apporte de retard au développement de nos richesses intellectuelles et matérielles; ce que le pernicieux emploi qu'elle fait faire de ces moyens ravis à notre culture ajoute encore d'obstacles au développement de nos facultés; comment, en

arrêtant le progrès de nos idées en général, elle arrête celui de nos idées morales; comment, en nous forçant à rester pauvres, elle fait que nos goûts demeurent grossiers; quel trouble elle met dans nos relations mutuelles; combien elle soulève d'ambitions, combien elle fait naître de partis, quel aliment elle fournit à leurs haines jalouses, quelles luttes homicides elle provoque entre eux, quelle discorde elle entretient entre les citoyens et la puissance publique, quelle extension enfin elle donne quelquefois aux querelles qu'elle suscite, et comment des dissensions d'un seul pays elle peut faire des guerres européennes, universelles.

12. Il y a deux manières de sortir de l'état social que cette passion a produit parmi nous. La première est de retourner au régime des priviléges, c'est-à-dire à un état où le droit de s'enrichir par l'exercice de la domination serait, comme autrefois, le privilége d'une classe. La seconde est d'arriver au régime de l'industrie, c'est-à-dire, à un état où ce droit ne serait le privilége de personne; où ni peu ni beaucoup d'hommes ne fonderaient leur fortune sur le pil-

lage du reste de la population; où le travail serait la ressource commune et le gouvernement un travail public, que la communauté adjugerait, comme tout travail du même genre, à des hommes de son choix, pour un prix raisonnable et loyalement débattu.

Le premier moyen est celui que l'on tente. Depuis 1815, et surtout depuis 1820, il s'agit, non de diminuer le budget, non de défaire les régies fiscales, non de réduire le nombre des emplois, mais de faire que tout cet établissement administratif, ouvrage des ambitions de tous les temps et des cupidités de tous les régimes, devienne la propriété exclusive, incommutable des classes qui tenaient autrefois le pouvoir [1].

Cette entreprise dont beaucoup de gens s'alarment pour la liberté, me paraît, à moi, destinée à la servir. Il n'y a pas grande apparence qu'elle soit faite dans son intérêt, et je crois bien qu'à la rigueur nous pouvons nous dispenser de re-

---

(1) On assure que la grande propriété est intéressée pour trois cent millions dans la levée des contributions publiques, et qu'elle reçoit 60 fr. pour chaque écu qu'elle verse au trésor. (Voy. *les Journaux du 13 juillet 1821, séance de la Chambre des députés, discours de M. de Pompières.*)

connaissance ; mais je dis qu'en résultat elle la sert. Déjà, elle a commencé à produire dans nos mœurs une révolution très salutaire. En refoulant dans la vie privée une multitude d'hommes intelligens, actifs, ardens, que la révolution avait entraînés vers le pouvoir, on a mis ces hommes dans le cas d'apprendre qu'il est quelque chose de plus noble, de plus généreux, de plus moral et même de plus fructueux que la domination : le travail. Il est impossible de ne pas voir que, depuis quelques années, il se fait à cet égard dans nos dispositions un changement considérable ; que les passions ambitieuses nous travaillent moins ; que les titres, les rubans, les places même baissent de valeur dans nos esprits ; que les arts utiles, au contraire, prennent à nos yeux plus d'importance ; qu'en un mot, nous cherchons davantage à prospérer par l'industrie. A mesure que nous nous affermirons dans cette manière de vivre, nous en prendrons davantage les mœurs, nous acquerrons de plus en plus les connaissances qui s'y rapportent, nous nous instruirons surtout du régime politique qu'elle requiert, et après avoir noblement renoncé aux places inutiles, le temps viendra, j'en ai l'espérance, où nous ne voudrons plus les payer. Il me paraît donc évident qu'en faisant effort pour nous ramener au régime des priviléges, on contribue à nous pousser vers le régime de l'industrie, et que ce nouveau mode d'existence est celui où nous conduit l'époque actuelle. Ce mouvement d'esprit public est d'un si haut intérêt qu'on me pardonnera, avant de finir ce chapitre, de m'arrêter un instant encore à le constater et à en montrer le vrai caractère.

Je le répète, la réaction politique qui s'opère depuis dix ans, en France et en Europe, en amène une très heureuse dans les mœurs. Je ne voudrais pour rien au monde approuver l'esprit qui paraît la diriger; je déplore les nombreuses infortunes particulières qu'elle a faites: mais je bénis sincèrement l'effet général qu'elle produit, effet tellement avantageux qu'il suffit, à mon sens, pour compenser amplement tout le mal que d'ailleurs elle peut faire.

La contre-révolution ne vaincra pas la révolution : la révolution est inhérente à la nature humaine; elle n'est que le mouvement qui la pousse à améliorer ses destinées, et ce mouvement est heureusement invincible. Mais la contre-révolution tend à changer le cours de la révolution ; d'ambitieuse et de conquérante qu'elle était, elle la rend laborieuse ; elle se dirigeait de toutes ses forces vers le pouvoir, elle la contraint à tourner son immense activité vers l'industrie. Il importe de savoir précisément en quoi ce changement consiste.

Sans doute la pratique des arts, l'étude des sciences, la culture et le perfectionnement de nos facultés ne sont pas des choses nouvelles ; mais ce qui est nouveau c'est la manière dont on commence à envisager tout cela. Autrefois on se livrait bien au travail, mais c'était en vue de la domination ; l'industrie n'était qu'un acheminement aux places ; la véritable fin, la fin dernière de toute activité c'était d'arriver aux emplois. Ce n'est pas pour cela, si l'on veut, que la révolution a été faite ; mais elle été faite avec cela : l'amour des fonctions publiques y a joué son rôle ; et ce rôle n'a pas été petit, si l'on en juge par les résultats ; car ce qu'elle a produit avec le plus d'abondance ce sont des fonctions et des fonctionnaires : nous l'avons vue inonder l'Europe de soldats, de commis, de douaniers, de directeurs, de préfets, d'intendans, de gouverneurs, de rois.

Il se peut donc bien que jusqu'ici on eût pratiqué les arts ; mais je dis que c'était en attendant les places, et comme moyen éloigné d'y parvenir. Le principal effet de la réaction actuelle est de changer cette tendance. Non-seulement la révolution est ramenée au travail par ses défaites; mais elle commence à l'envisager mieux : on n'en fait plus seulement un moyen ; il devient la fin de l'activité sociale; on commence à ne plus rien voir au-delà de l'exercice utile de ses forces et du perfectionnement de ses facultés.

Je sais fort bien que cette tendance est loin d'être générale. Toutes les passions qui ont gouverné la société la gouvernent plus ou moins encore. La servitude de la glèbe a conservé des partisans; les priviléges en ont encore davantage, et les places infiniment plus. Mais enfin il n'y a pas moyen de se dissimuler que la tendance à l'industrie devient chaque jour plus forte et plus générale. Infiniment plus de gens cherchent dans cette voie la fortune et même l'illustration ; on y applique plus de capitaux ; on y porte plus de lumières ; on y met davantage les sciences positives à contribution; les notions d'économie industrielle se propagent ; avec elles se répand la connaissance du régime politique qui convient à l'industrie. Enfin ce régime passe de la théorie dans la pratique : c'est d'après ses principes que sont constitués les Etats-Unis ; c'est d'après ses principes que se constituent les nouvelles républiques américaines ; c'est d'après ses principes que la monarchie anglaise réforme ses lois : l'Angleterre lève les prohibitions, diminue les impôts, réduit le nombre des places, fait servir le gouvernement à restreindre l'action du gouvernement, et tend ainsi à se rapprocher du régime de l'Amérique. Or si ce régime a pu franchir l'océan, n'y a-t-il pas quelques motifs d'espérer qu'un jour il pourra passer aussi la Manche ? N'est-il pas permis de croire que la révolution, après avoir renoncé aux places inutiles, ne se résignera pas toujours à les payer ? La révolution ne voudra sûrement pas que tous ses efforts n'aient abouti qu'à doubler ses impôts, qu'à tripler ses entraves, qu'à lui faire payer quatre fois plus de fonctionnaires[1]. Plus elle se

(1) En 1791 le budget des dépenses n'excédait guère 500 millions ; le nombre des emplois et des employés était infiniment

corrigera de toute tendance à la domination, et moins elle consentira à rester tributaire d'une classe de dominateurs. Elle deviendra, j'espère, assez forte pour exiger que tout le monde vive comme elle par le travail ; et donnant au pouvoir son vrai titre, celui de service public, il y a lieu de penser que quelque jour elle s'arrangera pour avoir des serviteurs et non des maîtres.

Je ne crois donc pas me tromper quand je dis que le monde tend à la vie industrielle, et je me flatte qu'en parlant maintenant de cet état et du degré de liberté qu'il comporte, je n'aurai pas trop l'air de composer une utopie.

moins considérable ; il nous restait quelques libertés municipales que nous avons perdues ; nombre d'industries et de professions privées étaient moins qu'aujourd'hui dans la dépendance de l'autorité publique.

CHAPITRE IX.

Du degré de liberté qui est compatible avec la vie des peuples purement industrieux.

1. Il n'est pas d'époque, dans l'histoire de la civilisation, où l'industrie n'entre pour quelque chose dans les moyens dont l'homme fait usage pour satisfaire ses besoins. L'anthropophage ne vit pas seulement de meurtre; le nomade, seulement de rapine. Le premier se livre à la chasse, cueille des fruits, se fait une hutte, se vêtit de la peau des bêtes farouches. Le second élève des troupeaux, dresse des tentes, construit des chariots, tisse quelques étoffes grossières. Lorsque l'homme s'est fixé au sol, le travail paisible contribue à sa subsistance dans une proportion encore plus étendue. A mesure qu'il se civilise, le nombre des personnes vivant par des moyens inoffensifs devient graduellement plus considérable. Enfin, quelle que soit encore, dans le genre

humain, la masse des hommes qui fondent leur existence sur le brigandage et la spoliation, il est pourtant des pays où la très grande majorité de la population vit par des moyens *en général* exempts de violences [1].

Cependant, quoiqu'il y ait toujours plus ou moins d'industrie dans la société, il s'en faut bien que la société puisse toujours être qualifiée d'*industrielle*. Il ne suffit pas que quelques hommes, dans un pays, vivent des fruits de leur travail, de leurs capitaux ou de leur terres pour que l'on puisse donner au peuple qui l'habite le nom de peuple industrieux. Il ne suffirait pas même qu'une portion très considérable des habitans y fût livrée à des occupations inoffensives. Tant qu'une partie de la population reste vouée à la domination, tant qu'elle est organisée pour cette

---

[1] Je dis, *en général*, parce que ces moyens ne sont encore presque nulle part complètement purs. Quelle est en effet, même dans les pays de l'Europe les plus civilisés, la classe d'hommes qui ne profite pas, directement ou indirectement, de quelque privilége, de quelque monopole, de quelque prohibition injuste? Qui peut se rendre le témoignage que la violence ne contribue en rien à augmenter le revenu de ses fonds productifs? Cela ne serait possible que dans un ordre de choses où rien ne limiterait la concurrence; et nous sommes sûrement fort éloignés d'un tel état.

manière de vivre, et tant qu'elle est assez puissante pour tenir les classes industrieuses dans la dépendance et l'abaissement, il a beau y avoir de l'industrie dans la société, la société est féodale, despotique, elle est tout ce qu'on voudra : elle n'est pas industrielle.

2. J'appelle, politiquement parlant, peuple *industrieux* ou *industriel*, celui chez qui les classes dominatrices ont fini par se fondre dans les classes laborieuses, ou bien chez qui les classes laborieuses ont acquis un ascendant décidé sur les classes dominatrices; celui où ce n'est plus la passion du pouvoir qui règne, mais la passion du travail; où les populations, au lieu de se disputer une certaine masse de richesses existantes, appliquent simultanément leurs forces à créer des richesses nouvelles; où le travail est le seul moyen avoué de s'enrichir, et où le gouvernement lui-même a le caractère d'une entreprise d'industrie, avec la seule différence que cette entreprise, au lieu d'être faite pour le compte de personnes ou d'associations particulières, est faite de l'ordre et pour le compte de la communauté générale, qui l'adjuge à des hommes de

son choix et aux prix et conditions qu'elle juge les plus favorables¹.

Les états de l'Union Anglo-Américaine nous offrent un modèle à ce qu'il semble assez exact d'une société qui a fondé son existence sur l'industrie et qui s'est organisée en conséquence. Le principe fondamental de leur institution c'est que « Tout homme qui ne possède pas une propriété suffisante, doit avoir quelque profession, métier, commerce ou ferme qui le fasse subsister honnêtement². » Les Américains n'ont pas voulu que le gouvernement chez eux pût devenir un moyen de fortune. Ils ont évité de créer beaucoup d'emplois. Ils ont eu surtout la précaution de ne pas les rendre assez lucratifs pour que la foule les recherchât comme le meilleur moyen de se faire une existence ; et un autre principe

(1) La société adjugeant le gouvernement à des hommes de son choix! cela serait-il praticable? la société peut-elle agir collectivement? voudriez-vous qu'elle mît le gouvernement à l'enchère? La société ne peut pas agir collectivement ; mais elle peut agir par des délégués, et rien sûrement n'empêcherait que, par l'intermédiaire de ses délégués, elle n'accordât ou ne retirât sa confiance à tel parti d'hommes d'état, à telle coalition ministérielle, actuellement en possession du pouvoir ou aspirant à l'obtenir. Non-seulement cela est praticable, mais cela se pratique tous les jours.

(2) Constit. de Pensilvanie, art. 36.

de leurs constitutions, c'est qu'aussitôt que les émolumens d'une charge sont assez élevés pour exciter la cupidité de plusieurs personnes, la législature doit se hâter d'en diminuer les honoraires [1].

« Il y a peu d'emplois civils en Amérique, dit Franklin, et il n'y en a pas d'inutiles comme en Europe. Une naissance illustre, ajoute-t-il, est une marchandise qui ne pourrait être offerte sur un plus mauvais marché. Les habitans ne demandent pas d'un étranger qui il est, mais ce qu'il sait faire. S'il a quelque talent utile, il est accueilli; s'il exerce son talent avec succès et se conduit en homme de bien, tout le monde le respecte; mais s'il n'est qu'homme de qualité, et qu'à ce titre il prétende avoir un emploi et se mettre à la charge du public, on le rebute et on le méprise. Le laboureur et l'artisan, poursuit Franklin, sont honorés en Amérique, parce que leur travail est utile. Les habitans y disent que Dieu lui-même est un artisan, et le premier de l'univers, et qu'il est plus admiré, plus respecté

---

[1] Constit. de Pensilvanie, art. 36. — Ces idées, observe Franklin (*OEuvr. mor. et polit.*), ont été plus ou moins adoptées, dans l'origine, par tous les états de l'Union.

à cause de la variété, de la perfection, de l'utilité de ses ouvrages qu'à cause de l'ancienneté de sa famille. Les Américains aiment beaucoup à citer l'observation d'un nègre, qui disait : Boccarora (l'homme blanc) fait travailler l'homme noir, le cheval, le bœuf, tout, excepté le cochon : le cochon mange, boit, se promène, dort quand il veut, et vit comme un gentilhomme[1]. »

Si l'on doit juger de la nation américaine par ces observations de Franklin, il est difficile de ne pas reconnaître en elle le caractère d'un peuple dont l'existence est essentiellement fondée sur l'industrie. Chez elle, tout esprit de domination est honni. Tout homme qui n'a point de propriété ne peut vivre que de son travail. Le travail est la seule ressource de quiconque veut créer, entretenir, réparer, accroître sa fortune. Le gouvernement lui-même, dépouillé de tout ce qui pourrait lui donner le caractère de la souveraineté, du domaine, n'est qu'un travail fait pour la société, par des gens délégués par elle, à un prix qu'elle-même détermine et qu'elle a soin de fixer assez bas pour que la cupidité n'attire pas trop de monde dans la carrière des pla-

---

[1] Œuvres morales et polit., t. II, p. 157.

ces et ne finisse pas par faire dégénérer le gouvernement en domination. Tel est le caractère de la société en Amérique[1]. Tel est celui de l'état social que j'appelle *industriel*. Reste à examiner de quelle liberté, dans cet état, l'homme est susceptible.

5. Si la liberté me paraît incompatible avec la domination, il ne manque pas d'écrivains qui l'ont déclarée inconciliable avec le travail. Dans les premiers âges de la société, on reprochait à

---

[1] Peut-être cependant est-ce à l'insu de la nation américaine. On pourrait croire, à de certains traits, qu'elle n'a pas la conscience de son état et sait mal le secret de sa prospérité. Nous voyons des législateurs de Géorgie invoquer en faveur de l'esclavage l'autorité des Grecs et des Romains, et faire à l'état social d'une partie de l'Amérique l'injure de le comparer à celui de peuples voués à la guerre et à la domination. — On a été chercher dans l'ancienne Rome le nom qu'il fallait donner à l'hôtel du congrès, et les délégués d'un peuple d'artisans et de laboureurs ont voulu siéger au *Capitole*, comme le sénat du peuple-roi. — En Amérique, comme en Europe, les jeunes gens n'apprennent guère, jusqu'à vingt ans, que du grec et du latin. — Les réputations militaires l'emportent, à ce qu'il paraît, sur la gloire purement civile, et la mémoire de Whasington est entourée de plus d'hommages que celle de Franklin. — Tout cela ne semblerait pas prouver que l'Amérique comprenne bien sa manière d'être. En faut-il conclure que son état n'est pas ce que je dis? Non, il faut dire seulement que son état vaut mieux que les idées qu'elle semble s'en faire.

l'industrie de détruire la liberté en amortissant les passions guerrières et en portant les hommes à la paix¹. Dans des temps plus avancés on lui a reproché de détruire la liberté en poussant les hommes à la guerre. Nombre d'écrivains modernes ont représenté l'état d'un peuple industrieux comme un état nécessaire d'hostilité. *Le malheur d'un état commerçant*, a-t-on écrit sentencieusement, *est d'être condamné à faire la guerre*². Montaigne consacre un chapitre de ses Essais à prouver que, dans la société industrielle, *ce qui fait le prouffit de l'un fait le dommaige de l'aultre*³. Rousseau ne croit pas que, dans la société, il puisse exister d'intérêt commun. Comme Montaigne, il pense que chacun trouve son compte dans le malheur d'autrui, et dit qu'il n'est pas de profit légitime, si considérable qu'il puisse être, qui ne soit surpassé par les gains qu'on peut faire illégitimement⁴. Tous

(1) C'est le reproche que lui font tous les politiques de l'antiquité, et c'est par-là qu'ils prétendent justifier l'exclusion de la cité de la plupart des hommes livrés à des professions industrielles.

(2) Bonald, *Réflexions sur l'intér. génér. de l'Europe*, p. 46.

(3) Liv. 1, ch. 21.

(4) Disc. sur l'inég., les notes, note 9.

les jours enfin, on entend encore soutenir que « les diverses professions industrielles ont des intérêts *nécessairement opposés,* et qu'il n'est pas d'habileté qui pût réunir dans un même faisceau les classes nombreuses qui les exercent [1]. » Ce n'est pas tout, tandis qu'on reproche à l'industrie d'être un principe de discorde, on lui reproche encore d'être une source de dépravation; tandis qu'on l'accuse de troubler la paix, on l'accuse aussi de corrompre les mœurs [2]. Enfin, comme elle n'obtient de très grands succès que par une extrême division des travaux, on lui a fait encore le reproche de resserrer l'activité des individus dans des cercles extrêmement étroits, et de borner ainsi le développement de leur intelligence [3] : c'est-à-dire, qu'on l'accuse tout à

---

(1) Journal des Débats du 9 décembre 1820, col. 4. Il est peu d'écrits de l'école monarchique dans lesquels on ne retrouve la même idée. Elle sert de base à tous les raisonnemens par lesquels on a prétendu prouver la nécessité de diviser la société en corporations et en ordres.

(2) C'est l'accusation banale que lui adressent la plupart des publicistes de l'école monarchique, et beaucoup de moralistes chrétiens, surtout dans la communion catholique. Des écrivains d'un autre ordre, des philosophes, et notamment Rousseau, lui ont intenté le même procès.

(3) *Voy.* dans le spirituel ouvrage intitulé *Raison et Folie,* un

la fois d'arrêter l'essor de nos facultés et d'en pervertir l'usage, tant à l'égard de nous-mêmes que dans nos rapports avec nos semblables; d'où il suivrait qu'un état social, où l'on fonde son existence sur l'industrie, est, de toute manière, défavorable à la liberté.

Je crois peu nécessaire de faire à chacune de ces objections une réponse directe. Elles seront toutes assez réfutées par la simple exposition des faits. Occupons-nous seulement de savoir comment les choses se passent, et voyons quels sont, relativement à la liberté, les effets de l'industrie.

4. Trois conditions, avons-nous dit, sont nécessaires pour que l'homme dispose librement de ses forces : la première, qu'il les ait développées; la seconde, qu'il ait appris à s'en servir de manière à ne pas se nuire; la troisième, qu'il ait contracté l'habitude d'en renfermer l'usage dans les bornes de ce qui ne nuit point à autrui.

morceau remarquable sur l'influence morale de la division du travail. *Voy.* aussi M. Say, qui, dans les dernières éditions de son *Traité d'éc. pol.*, liv. 1, ch. 8, s'est laissé entraîner par les idées spécieuses quoique peu fondées, à mon avis, de M. Lémontey.

Sans doute ces conditions ne sont pas remplies par cela seul qu'on veut donner à ses facultés une direction inoffensive. Un homme n'a pas développé ses facultés et appris à en régler l'usage parce qu'il a conçu le dessein de n'en faire désormais qu'un utile et légitime emploi. Il est très possible que d'abord il soit inhabile à s'en servir; il peut très bien ignorer aussi dans quelle mesure il en faut user pour ne faire de mal ni à soi, ni aux autres hommes. Mais si l'homme n'est pas libre par cela seul qu'il veut détourner sur les choses l'activité qu'il dirigeait auparavant contre ses semblables, il est certain qu'il peut devenir libre dans cette direction, et que ce n'est même que dans cette direction qu'il peut acquérir le degré de puissance, de moralité et de liberté dont il est naturellement susceptible [1].

(1) On voit clairement quel est mon objet. En parlant de l'industrie et de la vie industrielle, je ne veux pas dire que l'acquisition de la richesse soit l'unique objet digne de l'activité humaine (qui eut jamais une telle pensée!); ce que je veux dire, c'est que ce mode d'existence est le seul vraiment favorable, non-seulement au progrès de la richesse, mais à celui des sciences, des arts, des mœurs, de la justice et de tout ce qui donne la liberté. C'est cette proposition qu'il faut combattre, quand on veut faire le procès à ce qu'on a semblé vouloir flétrir du nom d'*industrialisme;* et comme, en définitif, l'humanité ne vit que de deux manières, par le brigandage ou par le travail, consi-

5. Et d'abord il est évident que c'est dans les voies de l'industrie que les facultés humaines peuvent prendre le plus de développement. Le cercle des arts destructeurs est borné de sa nature : celui des travaux inoffensifs et des arts utiles est en quelque sorte illimité. Il faut à la domination quelques hommes habiles et une multitude d'instrumens : l'industrie n'a nul besoin d'hommes aveugles ; l'instruction n'est incompatible avec aucun de ses travaux ; tous ses travaux, au contraire, s'exécutent d'autant mieux que les hommes qui s'y livrent ont plus d'intelligence et de lumières. Le dominateur et ses satellites vivent sur un peuple de victimes qu'ils tiennent dans la misère et l'abrutissement : l'industrie ne veut point de victimes ; elle est d'autant plus florissante que tous les hommes sont en général plus riches et plus éclairés. Le dominateur enfin se nourrit de pillage, et si tous les hommes voulaient se soutenir par le même moyen, l'espèce, visiblement, serait condamnée à périr : l'industrie est

dérés l'un et l'autre dans leurs innombrables modes, ceux qui ne trouveraient pas la vie industrielle assez noble accepteraient, par cela même, l'obligation de prouver que le brigandage est plus conforme à la dignité de l'homme et plus favorable à ses progrès.

essentiellement productive ; elle vit de ses propres fruits, et loin de craindre que les hommes industrieux se multiplient trop, elle voudrait voir tout le genre humain livré à des travaux utiles, et serait assurée de prospérer d'autant plus qu'il y aurait plus d'hommes utilement occupés.

L'homme, dans la vie industrielle, dirige ses forces précisément comme il convient le mieux à ses progrès. Ce genre de vie est le seul, je supplie le lecteur de le bien remarquer, où il étudie convenablement les sciences, et où les sciences servent véritablement à le rendre puissant. Dans les pays et dans les temps de domination, l'étude n'est guère qu'une contemplation oiseuse, un amusement, un frivole exercice, destiné uniquement à satisfaire la curiosité ou la vanité [1]. On apporte aux recherches l'esprit le moins propre à acquérir de véritables connaissances. De plus on ne songe point à faire de ses connaissances d'utiles applications. On tient que la science déroge sitôt qu'elle est bonne à quelque chose. Le savant croirait la dégrader et se dégrader lui-même en la faisant servir à éclairer les procédés de l'art [2]. L'ar-

(1) *Voy.* ch. VI.
(2) L'étude des sciences, chez les anciens, ne passait pour

tiste, de son côté, se soucie peu des théories scientifiques. Il rend à la science tout le mépris dont le savant fait profession pour l'industrie; et tandis que l'industrie est exclue, comme roturière, du sein des compagnies savantes, la science est écartée des ateliers de l'industrie, comme futile, vaine et bonne tout au plus pour les livres.

Il n'en va pas ainsi dans les pays livrés à l'industrie et organisés pour cette manière de vivre. On ne voit pas là ce fâcheux divorce entre la science et l'art. L'art n'y est pas une routine; la science une vaine spéculation. Le savant travaille pour être utile à l'artiste; l'artiste met à profit les découvertes du savant. L'instruction scientifique se trouve unie généralement aux connaissances manufacturières. L'étude n'est pas un simple passe-temps, destiné à charmer les loisirs d'un peuple de dominateurs, régnant en paix sur un peuple de dociles esclaves; c'est le travail sérieux

libérale qu'autant qu'on s'abstenait de les appliquer et de les faire servir à quelque chose d'utile (Aristote, *Polit.*, liv. 8, ch. 2, §. 3). Il paraît qu'à cet égard nous ne sommes pas encore bien guéris des préjugés de la barbarie. On a vu récemment, dit-on, quelques membres de l'un des premiers corps savans de l'Europe refuser de se donner pour collègues des hommes très distingués comme savans, parce que ces hommes avaient le malheur d'être aussi très distingués comme *artistes*.

d'hommes vivant tous également des conquêtes qu'ils font sur la nature, et cherchant avec ardeur à connaître ses lois, pour les plier au service de l'humanité. On sent qu'une activité ainsi dirigée, des études ainsi faites, soutenues d'ailleurs par tout ce que peuvent leur donner de constance et d'énergie le désir de la fortune, l'amour de la gloire et l'universelle émulation, doivent imprimer aux travaux scientifiques une impulsion bien autrement sûre et puissante que les spéculations sans objet de dominateurs et d'oisifs, livrés à la vie contemplative. L'homme est ici évidemment sur le chemin de toutes les découvertes, de toutes les applications, de tous les travaux utiles.

Sans doute, le régime industriel ne peut pas faire que tout homme soit instruit de toutes choses : une condition essentielle du développement de l'industrie, c'est que ses travaux se partagent, et que chacun ne s'occupe que d'un seul ou d'un petit nombre d'objets. Mais ceci est la faute de notre faiblesse, et non point celle de l'industrie, ni celle de la séparation des travaux, qui n'est qu'une manière plus habile de mettre en œuvre nos facultés industrielles. L'effet de cette séparation, si propre à augmenter la puissance de l'espèce, n'est point, comme on l'a dit, de diminuer la capacité des individus. Sans la séparation des travaux, la puissance de l'espèce aurait été nulle, et celle des individus serait restée excessivement bornée. Chaque homme, par suite de cette séparation, est incomparablement plus instruit et plus capable qu'il ne l'eût été, si, dès l'origine, chacun avait travaillé dans l'isolement et s'était réduit à l'usage de ses seules forces individuelles. Chacun, il est vrai, n'exerce qu'un petit nombre de fonctions; mais si l'on ne sait bien qu'une chose, on a communément des idées justes d'un assez grand nombre. D'ailleurs, en n'exerçant qu'une seule industrie, on peut en mettre en mouvement une multitude d'autres: il suffit de créer un seul produit pour obtenir tous ceux dont on a besoin; et, par l'artifice de la séparation des travaux, la puissance de chaque individu se trouve en quelque sorte accrue de celle de l'espèce.

Veut-on juger si la vie industrielle est favorable au développement de nos forces? On n'a qu'à regarder ce que le monde acquiert d'intelligence, de richesse, de puissance, à mesure qu'il est plus utilement occupé; on n'a qu'à comparer les progrès qu'il fait dans les pays où l'on pille et dans ceux où l'on travaille; aux époques de domination et dans les temps d'industrie. L'Écosse, au milieu du dernier siècle, était encore à demi barbare : comment, en moins de quatre-vingts ans, est-elle devenue un des pays de l'Europe les plus savans, les plus ingénieux, les plus cultivés? Un mot explique ce phénomène : depuis 1745, le pillage, le meurtre et les luttes d'ambition y ont cessé; on s'y battait, on y travaille; des partis contraires s'y disputaient le pouvoir, ils s'y livrent de concert à l'industrie. D'où vient que l'Amérique septentrionale fait des progrès si singuliers, si hors de proportion avec ce qu'on voit dans d'autres quartiers du globe? c'est qu'on n'y lève pas des milliards d'impôts; c'est qu'on n'y est pas occupé à garotter les populations pour les dévaliser plus à l'aise; c'est qu'on ne s'y bat pas pour leurs dépouilles; c'est qu'au lieu de s'y disputer les places, on s'y livre universellement au travail. Supposez que, par un miracle que le temps opérera, j'espère, la même chose arrive en Europe; que les partis contraires, au lieu de rester face à face, et d'être toujours prêts à en venir aux mains, se décident enfin à tourner sur les choses l'activité meurtrière qu'ils dirigent les uns contre les autres; qu'ils convertissent leurs instrumens de guerre en outils propres au travail; que les classes laborieuses se voient ainsi délivrées des gênes et des vexations qu'elles éprouvent; qu'elles conservent les millions qu'on leur prend; que leurs ennemis deviennent leurs auxiliaires; que l'universalité des hommes enfin mettent au travail le génie ardent, l'application soutenue qu'on les a vus déployer à se nuire; supposez, dis-je, un tel miracle accompli, et vous verrez bientôt si la vie industrielle est favorable au développement des facultés humaines.

6. Non-seulement l'industrie est la voie où l'humanité peut donner le plus de développement et d'extension à ses forces, mais elle est encore celle où elle en use avec le plus de rectitude et de moralité. L'homme s'instruit naturellement dans le travail à faire un bon emploi de ses facultés relativement à lui-même. Comme il ne travaille que pour satisfaire ses besoins, il ne s'interdit aucune honnête jouissance; mais comme il ne se porte au travail que par un ef-

fort vertueux, comme il n'accroît sa fortune qu'avec beaucoup de peine, il est tout naturellement disposé à jouir avec modération des biens que lui donne l'industrie.

Il va sans dire que je parle ici du véritable industrieux et non de l'homme qui joue; de la fortune lentement amassée, comme l'est presque toujours la fortune acquise par le travail, et non de celle que peut donner, tout d'un coup, l'intrigue ou l'agiotage. Il en est de la richesse comme de toutes les forces : pour en user raisonnablement, il faut en avoir usé quelque temps; c'est un apprentissage à faire, et cet apprentissage ne se fait bien que lorsqu'on s'enrichit par degrés. Tout homme dont la fortune est très rapide, commence par faire des folies; c'est le malheur ordinaire des parvenus. Nous en voyons, Dieu merci, assez d'exemples; je sais le nom de tel traitant qui a perdu quatre cent mille francs dans une séance d'écarté : il avait besoin de cela, disait-il, pour se donner de l'émotion et se faire circuler le sang. On a vu, dans de certains salons, des joueurs à la hausse démontrer *mathématiquement* qu'il n'était pas possible de vivre avec soixante mille francs de rente; et telle est l'extravagance des dépenses que font les parvenus de la trésorerie et de la bourse que, pour peu que les riches d'ancienne date, cèdent au désir de l'imitation, soixante mille francs de rente seront bientôt en effet une fortune médiocre. Mais les hommes qui poussent ainsi au faste, ceux qui donnent le plus aux autres l'exemple de l'ostentation, ce sont les riches improvisés dans les tripots et les anti-chambres, et non pas les industrieux qu'un long et honnête travail a enrichis.

L'industrie, que de certains moralistes affectent de nous représenter comme une source de vices, l'industrie véritable est la mère nourricière des bonnes mœurs. Il est bien possible que les peuples industrieux soient moins rigides que certains peuples dominateurs; ils n'ont sûrement pas l'austérité des Spartiates et des Romains des premiers temps de la république; mais s'ils ne donnent pas dans le rigorisme qu'ont si souvent étalé des associations guerrières ou monacales, ils ne sont pas sujets non plus à tomber dans les mêmes dérèglemens; s'ils ne se privent de rien, ils ont pour principe de n'abuser de rien; et se tenant également loin de l'abstinence et de la débauche, de la parcimonie et de la prodigalité, ils se forment à la pratique de deux vertus privées éminemment utiles, à la tempérance et à l'économie, qui ne sont que l'usage bien réglé de nos facultés par rapport à nous-mêmes, ou l'habitude d'user de tout en ne faisant excès de rien [1].

(1) Les sectes de stoïciens, les moralistes ascétiques, ne se montrent guère que dans les pays de domination, et aux époques où il ne reste plus qu'à consumer dans le faste et la débauche les biens qu'on a acquis par le brigandage. La morale devient tout à la fois moins relâchée et moins absurdement sévère dans les pays et dans les temps d'industrie. On ne voit là ni des Néron, qui se livrent sans pudeur aux plus sales crapules, ni des Sénèque qui s'indignent puérilement contre les hommes qui ont inventé de conserver la glace et de boire frais quand il fait chaud (*Quest. naturelles*, liv. 4, ch. 13). On réserve son indignation pour les vices qui énervent les hommes, qui les dégradent, qui détruisent leurs facultés ou épuisent leurs ressources, et l'on se permet d'ailleurs tous les plaisirs dont il ne peut résulter de mal ni pour soi ni pour les autres. Voilà comment la vie industrielle agit sur les mœurs.

Nous avons si peu étudié ce mode d'existence que nous ne sommes pas encore très habiles à en démêler les effets. Un journal, voulant défendre l'industrie contre le reproche que lui font des déclamateurs ascétiques de corrompre les mœurs, dit *qu'il y a quelque chose de profondément moral dans la conquête de la nature par l'homme.* On est surpris de trouver une explication si peu satisfaisante dans un écrit aussi distingué que le Globe (*Voy.* n° 145, p. 748). Il n'y a ni moralité ni immoralité à faire des conquêtes sur la nature; mais l'homme qui veut s'enrichir par ce moyen ne peut se passer d'activité, d'application, d'ordre, d'économie, de frugalité, etc.; et voilà comment l'industrie influe utilement sur la morale.

7. Enfin tandis que l'industrie nous fait contracter des habitudes privées si favorables à la conservation de nos forces, elle bannit toute violence de nos rapports mutuels.

On a cru jusqu'ici qu'il était possible de faire régner la paix entre les hommes par une certaine organisation politique, quels que fussent d'ailleurs la manière de vivre et le régime économique de la société. Les philosophes grecs commençaient toujours par poser l'esclavage en principe, et puis ils cherchaient par quel arrangement politique on pourrait assurer l'ordre public[1]. Certains politiques de nos jours posent d'abord

---

[1] C'est ce que fait Platon; c'est aussi ce que fait Aristote : « Une cité, *pour être complète et parfaite*, commence par dire Aristote, doit être composée d'hommes libres et d'esclaves » (*Pol.*, liv. 1, ch. 2, §. 1). Il ajoute que les hommes libres doivent être affranchis de tous les soins qu'exige la satisfaction des besoins de première nécessité (*Ib.*, liv. 2, ch. 6, §. 2). Il dit encore que les seules occupations dignes d'un homme libre sont l'exercice du pouvoir et la vie contemplative ou l'étude des sciences libérales (liv. 7, ch. 3, §. 1, et liv. 8, ch. 2, §. 3). Puis il cherche quelle est la forme de gouvernement la plus propre à tenir en paix de tels hommes. Il n'avait pas étudié, pour résoudre ce problème, moins de *cent cinquante-huit* constitutions, suivant quelques écrivains, et moins de *deux cent cinquante*, selon d'autres. Il aurait pu en étudier bien davantage sans être plus capable de trouver une bonne solution : la question était tout bonnement insoluble.

en fait que toutes les classes d'hommes ont des intérêts nécessairement opposés ; que, par la nature même des choses, il n'en est pas une qui ne fonde sa prospérité sur des priviléges ou des monopoles contraires à la prospérité des autres, et ensuite ils prétendent par leur art faire vivre en paix toutes ces classes ennemies [1]. D'autres nient la nécessité de cette opposition entre les

(1) C'est la prétention des écrivains monarchiques. « La subdivision de nos sociétés modernes en tant d'états et de métiers divers produit trop d'intérêts opposés, disent-ils, pour qu'aucune habileté révolutionnaire puisse les réunir dans un faisceau solide. Etablissez la liberté du commerce, vous aurez contenté l'armateur qui veut parcourir sans gêne la vaste étendue de la mer; vous plairez au consommateur qui veut acheter à bon marché de bonnes marchandises; mais comment ferez-vous partager leurs sentimens par ce fabricant qui fonde son débit sur l'exclusion des concurrences étrangères? Partout la liberté et le monopole sont en présence dans le monde industriel, comme l'égalité et le privilége dans le monde politique. *C'est donc uniquement par des illusions, par des fables, par des bruits mensongers qu'on peut enrégimenter ces intérêts contraires sous un étendard commun; pour se désunir ils n'ont qu'à se regarder.* » (Journal des Débats du 9 décembre 1820.) Le remède que l'auteur de ces paroles propose à cette opposition, c'est d'enrégimenter tous les intérêts analogues, de les armer et de leur donner le moyen de défendre leurs prétentions exclusives, qu'il appelle *les intérêts permanens et généraux de la société*. Il prétend fonder l'ordre en constituant, en rendant permanente et indestructible l'anarchie que lui-même vient de signaler.

intérêts des diverses classes, et soutiennent que tout le monde pourrait vivre sans le secours de la violence et de l'iniquité; toutefois, ils ne disconviennent pas qu'il n'y ait dans la société beaucoup de prétentions injustes, beaucoup de gens qui veulent aller à la fortune par de mauvais moyens; mais ils pensent qu'une habile organisation du pouvoir pourrait neutraliser tous ces vices et faire aller les choses comme s'ils n'existaient pas [1].

On s'est autrefois beaucoup moqué des alchimistes : ne se pourrait-on pas moquer un peu des politiques qui prétendent établir la paix par des formes de gouvernement? les alchimistes se proposaient-ils un problème plus insoluble que ces politiques? est-il plus difficile de produire de l'or avec d'autres métaux que de parvenir, par je ne sais quelles combinaisons, à faire sortir la paix de l'esclavage, du privilége ou de toute autre manière inique de s'enrichir?

Montesquieu, qui raille si amèrement, dans ses *Lettres persanes*, les gens qui se ruinaient à la recherche de la pierre philosophale, me sem-

---

[1] C'est la prétention de l'école libérale.

blé avoir donné dans un travers pour le moins aussi énorme quand il a prétendu faire de la liberté avec des divisions et des balances de pouvoir[1]. Si les Anglais, à ses yeux, sont un peuple libre, ce n'est pas à cause de leur régime économique, et parce qu'on vit en général chez eux par des moyens exempts de violence. Il ne tient pas compte de ces causes; il ne cherche pas même si elles existent; la vraie raison pour lui de la liberté des Anglais, c'est que la puissance législative est séparée chez eux de l'exécutrice, l'exécutrice de la judiciaire; c'est que la puissance publique est divisée en trois branches qui se font mutuellement obstacle, de telle sorte qu'aucune ne peut opprimer. « Voici, dit-il, la constitution fondamentale du gouvernement anglais. Le corps législatif étant composé de deux parties, l'une enchaînera l'autre par sa faculté mutuelle d'empêcher. Toutes les deux seront liées par la puissance exécutrice, qui le sera elle-même par la législative. Ces trois puissances devraient former un repos ou une inaction; mais comme, par le mouvement nécessaire des choses, elles seront

---

[1] *Voy.* l'Esprit des Lois.

contraintes d'aller, elles seront forcées d'aller de concert¹... »

Voilà, suivant Montesquieu, par quels artifices on a obtenu la liberté en Angleterre. Je doute que Raymond Lulle et Nicolas Flamel aient jamais écrit sur l'art de transmuer les métaux quelque chose de moins raisonnable.

A l'exemple de Montesquieu, la plupart des publicistes de notre âge ont pensé que ce n'était que par une bonne distribution des pouvoirs publics qu'on empêchait les hommes de se faire mutuellement violence. L'oppression est-elle excessive en Turquie? c'est que tous les pouvoirs y sont confondus; le pouvoir est-il modéré dans la plupart des monarchies de l'Europe? c'est qu'il est partout plus ou moins divisé; pourquoi la liberté ne sortit-elle pas de la constitution de 1791? c'est que les pouvoirs y étaient mal répartis; pourquoi la convention fut-elle terroriste? c'est qu'elle réunissait tous les pouvoirs; pourquoi le directoire fit-il le 18 fructidor? c'est que, dans la constitution de l'an 3, les pouvoirs étaient trop séparés. Finalement il n'est pas un désordre public,

(1) Esprit des Lois, liv. II, ch. 6.

pas une violence politique dont on ne soit toujours prêt à montrer la cause dans quelque vice organique des pouvoirs établis.

Sûrement l'organisation de ces pouvoirs est d'une grande importance ; mais sûrement aussi elle n'est pas la première chose à considérer. La première chose à considérer c'est la manière dont la société pourvoit généralement à sa subsistance. Tel pourrait être, en effet, le régime économique de la société que l'organisation politique la plus savante ne parviendrait pas à y faire régner la paix. Dites, comme les philosophes grecs, qu'il faut se faire nourrir par des esclaves; dites, comme nos écrivains monarchiques, que toutes les classes de la société veulent avoir des priviléges et que chaque classe doit avoir les siens; supposez les hommes livrés à l'esprit de domination, de rapine, d'exaction, de monopole, et je défie qu'aucune habileté politique parvienne jamais à établir une paix réelle et durable parmi eux.

Il faut donc, avant tout, pour avoir la paix, convenir d'un mode d'existence avec lequel elle soit compatible. Or je dis qu'elle n'est compatible qu'avec l'industrie. Non-seulement la vie industrielle est la seule où les hommes puissent donner un grand développement à leurs facultés, une véritable perfection à leurs habitudes personnelles, elle est aussi la seule qui comporte de bonnes habitudes sociales, la seule dans laquelle il soit possible de vivre en paix.

Il y a cela, dans les pays où l'industrie est la commune ressource des hommes, qu'ils peuvent tous satisfaire leurs besoins sans se causer mutuellement aucun dommage, sans attenter réciproquement à leur liberté. Par cela même que chacun porte son activité sur les choses, il est visible que nul homme n'est opprimé. On a beau se livrer chacun de son côté à l'étude des sciences, à la pratique des arts, nul ne fait ainsi violence à personne; on peut de toutes parts entrer dans ces voies et s'y donner carrière sans crainte de se heurter; on ne s'y rencontre point, on ne s'y fait pas obstacle, même alors qu'on s'y fait concurrence. Celui qui exerce une autre industrie que moi ne me trouble point; au contraire, son travail encourage le mien; car il m'offre la perspective d'un moyen d'échange, et la possibilité de satisfaire deux ordres de besoins, en ne créant qu'une seule sorte de produits. Celui qui se livre au même travail que moi ne me trouble pas davantage; sa concurrence, loin de m'empêcher d'agir, me stimule à mieux faire; et si j'ai moins de succès que lui, je peux m'affliger de mon incapacité, mais non me plaindre de son injustice. Il n'y a donc dans la carrière des arts producteurs que des rivalités innocentes; il n'y a point d'oppresseur, point d'opprimé, et il n'est pas vrai de dire que l'on s'y trouve naturellement en état de guerre.

Toute domination disparaît des lieux où l'homme cherche uniquement dans le travail les moyens de pourvoir à sa subsistance; les rapports de maître et d'esclave sont détruits; les inégalités artificielles s'évanouissent; il ne reste entre les individus d'autre inégalité que celle qui résulte de leur nature. Un homme peut être plus heureux qu'un autre, parce qu'il peut être plus actif, plus habile, plus éclairé; mais nul ne prospère au détriment de son semblable; nul n'obtient rien que par l'échange ou la production; le bonheur de chacun s'étend aussi loin que peut le porter l'exercice inoffensif de ses forces, celui de personne ne va au-delà.

S'il n'existait aucun moyen de prospérer sans nuire, il n'y aurait, dans ce monde, ni ordre, ni paix, ni liberté praticables. Mais la proposition que tout homme vit aux dépens d'un autre, vraie dans la domination, est fausse et absurde dans l'industrie. Il est très vrai qu'en pays de tyrans et de voleurs, on ne prospère qu'en se dépouillant les uns les autres, si tant est que l'on puisse prospérer dans de tels pays. Mais il n'en est sûrement pas de même en pays de gens qui travaillent; tout le monde ici peut prospérer à la fois. Deux laboureurs qui améliorent simultanément leur terre, deux fabricans, deux négocians, deux savans, deux artistes qui se livrent avec intelligence, chacun de leur côté, à l'exercice de leur profession, peuvent sans contredit prospérer ensemble. Ce que je dis de deux personnes on peut le dire de dix, de cent, de mille; de tous les individus d'une cité, d'une province, d'un royaume, du monde entier. Tous les peuples de la terre peuvent prospérer à la fois, et l'expérience l'atteste; car le genre humain, considéré en masse, est certainement plus riche aujourd'hui qu'il ne l'était il y a trois cents ans, et à plus forte raison qu'il ne l'était à six siècles, à douze siècles en arrière.

Il est donc vrai que, dans l'industrie, tous

les hommes peuvent satisfaire leurs besoins sans se faire mutuellement violence. S'il arrive que les hommes d'une même profession, ou de professions diverses, se regardent comme ennemis, que des peuples industrieux et commerçans se font la guerre, ce n'est pas, comme dit Montaigne, parce que *le proufit de l'un est le dommaige de l'aultre;* mais parce qu'ils ont le malheur de ne pas comprendre l'accord véritable que la nature a mis entre leurs intérêts; ce n'est pas, comme dit Rousseau, parce que leurs intérêts sont opposés, mais parce qu'ils ne voient pas qu'ils sont conformes; ce n'est pas, comme dit M. de Bonald, *parce que le commerce est un état d'hostilité,* mais parce qu'ils n'ont pas le véritable esprit du commerce. Voilà des vérités que le temps éclaircit tous les jours, et que ne contesteront bientôt plus ceux-là mêmes qui se croient le plus intéressés à les méconnaître [1].

(1) En un mot je ne nie pas qu'on ne puisse former beaucoup de prétentions injustes; mais je nie que par la nature des choses les intérêts des hommes soient opposés. Je ne nie pas non plus qu'ils ne soient opposés là où la violence a agi et troublé le cours naturel des choses; mais je dis que sans ce trouble ils ne l'eussent pas été. Par exemple, dans l'état actuel des choses, il y a en France et en Angleterre des filateurs de

Ce que je dis du caractère inoffensif de l'industrie est également vrai sous quelque aspect coton dont les intérêts sont opposés, cela n'est pas douteux. Nos filateurs, moins habiles que ceux d'Angleterre, ne pourraient se soutenir sans le secours de la violence : il faut qu'ils empêchent les filateurs anglais de nous vendre leurs produits, sans quoi force leur serait de fermer leurs manufactures. Mais qu'est-ce qui a créé ces deux classes d'intérêts ennemis? C'est précisément l'injuste faveur qu'on a faite au Français qui entreprenait de filer du coton. Sans les primes accordées à sa maladresse, à son inexpérience, à sa paresse, il ne se serait pas engagé dans une carrière où il ne pouvait soutenir la concurrence avec des hommes plus actifs ou plus habiles que lui, ou bien il s'y serait engagé avec les moyens de lutter, sans le secours honteux de l'injustice. Il serait allé en Angleterre, il s'y serait instruit avec soin des procédés de l'art qu'il voulait pratiquer; il y aurait acheté des machines, il en aurait emmené des ouvriers, et il serait ainsi parvenu à importer en France une branche d'industrie capable de s'y maintenir d'elle-même: les filateurs d'Angleterre et de France n'auraient pas maintenant des intérêts opposés.

On croit qu'il n'est possible de naturaliser une industrie étrangère dans un pays où elle n'a pas encore existé qu'en l'entourant dans ce pays, au préjudice des consommateurs indigènes et des fabricans étrangers, d'une multitude de priviléges injustes. C'est au contraire par ces priviléges qu'on parvient à l'empêcher de se naturaliser dans le pays où on veut l'introduire et où dans bien des cas elle se serait établie d'elle-même. Tel est, par exemple, d'après l'avis de l'un de nos savans les plus distingués et de nos manufacturiers les plus habiles, l'avantage de la France dans le prix de la plupart des choses nécessaires à la fabrication de la poterie, et notamment dans le prix de l'argile plastique, du kaoli, du silex calciné, et dans celui de diverses façons et de divers ustensiles, que l'on pourrait qu'on la considère. Que les hommes, dans ce mode d'existence, agissent ensemble ou isolément, l'effet est toujours le même, et l'action collective des associations n'y est pas plus hos-

aisément en France, malgré l'infériorité d'industrie, fabriquer de la poterie fine aussi bonne que celle d'Angleterre, à meilleur marché qu'en Angleterre même. Cependant notre poterie fine, beaucoup moins bonne que celle d'Angleterre, est plus chère de vingt pour cent. D'où vient cela? Précisément de ce qu'on a prétendu faire pour l'encourager, des prohibitions qu'on lui a accordées au détriment de tout le monde. Nos fabricans, aidés des chimistes et versés dans la technologie, seraient sûrement assez instruits pour faire aussi bien que les fabricans anglais, surtout avec les avantages de position dont j'ai parlé plus haut. Mais il faudrait qu'ils se donnassent de la peine, qu'ils fissent des essais longs, quelquefois infructueux, toujours dispendieux. Or ne concourant qu'entre eux et ayant en France un débit qui leur paraît suffisant, ils n'ont aucun motif puissant de faire des efforts; ils n'ont point à craindre la concurrence étrangère; la prohibition les en affranchit; et le gouvernement, qui voulait servir l'industrie, lui a fait un tort grave en permettant aux fabricans de rester dans l'apathie.

Non-seulement donc c'est la violence qui crée les intérêts opposés, mais c'est elle aussi qui fait les ouvriers mal habiles. Si les choses avaient été laissées à leur cours naturel, si nul n'avait pû prospérer que par son travail, sans aucun mélange d'injustice et de violence, non-seulement les arts seraient plus également développés partout, mais les artisans des divers pays, plus capables de concourir ensemble, auraient des intérêts moins opposés : l'opposition entre les filateurs de France et d'Angleterre, par exemple, ne serait pas plus forte qu'entre ceux de Rouen et de Saint-Quentin.

tile que ne le sont les efforts isolés des individus.

Quelle que soit la direction générale que les hommes donnent à leurs forces, ils ne peuvent en tirer un grand parti qu'en s'associant, et en établissant entre eux une certaine subordination. Ils ont besoin de s'unir, de s'échelonner, de se subordonner pour la défense comme pour l'attaque, et pour agir sur la nature comme pour exercer l'oppression. Il y a donc, dans l'industrie comme dans la guerre, ligue, association, union d'efforts.

« Aux quatorzième et quinzième siècles, dit un auteur, tout homme qui se sentait quelque force de corps et d'ame, avide de la déployer, se livrait, sous le moindre prétexte, au plaisir de guerroyer avec un petit nombre de compagnons, tantôt pour son propre compte, tantôt pour celui d'un autre. La milice était un pur trafic; les gens de guerre se louaient de côté et d'autre, selon leur caprice et leur avantage, et traitaient pour leur service comme des ouvriers pour leur travail. Ils s'engageaient, par bandes détachées et avec divers grades, au premier chef de leur goût, à celui qui par sa bravoure, son expérience, son habileté avait su leur inspirer de la confiance ; et celui-ci, de son côté, se louait avec eux à un prince, à une ville, à quiconque avait besoin de lui '. » Voilà comme on s'associe dans le brigandage.

Il se fait dans la vie industrielle des arrangemens fort analogues. Tout homme qui se sent quelque activité, quelque intelligence, quelque capacité pour le travail, se livre avec un certain nombre de compagnons non au plaisir honteux de piller, mais au noble plaisir de créer quelque chose d'utile. On s'engage dans une entreprise d'agriculture, de fabrique, de transport, comme on s'engageait autrefois dans une entreprise de guerre. Le fermier, l'armateur, le manufacturier ont à leur solde, comme les anciens chefs de milice, un nombre d'hommes plus ou moins grand. On voit quelquefois des chefs de manufacture soudoyer jusqu'à dix mille manœuvres. Il s'établit entre les ouvriers, les chefs d'atelier, les entrepreneurs, la même subordination qu'à

(1) Recueil périodique de Gœthe sur *l'Art et l'antiquité*, 2ᵉ vol., 3ᵉ cahier, exam. du comte de Carmagnola. *Voyez* cette pièce, traduite de l'italien par M. Fauriel.

la guerre, entre le chef supérieur, les officiers en sous-ordre et les soldats. Finalement on voit se former dans le régime industriel des associations encore plus nombreuses et plus variées qu'au sein de la guerre et du brigandage. Seulement l'objet de ces associations est tout autre, et les résultats, par suite, sont fort différens.

Le lecteur sait pourquoi l'on s'associe dans toute domination; prenons pour exemple le régime des priviléges : il n'y a là, comme on l'a vu, aucune agrégation qui ne se propose quelque objet inique : ces marchands sont unis pour empêcher que d'autres ne fassent le même commerce qu'eux; ces nobles, pour écarter la roture du service public, et tirer du peuple, sous forme d'impôt, ce qu'ils ne reçoivent plus à titre de redevance féodale; tous les membres de ce gouvernement, pour étendre au loin leur empire, et mettre plus de peuples à contribution ; ces populations en masse, pour ouvrir à main armée des débouchés à leur commerce, et agrandir l'espace d'où elles pourront exclure la concurrence des étrangers : il s'agit pour tous de priviléges à obtenir, d'exactions à exercer, de violences à faire.

Il n'en est pas ainsi dans l'industrie : on y est également associé, mais c'est pour agir sur les choses et non pour dépouiller les hommes ; c'est encore pour se défendre, ce n'est plus du tout pour opprimer. Il n'y a pas une association dont l'objet soit hostile. On est uni pour la propagation d'une doctrine, pour l'extension d'une méthode, pour l'ouverture d'un canal, pour la construction d'une route, on est ligué contre les fléaux de la nature, contre les risques de mer, contre les dangers de l'incendie ou les ravages de la grêle ; mais il n'y a visiblement rien d'oppressif dans tout cela. Il ne s'agit pas ici, comme dans les anciennes corporations, d'accaparer, de prohiber, d'empêcher les autres de faire : loin que des coalitions ainsi dirigées limitent les facultés de personne, elles ajoutent à la puissance de tout le monde, et il n'est pas un individu qui ne soit plus fort par le fait de leur existence qu'il ne le serait si elles n'existaient pas. Aussi, tandis que les corporations du régime des priviléges étaient une cause toujours agissante d'irritation, de jalousie, de haine, de discorde, les associations du régime industriel sont-elles un principe d'union autant que de prospérité [1].

Ce que je dis des petites associations, je dois le dire également des grandes, et de celles qui se forment pour le gouvernement, comme de celles qui se forment pour quelque objet particulier de science, de morale, de commerce. L'association chargée du service public n'a pas dans le régime industriel un caractère plus agressif que les autres. Le pouvoir n'y est pas un patrimoine; ceux qui le possèdent ne le tiennent pas de leur épée; ils ne règnent pas à titre de maîtres; ils n'exercent pas une domination; l'impôt n'est pas un tribut qu'on leur paie. Loin que la communauté leur appartienne, ils appartiennent à la communauté; ils dépendent d'elle par le pouvoir qu'ils exercent; c'est d'elle qu'ils ont reçu ce pouvoir. Le gouvernement, dans l'industrie, n'est en réalité qu'une compagnie commerciale, commanditée par la communauté et préposée par elle à la garde de l'ordre public.

[1] Les corporations divisaient les hommes de tous les métiers, sans créer pour l'industrie aucune force nouvelle. Les associations, au contraire, créent pour le travail des forces immenses, sans produire entre les hommes aucune inimitié.

La communauté, en le créant, ne se donne pas à lui ; elle ne lui donne pas d'autorité sur elle ; elle ne lui confère pas sur les personnes et les propriétés un pouvoir qu'elle-même n'a point : elle ne lui donne de pouvoir que contre les volontés malfaisantes, manifestées par des actes offensifs ; elle ne lui permet d'agir contre les malfaiteurs qu'à raison de ces volontés et de ces actes. Du reste, chaque homme est maître absolu de sa personne, de sa chose, de ses actions, et le magistrat n'a le droit de se mêler en rien de la vie d'un citoyen tant qu'il ne trouble par aucun acte injuste l'existence d'aucun autre. Comme le pouvoir n'est pas institué en vue d'ouvrir une carrière aux ambitieux, et seulement pour créer une industrie à ceux qui n'en ont aucune, la société ne lui permet pas de s'étendre sans motifs, et d'agrandir la sphère de son action pour pouvoir multiplier le nombre de ses créatures ; elle veille attentivement à ce qu'il se renferme dans son objet. D'une autre part, elle ne lui donne en hommes et en argent que les secours dont il a besoin pour remplir convenablement sa tâche. Elle regrette même d'avoir à faire un tel emploi de ses capitaux et de son activité ; non que cette dépense, tant qu'il y a d'injustes prétentions à réduire, des ambitions à contenir ou des méfaits à réprimer, ne lui paraisse très utile et même très productive; mais parce qu'il vaudrait encore mieux pour elle qu'elle ne fût pas nécessaire, et qu'elle pût employer à agir sur les choses le temps et les ressources qu'elle consume à se défendre contre certains hommes. Aussi, à mesure que tous ses membres apprennent à faire un usage plus inoffensif de leurs forces, diminue-t-elle par degrés celles de son gouvernement, et ne lui laisse-t-elle jamais que celles dont il a besoin pour la préserver de tout trouble.

Enfin ce que je dis de l'action du gouvernement sur la société, je peux le dire également de l'action des sociétés les unes à l'égard des autres. Ces vastes agrégations n'ont pas un caractère plus hostile que toutes les associations particulières dont elles sont formées. Il serait difficile, quand les individus tournent généralement leur activité vers le travail, que les nations voulussent prospérer encore par le brigandage. Il ne s'agit pas pour elles dans le régime industriel de conquérir des trônes à leurs ambitieux, des places à leurs intrigans, des débouchés exclusifs à leur commerce. Le temps que d'autres peuples mettent à guerroyer, elles l'emploient à développer toutes leurs ressources et à se mettre en communication avec quiconque a d'utiles échanges à leur proposer. Elles souhaitent la civilisation et la prospérité de leurs voisins comme la leur propre, parce qu'elles savent qu'on ne peut avoir des relations sûres qu'avec les peuples éclairés, ni des relations profitables qu'avec les peuples riches. Elles font des vœux particuliers pour la civilisation de leurs ennemis, parce qu'elles savent encore que le seul vrai moyen de n'avoir plus d'ennemis c'est que les autres peuples se civilisent. Tous leurs efforts contre le dehors se bornent à empêcher le mal qu'on tenterait de leur faire; elles se tiennent strictement sur la défensive; elles déplorent même la triste nécessité où on les réduit de se défendre : non sans doute qu'elles soient peu sensibles à l'injure, ou qu'elles manquent de moyens pour la repousser; mais parce qu'elles savent combien sont encore funestes les guerres les plus légitimes et les plus heureuses, et combien il serait préférable pour elles et pour le monde qu'elles pussent employer à des travaux utiles le temps et les ressources que la barbarie de leurs ennemis les oblige de sacrifier à leur sûreté. Aussi, n'auraient-elles pas, malgré la supériorité de leur puissance, de plus grand désir que de pouvoir poser les armes, abandonner leurs forteresses, relâcher les liens que la nécessité de la défense a formés, laisser agir en liberté l'esprit local et l'indépendance individuelle, et consacrer en paix toutes leurs forces à ouvrir au monde de nouvelles sources de prospérité [1].

(1) De cette passion des peuples industrieux pour la paix, on a conclu qu'ils devaient être peu disposés à repousser les agressions étrangères ; c'est la conclusion contraire qu'il aurait fallu tirer : plus ils sentent le besoin de la paix, et plus ils doivent être disposés à repousser toute attaque. Il est très vrai que les hommes sont moins farouches dans les temps d'industrie qu'aux époques de domination. Les vertus sauvages, comme l'observe très bien Malthus, ne viennent qu'où elles sont nécessaires ; or, à mesure que l'on pourvoit à sa subsistance par des moyens moins hostiles, la sûreté générale devenant plus grande, chacun peut sans péril déposer une partie de sa férocité. Mais de ce que dans l'industrie on est moins exposé à l'insulte, suit-il qu'on soit plus d'humeur à la souffrir ? non sans doute. L'énergie humaine n'est pas détruite ; elle a seulement moins d'occasions de s'exercer, ou pour mieux dire elle s'attaque à d'autres obstacles.

On fait à la vie industrielle un autre reproche : il est vrai, dit-on, que, dans l'industrie, les hommes sont moins opposés ; mais ils sont aussi moins fortement unis. On ne voit plus de

Les faits rendent de ces vérités un témoignage irrécusable. Il est impossible de ne pas voir que les relations des hommes deviennent partout d'autant plus faciles et plus paisibles qu'ils approchent plus de la vie industrielle et en comprennent mieux les véritables intérêts. Ceci est surtout évident en Amérique. Il n'est besoin aux États-Unis, pour obtenir la paix, ni de hiérarchies factices, ni de balances du pouvoir. On ne cherche à l'établir, ni par l'opposition des intérêts contraires, ni par la soumission violente de tous les intérêts à une seule volonté. Il n'est point question de subordonner les classes laborieuses à une aristocratie militaire, cette aristocratie à des rois et les rois à un pape. Il ne s'agit pas davantage de mettre en présence la *démocratie*,

ces liaisons indissolubles, de ces dévoûmens mutuels et absolus qui donnaient tant de vie et d'intérêt aux âges barbares. Sans doute, les peuples industrieux ne sont pas unis par le désir d'attaquer, mais ils peuvent l'être encore par le besoin de se défendre; et quand ce besoin viendrait à cesser, quand ils n'auraient plus d'ennemis à craindre, les motifs ne manqueraient pas encore à leur union : ils seraient unis comme parens, comme amis ; ils seraient unis par le plaisir de se trouver ensemble ; ils seraient unis par l'avantage qui résulte pour chacun du rapprochement de plusieurs ; ils ne seraient plus unis pour résister aux hommes ; mais ils le seraient encore pour agir sur la nature.

l'*aristocratie* et la *royauté*, et de faire que ces trois forces rivales se tiennent mutuellement en respect. L'Amérique laisse à l'Europe toutes ces merveilleuses inventions de sa politique ; elle tend à la paix par d'autres moyens. La paix résulte surtout de son régime économique. Il suffit en quelque sorte pour qu'elle règne que l'universalité de ses citoyens ne cherche la fortune que dans le travail et de libres échanges. Par le seul effet de cette tendance, des millions d'individus, au milieu de l'infinie diversité de leurs mouvemens, agissent sans se heurter et prospèrent sans se nuire. Ils forment les associations les plus variées ; mais tel est l'objet de ces associations et la manière dont elles sont dirigées, qu'elles ne font de violence à personne et ne sauraient exciter de réclamations. Les classes ouvrières sont subordonnées aux entrepreneurs qui leur fournissent du travail, les chefs d'entreprise aux ingénieurs qui leur donnent des conseils, les ingénieurs aux capitalistes qui leur procurent des fonds ; chacun se trouve placé par ses besoins dans la dépendance des hommes dont il réclame l'aide ou l'appui ; mais cette subordination est toute naturelle, et n'a pas besoin pour s'établir du secours du *bour-*

reau, cet auxiliaire obligé des subordinations contre nature. Les citoyens, soumis à l'ordre public, ne sont d'ailleurs sujets de personne. Le gouvernement, chargé de réprimer les injustices des individus, peut à son tour être contenu par la société; il est comptable envers elle; et comme la vie toute laborieuse des citoyens laisse peu à faire pour le maintien de l'ordre, on ne lui donne pas assez de force pour qu'il pût s'affranchir de cette responsabilité, quand même il pourrait concevoir la pensée de s'y soustraire. Enfin, la société anglo-américaine dans son ensemble n'affecte pas plus de dominer les autres peuples que ses gouvernemens ne prétendent dominer les citoyens; on ne la voit occupée ni à envahir des territoires, ni à fonder au loin des colonies dépendantes, ni à s'ouvrir par la violence des marchés exclusifs. L'union des états, leur subordination à un centre commun, leurs milices, leur armée, leur marine militaire ont pour unique objet la sûreté du pays. Et quoique, dans ce déploiement de forces purement défensives, l'Amérique reste fort en arrière de ce qu'elle pourrait, elle va encore fort au-delà de ce qu'elle voudrait. Son désir le plus ardent serait de pouvoir être tout entière à ses affaires, à ses travaux, au soin de sa culture intellectuelle et de son perfectionnement moral ; et lorsqu'un jour l'activité industrielle, devenue prédominante en Europe, y aura détruit enfin les ligues de l'ambition, elle sera heureuse sans doute de rompre celles que nous la contraignons de former pour sa défense, et de pouvoir offrir au monde le spectacle de populations innombrables, livrées sans partage aux arts de la paix[1].

(1) L'Amérique, dis-je, sera heureuse de relâcher les liens que nous l'avons contrainte de former. Ce n'est guère en effet que pour sa sûreté et à cause de l'esprit dominateur des gouvernemens d'Europe, qu'elle s'est fédérée et qu'elle reste unie. Il n'y a point dans l'industrie de motifs à des coalitions aussi vastes ; il n'y a point d'entreprise qui réclame l'union de dix, de vingt, de trente millions d'hommes. C'est l'esprit de domination qui a formé ces agrégations monstrueuses ou qui les a rendues nécessaires ; c'est l'esprit d'industrie qui les dissoudra : un de ses derniers, de ses plus grands et de ses plus salutaires effets paraît devoir être de municipaliser le monde.

Sous son influence les peuples commenceront par se grouper plus naturellement ; on ne verra plus réunis sous une même dénomination vingt peuples étrangers l'un à l'autre, disséminés quelquefois dans les quartiers du globe les plus opposés, et moins séparés encore par les distances que par le langage et les mœurs. Les peuples se rapprocheront, s'agglomèreront d'après leurs analogies réelles et suivant leurs véritables intérêts.

Ensuite, quoique formés, chacun de leur côté, d'élémens plus homogènes, ils seront pourtant entre eux infiniment moins op-

8. Autant donc la vie industrielle est propre, d'une part, à développer nos connaissances, et, d'un autre côté, à perfectionner nos mœurs, au-

posés. N'ayant plus mutuellement à se craindre, ne tendant plus à s'isoler, ils ne graviteront plus aussi fortement vers leurs centres et ne se repousseront plus aussi violemment par leurs extrémités. Leurs frontières cesseront d'être hérissées de forteresses; elles ne seront plus bordées d'une double ou triple ligne de douaniers et de soldats. Quelques intérêts tiendront encore réunis les membres d'une même agrégation, une communauté plus particulière de langage, une plus grande conformité de mœurs, l'influence de villes capitales d'où l'on a contracté l'habitude de tirer ses idées, ses lois, ses modes, ses usages; mais ces intérêts continueront à distinguer les agrégations sans qu'il reste entre elles d'inimitiés. Il arrivera, dans chaque pays, que les habitans les plus rapprochés des frontières auront plus de communications avec des étrangers voisins qu'avec des compatriotes éloignés. Il s'opérera d'ailleurs une fusion continuelle des habitans de chaque pays avec ceux des autres. Chacun portera ses capitaux et son activité là où il verra plus de moyens de les faire fructifier. Par là les mêmes arts seront bientôt cultivés avec un égal succès chez tous les peuples; les mêmes idées circuleront dans tous les pays; les différences de mœurs et de langage finiront à la longue par s'effacer. Dans le même temps, une multitude de localités, acquérant plus d'importance, sentiront moins le besoin de rester unies à leurs capitales; elles deviendront à leur tour des chefs-lieux; les centres d'actions se multiplieront; et finalement les plus vastes contrées finiront par ne présenter qu'un seul peuple, composé d'un nombre infini d'agrégations uniformes, agrégations entre lesquelles s'établiront, sans confusion et sans violence, les relations les plus compliquées et tout à la fois les plus faciles, les plus paisibles et les plus profitables.

tant, en troisième lieu, elle est opposée à la violence, aux prétentions anti-sociales et à tout ce qui peut troubler la paix. On voit, en somme, que ce mode d'existence est celui où les hommes usent de leurs forces avec le plus de variété et d'étendue ; où ils s'en servent le mieux à l'égard d'eux-mêmes ; où, dans leurs relations privées, publiques, nationales, ils se font réciproquement le moins de mal. Concluons qu'elle est celle où ils peuvent devenir le plus libres, ou plutôt qu'elle est la seule où ils puissent acquérir une véritable liberté.

CHAPITRE X.

Des obstacles qui s'opposent encore à la liberté dans le régime industriel, ou des bornes qu'elle rencontre dans la nature des choses.

1. Cependant l'industrie a beau être favorable à la liberté, quand l'universalité des hommes vivrait ainsi par des moyens exempts de violence, il y aurait dans cette manière de vivre des bornes à la liberté du genre humain, parce qu'il y en a très probablement aux progrès dont l'espèce humaine est susceptible; et de plus, tous les hommes n'y seraient pas également libres, parce qu'il n'est pas possible qu'ils donnent tous le même degré de développement et de rectitude à leurs facultés.

Il faut, si nous voulons éviter les illusions et les mécomptes, nous bien imprimer dans l'esprit une chose : c'est qu'il n'est pas d'état social où tout le monde puisse jouir d'une même somme de liberté ; parce qu'il n'en est point où tout le monde puisse posséder à un égal degré ce qui fait les hommes libres, à savoir l'industrie, l'aisance, les lumières, les bonnes habitudes privées et sociales.

2. Sans doute on ne verrait pas dans le régime industriel des inégalités comparables à celles qui se développent dans les systèmes violens que j'ai précédemment décrits. On n'y verrait pas surtout, au même degré, l'inégalité des fortunes, qui en entraîne tant d'autres après elle. Les différences révoltantes que produisent à cet égard, dans la domination, les levées continuelles de taxes énormes; la distribution du produit de ces taxes à des classes favorisées; les marchés ruineux faits aux dépens du public avec des prêteurs, des traitans, des fournisseurs; les primes, les priviléges, les monopoles accordés à certaines classes de producteurs au détriment des autres; les obstacles de toute sorte, mis à l'activité laborieuse des classes les moins fortunées; les lois enfin destinées à retenir violemment dans un petit nombre de mains les fortunes qui y sont accumulées par tous ces brigandages; les criantes inégalités de richesse, dis-je, qu'en-

gendrent tous ces excès de la domination, n'existeraient pas dans l'industrie. Il n'y aurait sûrement pas des profits de l'ouvrier le plus misérable à ceux de l'entrepreneur le plus opulent la même distance que, dans certaines dominations, des profits du chef des dominateurs à ceux du dernier de ses instrumens, et, à plus forte raison, de la dernière de ses victimes; la même distance, par exemple, que des profits de tel roi d'Europe à ceux du dernier fantassin de son armée, ou du plus pauvre artisan de son royaume[1].

[1] On peut se convaincre aisément de ceci en portant les yeux sur les Etats-Unis, de tous les pays du monde celui qui approche le plus du mode d'existence dont je parle. Quoiqu'il y ait là sans doute la même différence qu'ailleurs entre les facultés naturelles des individus, il y en a infiniment moins entre les fortunes et les divers degrés de rapidité avec lesquels elles se font. On n'y voit pas comme ailleurs, par exemple, des traitans qui réalisent plusieurs millions de bénéfices en un jour et des ouvriers qui ne gagnent que trente sous par semaine. Pourquoi cela? parce que les traitans, s'il y en a, n'y trouvent pas à traiter avec des gouvernemens exacteurs et dissipateurs; parce que le travail y est la ressource commune, et que ce mode d'existence, quelle que soit la différence d'aptitude, d'activité et de moralité avec laquelle on s'y livre, ne saurait amener un état de choses où un homme gagne des millions dans le même temps où cent mille autres gagnent à peine quelques sous.

3. Cependant qu'un peuple tourne ses facultés vers l'exercice des arts violens, ou bien qu'il les applique à la culture des arts paisibles, il s'établira entre ses membres, il n'en faut pas douter, des inégalités fort grandes.

L'effet du régime industriel est de détruire les inégalités factices; mais c'est pour mieux faire ressortir les inégalités naturelles. Or ces inégalités, par leur seule influence, et sans que la violence y contribue en rien, auront la vertu d'en faire naître beaucoup d'autres, et de produire ainsi de grandes différences dans le degré de liberté dont chacun pourra jouir.

Que des hommes s'associent sur le principe de l'égalité la plus parfaite; que, s'établissant ensemble dans un pays inoccupé, ils s'en partagent également le territoire; que les principes de leur association leur laissent à chacun la même latitude pour le travail; qu'ils aient tous la pleine disposition de leur fortune; que, dans la transmission qui s'en fera à leurs successeurs, elle se partage avec la plus parfaite équité; qu'il n'existe entre eux, en un mot, d'autres différences que celles qu'on ne saurait effacer, celles que la nature a mises entre leurs organes, et cette seule inégalité suffira pour en produire dans tout le reste, dans la richesse, dans les lumières, dans la moralité, dans la liberté.

Je peux bien supposer, à la rigueur, que ces hommes auront, en commençant, les mêmes ressources matérielles; mais je ne peux pas admettre qu'ils seront tous également capables d'en tirer parti. Ils n'auront pas le même degré d'activité et d'intelligence, le même esprit d'ordre et d'économie : leur fortune commencera donc bientôt à devenir inégale. Ils n'auront pas le même nombre d'enfans ; il pourra arriver que les moins laborieux et les moins aisés aient les familles les plus nombreuses : ce sera une nouvelle cause d'inégalité. Ces inégalités, peu sensibles à une première génération, le seront davantage à une seconde, à une troisième. Bientôt il existera des hommes qui, n'ayant plus un fonds suffisant pour s'occuper et se procurer les moyens de vivre, seront obligés de louer leurs services. Les causes qui auront fait naître cette classe d'ouvriers tendront naturellement à l'augmenter; les ouvriers, en se multipliant, feront nécessairement baisser le prix de la main-d'œuvre. Cependant, quoique leurs ressources diminuent, ils continueront à pulluler ; car un des malheurs inséparables de leur condition sera de manquer de la prudence et de la vertu dont ils auraient besoin pour réprimer leur penchant à la propagation, pour ne pas jeter trop d'ouvriers sur la place, et ne pas travailler eux-mêmes à se rendre de plus en plus malheureux. Enfin ils se multiplieront assez pour que les derniers venus aient de la peine à subsister, et qu'il en périsse habituellement un assez grand nombre de misère.

Ceci sans doute arrivera plus tard dans l'état social que je me plais à supposer que dans un mode moins heureux d'existence : mais dans le mode le plus heureux d'existence cela finira toujours par arriver. L'absence de toute contrainte illégitime, la certitude de recueillir le fruit de son travail donneront probablement à la production, dans le régime industriel, une impulsion très vive, qui multipliera les ressources à mesure que s'accroîtra la population : mais la population croîtra plus rapidement encore que les ressources ; on verra prospérer un beaucoup plus grand nombre d'hommes : mais il y en aura à la fin dont les facultés manqueront d'emploi ; et l'on aura eu beau faire, au commencement, un partage égal du territoire et des autres ressources, et laisser à chacun la libre et pleine disposition de ses facultés, la seule différence de ces facultés amènera avec le temps et par un enchaînement inévitable un état où la société sera composée d'un petit nombre de gens très riches, d'un très grand nombre qui le seront moins, et d'un plus grand nombre encore qui seront comparativement misérables et parmi lesquels même il s'en trouvera de très misérables, absolument parlant.

Non-seulement l'état social que j'ai supposé n'empêchera pas la misère de naître, mais c'est en vain qu'en la secourant on s'y flatterait de l'extirper. Tous les sacrifices qu'on pourrait faire pour cela, en procurant d'abord le soulagement de quelques infortunes particulières, auraient pour résultat permanent d'étendre le mal qu'on voudrait effacer. Partout où l'on a établi des modes réguliers d'assistance, partout où les pauvres ont pu compter sur des secours certains, on a vu croître le nombre des pauvres, cela n'a jamais manqué [1]. On sait quelle populace de mendians est habile à faire éclore autour des couvens la

---

(1) Malthus, Essai sur le princ. de la pop., liv. 3 et 4.

charité monacale. La taxe des pauvres a élevé, dans l'espace de cent quinze ans, la population nécessiteuse de l'Angleterre du dixième au cinquième de sa population totale. L'institution des hôpitaux a produit en France des effets semblables : l'administration des hospices de Paris, par exemple, a eu à assister en 1822 près de sept mille indigens de plus qu'elle n'en avait assisté en 1786[1]. On a des preuves innombrables de cette tendance des secours systématiques à multiplier le nombre des malheureux. Une seule chose pourrait le réduire : ce serait que les procréateurs de cette misère sussent réprimer la passion qui les pousse à la propager ; ce serait que les pauvres fussent plus en état de régler le penchant qui porte l'homme à se reproduire[2]. Or,

---

(1) Comptes moraux et administ. des hosp. et hôp. de Paris pour 1822, p. 24 et 25, et le tableau B.

(2) Malthus, liv. 4, ch. 3. — Cet écrivain pense avec raison que l'industrie, fût-elle le partage de l'espèce entière, et la poussât-on au plus haut degré d'activité, ne parviendrait pas à soustraire la société au sentiment pénible du besoin, si d'ailleurs on ne pratiquait la vertu à laquelle il donne le nom de *contrainte morale*, c'est-à-dire si l'on ne s'abstenait de mettre au monde plus d'enfans qu'on ne serait en état d'en nourrir (*Ib.*, ch. 11). Il est certain qu'aucun mode d'existence ne saurait dispenser de cette réserve, et que, sous tous les régimes,

j'ai déjà dit qu'un de leurs malheurs est d'être encore moins capables de cette prudence que les classes qui en auraient moins besoin. Cependant s'il est un état où ils doivent en sentir la nécessité, ce sera sûrement celui dont je parle et auquel je suppose que nous sommes arrivés. Dans cet état, en effet, l'indigent, comme les autres hommes, ne pourra compter, pour subvenir à ses besoins, que sur l'exercice légitime de ses forces. Il ne sera soumis à aucune injuste rigueur; mais il ne jouira non plus d'aucun privilége; les autres classes ne seront pas obligées de contribuer pour le soutenir; nul ne sera reçu à spéculer sur la charité publique; il n'y aura de

les maux de la société viennent en grande partie de ce qu'on ne veut pas se l'imposer. Du reste on ne saurait admettre ce que Malthus dit dans le même endroit, que l'industrie d'un homme ne le garantit plus contre le besoin, du moment que les autres sont aussi industrieux que lui : les progrès de l'industrie générale accroissent pour tout le monde les moyens d'existence. Il faut dire seulement que cet accroissement de ressources ne suffirait pas pour défendre contre le besoin, si la population croissait encore plus rapidement que les moyens de vivre. En tout état de choses, la vertu que recommande Malthus est indispensable pour qu'il n'y ait pas souffrance; elle l'est pour chacun et pour tout le monde; elle l'est d'autant plus qu'on a moins de moyens, et par conséquent les classes les moins riches sont celles à qui elle serait le plus nécessaire.

secours que pour les infortunes non méritées ; je suppose même que pour celles-ci ils ne seront qu'un objet d'espérance, comme le demande judicieusement Malthus ; tout homme sera certain de subir la peine de sa paresse ou de son imprévoyance... Eh bien! cette certitude n'empêchera pas qu'il n'y ait des hommes paresseux, imprévoyans, et par suite, des hommes malheureux ou tout au moins des hommes très inégalement heureux.

4. Voilà une des vérités les plus essentielles que l'on puisse énoncer sur l'homme et la société. Cette vérité peut paraître triste ; mais elle est incontestable, et l'on ne pourrait la méconnaître sans de grands dangers. Lorsque Rousseau présente, d'une manière absolue, les inégalités sociales et, par exemple, les inégalités de fortune, comme une chose de pure convention, comme l'effet d'un privilége accordé aux uns au détriment des autres [1], il donne des choses une idée

---

[1] « Je conçois dans l'espèce humaine, dit-il, deux sortes d'inégalités, l'une que j'appelle naturelle ou physique, parce qu'elle est établie par la nature, et qui consiste dans la différence des âges, de la santé... ; l'autre, qu'on peut appeler morale ou politique, parce qu'elle dépend *d'une sorte de conven-*

fausse ; il avance une proposition absurde et anarchique. Il est bien possible sans doute que l'inégalité des fortunes soit l'effet de la violence ; il n'est même que trop ordinaire qu'elle le soit : et si l'on me demandait d'expliquer les différences qui existent à cet égard dans le monde, je serais sûrement obligé de dire qu'une multitude d'iniquités privées et surtout de brigandages publics ont puissamment contribué à les faire naître. Mais s'il est vrai que l'inégalité des fortunes puisse être l'effet de la violence, il n'est pas vrai qu'elle ne puisse être l'effet que de la violence ; il est certain, au contraire, qu'elle résulte, à un haut degré, de la nature des choses, et qu'il faudrait commettre d'horribles violences pour l'empêcher de s'établir [1].

5. Si l'on ne peut éviter que les hommes deviennent inégalement riches, on ne peut pas éviter davantage qu'ils soient inégalement industrieux, éclairés, moraux. C'est d'abord la différence d'in-

tion... Celle-ci consiste dans *les différens priviléges* dont quelques-uns jouissent *au préjudice des autres*, comme d'être *plus riches*, etc. » (Disc. sur l'inégalité).

(1) On sait combien furent toujours vaines les mesures qu'on prenait pour cela dans les républiques de l'antiquité.

dustrie, d'activité, de bonne conduite qui introduit l'inégalité dans les fortunes¹. Ensuite, l'inégalité de fortune et de bien-être est cause que tous les hommes ne peuvent pas posséder le même degré d'instruction, de capacité, de vertu. Il y a une action continuelle de chacune de ces causes sur toutes les autres; les inégalités de toute sorte doivent ainsi nécessairement coexister; et de même que les fortunes, suivant l'expression d'un

---

(1) Et voilà, pour le dire en passant, pourquoi dans l'état social que je décris la fortune est un titre à l'estime. Que chez un peuple voué au brigandage on considérât les hommes pour les richesses qu'ils posséderaient cela devrait choquer sans doute, mais il n'en doit pas être de même là où la fortune ne se peut acquérir que par une utile et généreuse industrie. La fortune ici honore celui qui la possède, l'indigence déconsidère celui qu'elle atteint; et c'est avec raison qu'on estime un homme parce qu'il est riche et qu'on en méprise un autre parce qu'il est gueux. Il y a lieu de présumer en effet que l'homme riche possède les qualités recommandables qui dans l'industrie sont nécessaires pour arriver à la fortune, ou tout au moins qu'il appartient à une famille qui a possédé ces qualités; tandis que la vue d'un misérable fait faire justement les suppositions contraires. Aussi ne saurais-je approuver le reproche qu'on a fait aux Américains de parler avec une sorte de dédain des hommes sans fortune. Il est sûr qu'il y a quelque chose de honteux à manquer de moyens d'existence dans des pays où le travail n'est soumis à aucune gêne et où les fruits en sont pleinement assurés. L'indigent ou sa famille y sont justement suspects d'incapacité, de paresse ou d'imprévoyance.

économiste¹, descendent par des gradations insensibles depuis la plus grande, qui est unique, jusqu'aux plus petites, qui sont les plus multipliées, de même le savoir, l'habileté, la vertu doivent aller en décroissant depuis les hommes les plus habiles, les plus savans, les plus vertueux, qui sont uniques chacun dans leur genre, jusqu'aux moins vertueux, aux moins savans et aux moins habiles, qui sont partout les plus nombreux.

6. Il faut ajouter que ces inégalités une fois établies tendent naturellement à se perpétuer ; c'est-à-dire que la misère, l'ignorance et le vice sont des raisons très fortes pour rester pauvre, ignorant et vicieux, et qu'il est d'autant plus malaisé de parvenir à un certain degré d'instruction, de moralité et de bien-être, que, pour s'élever à cet état, on prend son essor de plus bas.

S'agit-il, par exemple, d'acquérir du bien? moins on en a et plus la chose est difficile. On ne peut commencer à s'enrichir que lorsqu'il devient possible d'économiser ; et comment songer

---

(1) M. Say, Trait. d'éc. pol., t. II, p. 11.

à faire des épargnes, lorsqu'on n'a pas même de quoi satisfaire les premiers besoins ? Dans les sociétés les plus prospères, il y a toujours un certain nombre d'hommes dont les facultés manquent absolument d'emploi. Il y en a beaucoup d'autres qui, en travaillant avec excès, gagnent à peine de quoi vivre. Ceux-là même dont les profits commencent à s'élever au-dessus des besoins ordinaires se déterminent difficilement à faire des économies ; ils regardent comme impossible de s'élever à une meilleure condition ; ils ont rarement assez de force de tête et de volonté pour oser concevoir la pensée et poursuivre la résolution de parvenir à une certaine aisance. Que de difficultés pour eux en effet dans une telle entreprise ! Combien de désavantages dans leur situation ! Le moindre accident peut renverser l'édifice de leur petite fortune, et leur faire perdre en un instant le fruit de plusieurs années de fatigue et de privations. Un progrès dans l'industrie, l'introduction d'une machine, l'abandon d'une mode vont rendre tout à coup leurs bras inutiles et les laisser plus ou moins longtemps sans travail. Joignez que l'ouvrier, ayant un marché moins étendu que l'entrepreneur, a toujours quelque désavantage dans les transactions qu'il fait avec lui [1]. Joignez encore que dans le temps où son marché est plus resserré, ses nécessités sont plus urgentes, et que ceci donne à l'entrepreneur un nouveau moyen de lui faire la loi [2]. Devient-il à son tour chef d'entreprise? avec

(1) L'ouvrier ne travaille que pour l'entrepreneur, tandis que l'entrepreneur travaille pour le public. Un ouvrier en horlogerie, par exemple, ne peut offrir ses services qu'à des horlogers, tandis que l'horloger peut vendre ses montres à tout le monde. On sent combien est meilleure la position de ce dernier. Il est sûrement plus facile aux horlogers de s'entendre pour réduire le salaire de leurs ouvriers qu'au public de se concerter pour faire baisser le prix des montres.

(2) « Le maître et l'ouvrier, observe M. Say, ont bien également besoin l'un de l'autre, puisque l'un ne peut faire aucun profit sans le secours de l'autre; mais le besoin du maître est moins immédiat, moins pressant. Il est peu de maîtres qui ne pussent vivre plusieurs mois, plusieurs années même sans faire travailler un seul ouvrier; tandis qu'il est peu d'ouvriers qui pussent, sans être réduits aux dernières extrémités, passer plusieurs semaines sans ouvrage. Il est bien difficile que cette différence de position n'influe pas sur le règlement des salaires. » (*Traité d'écon. pol. t. II, p.* 113, 4ᵉ *éd.*)

Il arrive quelquefois aux ouvriers de chercher à balancer le désavantage de leur situation en se coalisant pour obtenir de meilleurs gages. Ces entreprises, criminelles lorsqu'ils emploient la violence pour les faire réussir, leur sont nuisibles, alors même qu'elles sont innocentes, si leur travail est au prix où la concurrence peut naturellement le porter. Les ouvriers sont fondés à se plaindre toutes les fois qu'ils ne peuvent disposer de leur activité sans contrainte, louer leurs services au plus un mérite inférieur au sien le possesseur d'un grand capital aura sur lui des avantages considérables : les capitaux ont une force à eux tout-à-fait distincte de celle de l'industrie qui les fait valoir ; ils sont doués d'une puissance attractive, et plus il y en a dans un certain lieu, plus il est aisé d'y en amasser. L'entrepreneur riche peut travailler plus en grand, et introduire dans ses

offrant, chercher la condition la meilleure. Mais du moment que rien ne gêne l'emploi de leurs forces, et que leur travail est au prix où peut le porter un libre marché, il n'y a plus pour eux que deux moyens légitimes de faire hausser le prix de la main-d'œuvre, c'est de faire qu'elle soit moins offerte, ou qu'elle soit plus demandée. Le dernier de ces moyens n'est guère à leur disposition; mais ils disposent complètement de l'autre : s'ils ne peuvent pas augmenter la demande de l'ouvrage, ils peuvent au moins diminuer le nombre des ouvriers; comme ce sont eux qui en fournissent la place, il dépend toujours d'eux d'en prévenir la multiplication. Il n'est pas de situation où il ne leur importe d'user de cette ressource. On aurait beau leur laisser toute liberté pour le travail, la demande de l'ouvrage aurait beau croître, si, à mesure qu'ils gagneraient davantage, ils créaient toujours un plus grand nombre d'ouvriers, il est clair que leur situation ne saurait devenir meilleure. Ils ne sont à plaindre que parce qu'ils se multiplient trop; c'est leur extrême accroissement qui, faisant baisser le prix de la main-d'œuvre, est cause que leur part dans les profits de la production est quelquefois si peu proportionnée à la peine qu'ils se donnent; c'est par l'effet de leur grand nombre qu'ils éprouvent tant de désavantage dans les marchés qu'ils font avec les entrepreneurs.

travaux une meilleure division; il lui est plus aisé de faire les avances qu'exige l'emploi des moyens d'exécution expéditifs et économiques; il peut acheter à meilleur marché parce qu'il a la facilité de payer comptant; les ressources qu'il a devant lui lui permettent de profiter des bonnes occasions qui se présentent, et de faire à propos ses approvisionnemens. Il a finalement mille moyens de réduire ses frais de production qui manquent au petit entrepreneur, et qui peuvent mettre celui-ci dans l'impossibilité de soutenir sa concurrence [1].

S'agit-il d'acquérir de l'instruction? L'homme des derniers rangs de la société n'est pas dans une situation moins désavantageuse. Tout contribue à prévenir le développement de ses facultés, la nature de ses relations, la simplicité de ses besoins, la grossièreté et l'uniformité de ses

(1) A la vérité les petits entrepreneurs pourraient trouver dans la faculté de s'associer et d'unir leurs forces un moyen de diminuer le désavantage de leur position; mais, outre qu'il est rarement facile de fondre plusieurs petites entreprises en une grande, celles dans lesquelles il y aurait unité de vue, d'intérêt et de volonté auraient encore un grand avantage sur celles où des intérêts différens pourraient introduire des vues et des volontés divergentes.

travaux, le peu de loisir qu'ils lui laissent, la faiblesse des ressources qu'ils lui procurent. Aussi, quelque peine qu'il ait à s'enrichir, en a-t-il davantage encore à s'éclairer. Uniquement occupé du soin d'accroître son capital, il ne fait guère de progrès, même quand il est parvenu à un certain bien-être, que dans les idées relatives à son art; il reste étranger aux autres connaissances; il acquiert peu d'idées générales, et lorsqu'il est devenu riche il s'écoule encore bien du temps avant qu'il ait mis son esprit au niveau de sa fortune.

S'il est si difficile, en partant des derniers rangs de la société, de parvenir à la richesse et aux lumières, il n'est pas moins difficile de s'élever à un haut degré de moralité. Les bonnes habitudes privées et sociales sont le fruit d'un certain bien-être dont le pauvre ne jouit pas, et d'une certaine éducation qu'il n'est guère en position de recevoir. Les privations qu'il endure rendent ses appétits plus véhémens, et sa raison encore inculte l'avertit moins du danger qu'il y a de les satisfaire avec excès : il est donc plus difficile qu'il se conduise bien à l'égard de lui-même. D'une autre part, il est plus aigri par la difficulté de vivre ; toutes ses passions malfaisantes sont plus violemment excitées, et sa raison est moins forte pour les contenir : il est donc plus difficile qu'il se conduise bien à l'égard des autres. Dans ses mœurs privées, il est plus sujet à l'intempérance, à l'ivrognerie, à l'incontinence ; dans ses relations avec les autres individus, il est plus enclin au vol, au meurtre, à l'injure ; dans ses rapports avec la société, il est plus disposé aux émeutes, aux rébellions, au pillage. Il est donc, sous tous les rapports, plus entraîné au mal, et, sous tous les rapports aussi, la réflexion l'avertit moins du danger qu'il y a de mal faire ; double raison pour qu'il succombe plus aisément aux tentations et ait plus de peine à acquérir de bonnes habitudes morales.

7. Ainsi, dans l'état social le plus exempt de violences, il est très difficile qu'il ne s'établisse pas des inégalités dans les conditions ; et lorsque ces inégalités sont une fois établies, il est encore plus difficile qu'elles s'effacent : on ne parvient qu'avec des peines extrêmes d'une condition inférieure à un état un peu élevé, et les

familles tombées dans un certain abaissement sont exposées à y rester par cela seul qu'elles s'y trouvent. Je ne dis pas qu'il soit impossible de se relever de cet état ; mais cela, dis-je, est très difficile, et le nombre des hommes qui en sortent est toujours petit en comparaison de ceux qui y restent. D'ailleurs, s'il y a continuellement des familles qui s'élèvent, il y en a continuellement qui déclinent ; s'il s'opère un mouvement constant d'ascension, il se fait un mouvement non moins constant de décadence ; tandis que le travail et les bonnes mœurs tirent les uns de l'abjection, le vice et l'oisiveté y font tomber les autres ; les mêmes degrés ne sont plus occupés par les mêmes personnes, mais il y a toujours des gradations, et la société continue à présenter le spectacle d'une agrégation d'individus très inégalement partagés du côté de la fortune, de la capacité, des mœurs, de l'instruction, de tout ce qui donne l'influence.

Toutes ces inégalités sont donc, dans un certain degré, des choses essentielles à notre nature ; elles sont une loi de l'espèce humaine, elles sont aussi nécessaires dans l'ordre moral que les inégalités du sol dans l'ordre physique ; il n'est pas plus étrange de voir des hommes inégaux dans la société que des arbres inégaux dans une forêt; ou bien de voir des hommes différens par la fortune, le savoir, la moralité, que des hommes différens par la figure, la taille, les proportions du corps, les facultés de l'âme.

En un mot, quoique le régime industriel tende à rendre les inégalités sociales infiniment moins sensibles, l'effet de ce régime n'est pas tant encore de faire disparaître l'inégalité d'entre les hommes que de les classer autrement. Il tend à faire que les plus industrieux, les plus actifs, les plus sages, les plus honnêtes soient aussi les plus heureux, les plus riches, les plus libres, et non à faire qu'ils soient tous également heureux, également riches, également libres, parce que cela n'est pas possible [1].

(1) De ce qu'il y a des inégalités inévitables, certaines gens seraient fort disposés à conclure qu'il doit y avoir nécessairement des maîtres et des sujets, des dominateurs et des tributaires. « La loi, dit-on fièrement, ne saurait ni créer, ni anéantir l'aristocratie; toujours la force vient se placer à la tête de la société : détruisez une classe de dominateurs, il en naîtra d'autres : le tiers-état, après avoir cru renverser l'ancienne noblesse, a vu tout à coup sortir de son sein une autre noblesse qui s'est trouvée aussitôt revêtue des indestructibles supériorités de l'ancienne. » (*Journal des Débats du 9 décembre* 1820.) Voilà bien

8. Non-seulement cela n'est pas possible, mais cela n'est pas désirable. On pourrait souhaiter que les hommes fussent mieux classés, mais non pas qu'ils fussent confondus. Il est sûrement bien affligeant que la sottise, la violence, l'hypocrisie aient encore parmi nous tant de moyens de conduire à la fortune et à la considération; mais non pas qu'il y ait des degrés dans la considération et la fortune. Les supériorités qui ne sont dues qu'à un usage plus moral et plus éclairé de nos facultés naturelles loin d'être un mal sont un véritable bien; elles sont la source de tout ce qui se fait de grand et d'utile; c'est dans la plus grande prospérité qui accompagne un plus grand effort qu'est le principe de notre développement; rendez toutes les conditions pareilles et nul ne sera intéressé à mieux faire qu'un autre; réduisez tout à l'égalité et vous aurez tout réduit à l'inaction;

le langage de toutes les dominations : les sacerdotales disent que les portes de l'enfer ne sauraient prévaloir contre elles; les militaires s'appellent d'*indestructibles supériorités*. Heureusement, le temps, qui n'a fait de pacte avec aucune, va les détruisant toutes à petit bruit : il efface insensiblement les inégalités nées de la violence et de l'imposture, et il finira par ne laisser apercevoir entre les hommes que les différences naturelles et légitimes dont je parle, les seules véritablement qu'il ne soit ni possible ni désirable d'anéantir.

vous aurez détruit tout principe d'activité, d'honnêteté, de vertu.

Enfin, le régime industriel est si loin d'exclure les inégalités sociales qu'il en implique au contraire l'existence et que tout développement de l'industrie serait, à ce qu'il semble, impossible si les hommes étaient tous également heureux. L'action de l'industrie embrasse, comme l'enseigne l'économie politique, trois ordres distincts de travaux : l'étude des lois de la nature, l'application de ces lois à des objets déterminés, l'exécution des ouvrages conçus. Il faut donc à la société industrielle trois classes distinctes de personnes : des savans, des entrepreneurs, des ouvriers. Or rendez toutes les conditions égales, supposez un instant que tout le monde jouisse de la même fortune et de la même éducation, et la dernière de ces classes manquera ; tout le monde naturellement voudra faire le travail du savant ou de l'entrepreneur ; nul ne voudra s'abaisser au rôle de manœuvre ; ou bien chacun sera obligé de remplir les fonctions de savant, d'entrepreneur et d'ouvrier, ce qui rendra tout progrès impossible.

Sans doute l'avantage de l'industrie ne suffirait pas pour légitimer le partage violent de la société en entrepreneurs et en ouvriers, en riches et en pauvres; mais prenez garde que ce n'est pas là non plus ce que je dis : ce que je dis, c'est que ce partage, qui s'opère de lui-même, qui s'opérerait quoi qu'on fît pour le prévenir, paraît nécessaire pour que l'industrie puisse faire aisément toutes ses fonctions; et j'ajoute que lorsqu'il n'est pas l'œuvre de la violence, lorsqu'il provient uniquement de la différence d'activité, de capacité, de bonne conduite, il n'a rien que de conforme à la justice et de favorable au bien des individus et de la société.

Au surplus, la question ici n'est pas précisément de savoir si ce partage est utile; ce que je voulais surtout établir c'est qu'il est inévitable; c'est que, dans l'industrie, les hommes sont autrement classés que sous l'empire de la force, mais qu'il y a toujours entre eux des gradations; c'est que les inégalités y sont moins sensibles, mais qu'elles y sont toujours très réelles, et que les hommes y sont encore fort inégalement riches, instruits, éclairés, vertueux, etc.

9. Ils y sont donc très inégalement libres, la

conclusion est forcée. Il y a un très grand nombre de choses, impossibles aux hommes des conditions inférieures, qui sont faciles à des hommes de classes plus élevées et mieux élevées. Les premiers ne sont pas libres de satisfaire autant de besoins que les seconds, de se procurer autant de jouissances. Il y a une multitude de sentimens qu'ils ne sont pas susceptibles d'éprouver, de conceptions auxquelles leur esprit ne peut pas atteindre, de travaux et d'entreprises d'intérêt commun auxquels ils sont obligés de demeurer étrangers. Et dans l'état que je suppose ce n'est pas la violence des institutions qui les prive de toutes ces libertés, c'est leur propre impuissance; ils sont tout ce qu'ils peuvent être; ils font tout ce qu'ils peuvent faire; les institutions étendraient indéfiniment leurs droits qu'elles n'ôteraient rien à leur faiblesse, qu'elles n'ajouteraient rien à leur capacité. Ils sont moins libres, parce qu'il ne leur est pas possible d'exercer une action aussi étendue; ils sont moins libres aussi parce qu'ils ne sont pas capables d'agir d'une manière aussi bien entendue : leurs vices les rendent plus esclaves d'eux-mêmes; des inclinations malfaisantes les rendent plus esclaves des autres, les exposent à plus de vengeances particulières ou de châtimens publics. Autant, en un mot, il y a de différence entre la richesse, les lumières, la capacité, la moralité des classes et des individus, autant il y en a précisément entre leur liberté.

Je répète seulement que dans le régime industriel ces différences doivent être beaucoup moins sensibles que dans les états sociaux où elles sont favorisées par des institutions violentes. Il n'est pas douteux en effet qu'un régime qui laisse les choses à leur cours naturel, qui protége également tous les hommes dans l'usage inoffensif de leurs forces, qui réprime seulement les excès, qui proscrit tous les monopoles, tous les priviléges, qui défend les faibles contre la collusion des puissans, aussi bien que les puissans contre les complots des faibles; qui n'oppose enfin aucun obstacle au progrès et à la diffusion des richesses et des lumières; il n'est pas douteux, dis-je, qu'un tel régime ne doive faire que les lumières, les richesses, les bonnes habitudes privées et publiques ne se répandent avec moins d'inégalité, et que par suite les diverses classes d'hommes ne soient moins inégalement libres. Il y a moins de disproportion entre les classes les plus basses et les plus élevées : les premières sont moins misérables; les secondes ont des fortunes moins colossales. En même temps les rangs intermédiaires renferment un nombre beaucoup plus considérable de personnes aisées, instruites, morales et libres par conséquent. Il y a cela enfin que tout le monde est à sa place : nul obstacle ne contrarie dans son mouvement d'ascension celui qui a les moyens de s'élever; nul appui factice ne retient dans une condition supérieure celui qui n'est pas en état de s'y maintenir; et tandis que l'espèce peut parvenir à toute la liberté dont elle est susceptible, chaque homme jouit, eu égard à la condition où il est né, de toute celle dont il est digne.

Ici se termine ce que j'avais à dire des principaux modes d'existence par lesquels a passé ou paraît destinée à passer notre espèce. Je vais tâcher, en résumant très succinctement dans un dernier chapitre l'exposé des divers états que j'ai parcourus, de rendre plus sensibles les vérités fondamentales que je me suis proposé d'établir. Je dirai les principales objections qu'on m'a faites, et la nécessité d'y répondre me fournira l'occasion d'éclaircir encore mes principes. Je finirai en faisant remarquer le point de ma route où je suis parvenu et l'espace qui me reste à parcourir.

CHAPITRE XI.

Résumé et conclusions.—Objections et réponses.

1. Il n'est point de pays, même dans le nombre des plus libres, où l'homme ne trouve encore de nombreux obstacles à l'usage que sa nature lui permettrait de faire de ses forces, et que demanderaient qu'il en fît l'intérêt de son bonheur et celui de sa dignité. D'où ces obstacles viennent-ils? quelle est la bonne manière de les combattre? à quelles conditions pour devenir libre est naturellement soumis l'exercice de nos facultés? Telle est, comme on le sait, la question beaucoup trop étendue que j'ai voulu essayer d'éclaircir dans ces recherches.

Quand on parle d'obstacles à la liberté, il est rare qu'on porte les hommes à réfléchir sur eux-mêmes, qu'on leur inspire le désir salutaire de s'examiner, de se juger, de s'accuser. Le premier mouvement de leur esprit est de se jeter au dehors; de penser à une institution, à un corps, à quelque homme: ils vont vous nommer, suivant le temps, Bonaparte, Cromwell, la Convention, le long Parlement, le Saint-Office, les Jésuites, la Sainte-Alliance. Vous demandez où sont les obstacles à la liberté? tournez, diront-ils, vos regards vers les dominations du temps : c'est là que tous les obstacles résident.

2. J'ai fait sur cela plusieurs remarques.

J'ai d'abord observé que les obstacles qui paraissaient venir des gouvernemens ne venaient pas d'eux seulement, qu'ils venaient surtout des populations. Que l'on prenne pour exemple tel de nos désordres publics que l'on voudra, la destruction ou la corruption du jury, l'absence d'élections libres, le régime prohibitif, l'asservissement des communes, ou bien quelque autre mal politique qui semblera davantage encore l'ouvrage du gouvernement, et qu'on n'impute ordinairement qu'à lui : je prends l'engagement de montrer de manière à ne point laisser de doutes que le fait qu'on m'aura signalé tire sa force moins de la loi qui le permet, moins du pouvoir qui l'exécute que du public qui le supporte et qui en souffre. Ce que l'on appelle tyrannie du pouvoir n'est en réalité que la tyrannie de quelque préjugé ou de quelque vice assez répandu, assez accrédité, assez puissant pour régner parmi nous et y faire la loi.

J'ai dit, en second lieu, que tous nos travers n'étaient pas politiques, que nous en avions un grand nombre de particuliers, et que ceux-ci opposaient à la liberté presqu'autant d'obstacles que les autres. C'est ce qu'avait très bien aperçu Franklin : « Si nous n'avions, observait ce sage, d'impôts à payer que ceux que demande le gouvernement, nous pourrions peut-être espérer d'y faire face; mais nous en avons une multitude d'autres bien plus onéreux. Par exemple, l'impôt de notre paresse nous coûte le double de la taxe du gouvernement, notre orgueil le triple, notre folie le quadruple, et ces impôts sont tels qu'il n'est pas possible au commissaire d'y faire la moindre diminution. Un gouvernement, ajoutait-il, qui obligerait ses sujets à donner la dixième partie de leur temps pour son service, passerait sûrement pour très dur et très oppressif; mais la plupart d'entre nous sont taxés par leur paresse d'une manière beaucoup plus tyrannique¹. »

Or, ce que Franklin disait de la paresse, de la folie, de l'orgueil, il l'aurait pu dire de tous nos vices. Ils nous mettent tous à contribution : ils nous imposent le sacrifice de notre temps, de notre santé, de nos ressources, de nos forces ; ils entreprennent sur tous nos moyens d'agir, et de manière ou d'autre ils attentent tous à notre liberté. Et ce que Franklin disait de nos vices, il l'aurait pu dire de nos erreurs, de notre ignorance. Il est une infinité d'actions utiles et permises que nous ne sommes pas libres de faire uniquement parce que nous ne le savons pas, et une multitude de sottises et d'iniquités que nous ne faisons avec une facilité si déplorable que faute d'en voir les suites assez clairement. Je suis persuadé qu'il se mêle presque toujours de l'ignorance à nos injustices, et, comme un poète, je dirais volontiers que tout vice est issu d'ânerie².

(1) La Science du bonhomme Richard.
(2) Cependant il est possible que nos excès viennent moins de notre propre ignorance que de celle du monde au milieu duquel nous vivons. C'est peu d'apercevoir les conséquences d'une

En somme, ai-je dit, nous n'éprouvons jamais d'empêchement, du moins dans la sphère des actions qui sont possibles à l'humanité, que par quelque défaut de mœurs ou de lumières. Voulons-nous donc écarter les obstacles qui s'opposent à notre liberté? apprenons à agir et à nous conduire; devenons ingénieux, habiles, instruits; corrigeons nos vices; renonçons à nos injustices, et tâchons de réprimer celles d'autrui.

3. J'ai été plus loin : j'ai dit que cela était toujours plus ou moins en notre pouvoir, et qu'il n'était pas de situation où un homme ne pût

mauvaise action, il faut que ces conséquences soient assez graves pour nous détourner de la commettre. Or une mauvaise action n'a pas partout les mêmes conséquences : on est certainement plus compromis par ses injustices au milieu d'un peuple éclairé qu'au milieu d'un peuple ignorant. Un ministre aurait beau savoir que les emprunts ruinent le public, si le public avait la simplicité de croire qu'on l'enrichit en augmentant ses dettes, il est probable que l'instruction du ministre ne suffirait pas pour l'empêcher d'emprunter. En général pour nous abstenir du mal, nous avons besoin d'être retenus, non-seulement par nos propres lumières, mais par celles de tout ce qui nous entoure; et quand on dit que les vices sont issus d'ânerie, il faut entendre qu'ils sont issus moins de l'ânerie des hommes vicieux que de celle du monde qui tolère leurs désordres.

travailler efficacement à se rendre libre. En effet, un homme peut toujours se modifier utilement lui-même, accroître son industrie, ajouter à son instruction, réformer quelque mauvais penchant, acquérir quelque bonne habitude; et qui nierait que par là il n'augmente sa puissance, il n'étende ses moyens d'action, il ne devienne plus libre en un mot?

Non-seulement il peut se modifier lui-même, mais il peut aussi modifier les autres : il dépend de lui, jusqu'à un certain point, de faire profiter les personnes qui l'entourent de ce qu'il acquiert de bon sens et de vertu : il peut les éclairer par ses discours, les fortifier par son exemple, les persuader par la douceur, les contenir par la fermeté, obtenir qu'elles montrent à son égard l'équité dont il use envers elles; et qui doute qu'en propageant ainsi autour de lui ses connaissances et ses bonnes habitudes, il ne contribue encore à sa liberté?

Enfin il peut user de son influence dans une sphère beaucoup plus étendue; il peut concourir à réformer les masses, s'efforcer de substituer dans l'esprit du grand nombre à telle erreur en crédit, à telle iniquité régnante quelque sentiment moins inique, ou quelque opinion plus sensée; et par là encore, sans contredit, il travaillera très réellement et très puissamment à se rendre libre.

Je sais fort bien que tout cela n'est pas de facile exécution; je sais qu'il n'est surtout pas aisé de changer les idées d'une grande masse d'hommes; mais ceci même n'est pas au-dessus de notre pouvoir, et l'expérience de chaque jour le démontre; car les plus grandes réformes ont été commencées par de faibles individus, les idées de tout un peuple ont été originairement celles d'un seul homme. Galilée crut seul d'abord que la terre tournait autour du soleil, et c'est maintenant la conviction universelle: Luther attaqua le premier le dogme de l'infaillibilité papale : qui ne prétend user aujourd'hui du droit de libre examen? c'est le fils d'un marchand de chandelle de Boston qui a introduit dans les deux mondes l'usage du paratonnerre; il a été au pouvoir d'un barbier de Londres de bannir le rouet de toutes les fabriques, et de rendre universel l'emploi des machines à filer. On pourrait multiplier à l'infini les exemples de révolutions plus ou moins importantes opérées ou commencées par des hommes isolés. Dans les arts, dans les sciences, dans la morale, dans la politique, ce sont presque toujours de simples individus qui ont pris l'initiative des changemens, et dont les idées, se propageant par degrés, ont fini par gouverner le monde.

Enfin, aisés ou non, ces moyens sont, en dernière analyse, les seuls véritables que nous ayons de travailler à notre liberté. Nous ne pouvons sortir de l'état d'impuissance où nous retiennent notre ignorance et nos vices personnels qu'en nous éclairant et nous réformant nous-mêmes. Nous ne pouvons nous affranchir de telle tyrannie publique qu'en extirpant du sein du public le vice ou l'erreur sur lesquels cette tyrannie est fondée : il a fallu que les préjugés favorables à la censure fussent plus ou moins abandonnés de tous les partis avant que la liberté de la presse ait pu solidement s'établir parmi nous; il faudra que la doctrine de la libre concurrence prenne dans les têtes la place qu'y tient le système prohibitif avant que la liberté du commerce soit possible. Tout vrai progrès de la liberté suppose un progrès correspondant dans les mœurs et dans les lumières : nous ne sommes jamais libres, en un mot, qu'en raison de la perfection de nos facultés.

4. Cette théorie de la liberté semble évidente par elle-même. Cependant elle était assez nouvelle pour avoir besoin d'être plus développée, et j'ai cru nécessaire de mettre sous les yeux du lecteur la série de faits et d'observations d'où elle m'avait paru naître. J'ai commencé par tracer le tableau des principales variétés de notre espèce, et l'on a aisément reconnu que les races les plus susceptibles de culture sont aussi les plus susceptibles de liberté. Faisant ensuite abstraction de la différence des races, j'ai pris seulement en considération le degré de culture, et l'on a vu qu'un peuple est d'autant plus libre qu'il est parvenu à un état de culture plus perfectionné. L'étude des faits a pleinement confirmé cette dernière remarque. Parcourant, l'un après l'autre, les principaux modes d'existence par lesquels a passé l'espèce humaine, on a vu la liberté croître à mesure que je me suis élevé dans l'échelle de la civilisation. Ainsi on a trouvé plus de liberté dans la vie nomade que dans la vie sauvage, dans

la vie sédentaire que dans la vie nomade, chez les peuples à priviléges que chez les peuples à esclaves, chez les peuples sans priviléges que chez les peuples à priviléges, et chez les peuples industrieux que chez les peuples ambitieux. On a pu se convaincre en effet que, dans leur long trajet du premier au dernier de ces états, les hommes avaient continuellement développé leurs facultés et leurs ressources, contracté de plus en plus des habitudes propres à les conserver, appris à se faire réciproquement moins de violences, et l'on a acquis ainsi la certitude que chaque progrès vers la vie industrielle avait été marqué, sous tous les rapports, par des accroissemens de liberté.

5. Ce tableau que j'ai tracé des principaux âges de la société n'a pas seulement servi à justifier ma proposition fondamentale : il nous a permis de concevoir de la marche de la civilisation une idée plus juste et plus précise, à ce qu'il me semble, que celle qu'on en a communément.

On peut tirer, par exemple, de la série de faits que j'ai exposés cette première conclusion générale : que l'espèce, en parcourant les divers états que j'ai décrits, et dans son mouvement de progression vers la vie actuelle, s'est peu déterminée par des idées de raison et de justice; qu'elle n'a fait en quelque sorte que céder à la nécessité; qu'elle n'a changé d'état que par force; qu'elle n'a pas abandonné une manière de vivre parce qu'elle était odieuse, mais parce qu'elle n'était plus possible : qu'ainsi, par exemple, les peuples nomades n'ont mis un terme à leurs déprédations que lorsqu'ils n'ont vu rien de mieux à faire, et qu'ils n'ont plus trouvé devant eux de pays à ravager; que les derniers venus de ces peuples n'ont renoncé à leurs incursions que lorsque les premiers établis ont été capables de les en dégoûter, et que décidément il n'a plus été en leur pouvoir de continuer les mêmes brigandages; qu'on n'a abandonné l'usage d'exterminer ses prisonniers que lorsqu'on a eu besoin d'esclaves; qu'on n'a commencé à adoucir le sort des esclaves, que lorsqu'il est devenu très difficile de s'en procurer de nouveaux; qu'il y a eu beaucoup de nations sédentaires, et que chacun a eu besoin de conserver pour soi ses prisonniers; que depuis, et à mesure que les classes asservies ont fait des progrès, on ne leur a généralement accordé que ce qu'elles ont eu la force de prendre, et qu'elles n'ont guère obtenu que ce qu'elles ont arraché.

D'une autre part, les faits nous conduisent encore à cette conclusion que du côté des classes laborieuses les progrès n'ont pas toujours été plus volontaires; que le travail a commencé dans les fers; que l'homme ne s'y est résigné que par force; qu'il n'a continué à travailler que parce qu'on a long-temps continué à l'y forcer; qu'il ne s'est décidé que très lentement, et avec une excessive répugnance, à considérer le travail comme sa ressource naturelle; que, même au sein du travail, sa tendance la plus forte a été vers la domination; que cette tendance dure encore, et qu'il ne faut pas moins que la réaction violente et toute-puissante qui s'opère depuis dix ans pour ramener vers l'industrie tant de milliers d'hommes des classes laborieuses dont l'activité s'était égarée dans les voies de l'ambition.

Ainsi d'une part on n'a renoncé au brigandage que forcément, et d'un autre côté on ne s'est non plus soumis à travailler que par force; de sorte que la civilisation est née d'une double contrainte, de celle que le vainqueur a exercée sur le vaincu pour l'obliger au travail, et de celle que le vaincu a exercée sur le vainqueur pour se dérober à sa puissance, et tâcher même, s'il le pouvait, de le subjuguer à son tour. Considérées dans leur objet, cette action et cette réaction ont rarement été morales; mais envisagées dans leur résultat, elles ont été éminemment utiles. Telle est la paresse naturelle de l'homme et surtout de l'homme barbare, qu'il ne se fût jamais décidé au travail s'il n'y avait été contraint par la victoire; et d'une autre part tel est son penchant à la domination que tout progrès du travail eût été impossible si l'injustice et l'insolence du vainqueur n'avaient été contenues. Tout ce qui a eu pour effet d'assujettir l'homme à l'industrie a servi la civilisation; mais tout ce qui a tendu à mettre des bornes à la violence ne lui a pas été moins avantageux. L'action de la Sainte-Alliance a sans doute son bon côté; mais l'action contre la Sainte-Alliance a bien aussi son côté favorable; et si je me réjouis de voir la révolution contrainte de tourner son activité vers l'industrie, je me réjouirais bien davantage encore de voir la société industrielle arrivée à l'époque où, dégagée de toute pensée ambitieuse, elle sera en même temps assez puissante pour renvoyer aux occupations utiles cette cohue tumultueuse d'intrigans et d'ambitieux qui la dépouillent et qui l'oppriment.

De ce double effort que n'ont cessé de faire, depuis l'origine de la société, une partie des hommes pour contraindre les autres au travail, et ceux-ci pour restreindre la puissance de ceux-là, sont nés dans la marche de la civilisation deux mouvemens distincts, l'un d'ascension de l'esprit d'industrie, l'autre de décadence de l'esprit de domination; l'un d'accroissement des classes laborieuses, l'autre de décroissement des classes dominatrices.

Dans le commencement les classes dominatrices étaient tout, et les classes laborieuses rien ; à la fin, les classes dominatrices ne seront rien, du moins comme dominatrices, et les classes laborieuses seront tout, la société sera constituée pour le travail. Dans la vie sauvage, la classe laborieuse n'existe point ou existe à peine : elle se compose seulement des femmes; dans la vie nomade, il s'y joint un petit nombre de captifs, qui sont préposés à la garde des troupeaux; dans la vie sédentaire, elle s'accroît d'un nombre beaucoup plus considérable de vaincus, qui sont employés à la culture du sol et à l'exercice des divers métiers. Dans cet état, elle ne tarde pas à être aussi nombreuse que celle des dominateurs ; bientôt elle l'est davantage ; elle le devient avec le temps incomparablement plus : elle finit par former la population presque entière. *Qu'est-ce que le tiers ?* demandait parmi nous, il y a trente-sept ans, un homme fort connu : *Le tiers est tout*, répondait-il ; et, en effet, dès cette époque, il formait déjà les 39/40es de la population, et la classe privilégiée, importante encore comme propriétaire, avait presque entièrement cessé de l'être comme corps de dominateurs.

Ajoutez que, dans ce mouvement de progression, les classes laborieuses ne croissent pas seulement en nombre, en richesse, en lumières ; mais aussi en dignité et en élévation. D'abord esclaves, elles deviennent ensuite tributaires ; puis elles sont affranchies ; puis elles ont leurs priviléges ; puis elles effacent les priviléges et peuvent parvenir à tout ; puis elles se mettent au-dessus des places et finissent par subordonner le gouvernement à l'industrie : ceci a déjà eu lieu dans les États-Unis d'Amérique. En Amérique, ce qui prédomine c'est le travail, c'est la masse des hommes travaillant, c'est la société industrielle. Le gouvernement remplit dans cet immense atelier la fonction particulière que la société lui assigne, mais il ne domine pas la société. Bien loin de là, il est son serviteur, et il s'en fait gloire; c'est elle qui lui communique tout ce qu'il a de pouvoir, de dignité, de lustre. Il s'en faut sans doute que la société industrielle soit parvenue en Europe à ce degré d'élévation; mais elle y aspire avec force; c'est là que sa nature la pousse, et disons-le hardiment, c'est là qu'elle la conduira.

Voilà ce qui résulte, relativement à la marche de la civilisation, des faits généraux que j'ai exposés. Ces faits montrent clairement que, malgré l'aversion naturelle de l'homme pour le travail, et malgré son amour naturel pour la domination, l'esprit de domination a toujours tendu à s'affaiblir, et l'esprit d'industrie à se fortifier. Ils montrent que ce double effet est tout naturellement résulté du besoin que les classes oisives avaient de richesse, et les classes laborieuses de justice; de l'effort qu'ont fait les dominateurs pour fomenter l'esprit d'industrie et les hommes industrieux pour réprimer l'esprit de domination. Ils montrent, en un mot, qu'il est dans la destinée des classes dominatrices de s'affaiblir, de s'effacer, de se fondre dans les classes laborieuses, et que le mouvement de la civilisation consiste précisément à nous conduire à la vie que j'ai appelée industrielle.

6. Mais ce que ces faits montrent surtout avec évidence c'est que les hommes disposent d'autant plus librement de leurs facultés qu'ils approchent davantage de cette manière de vivre. On a vu, en effet, que chaque pas vers cet état était marqué par des progrès dans les sciences, les arts, la richesse, la morale privée, la justice sociale. On a vu qu'il y a très peu de tout cela dans les premiers âges de la civilisation, où l'on n'aperçoit encore que des barbares occupés à s'entre-exterminer; qu'il en existe un peu plus à l'époque où l'on voit déjà un corps d'esclaves qui travaillent; plus, à l'époque où ces esclaves sont parvenus à la condition de tributaires; plus à celle où ils sont affranchis et jouissent de certains priviléges; plus à celle où il n'y a plus de

priviléges et où ils peuvent parvenir à tout ; plus enfin à celle où ils sont corrigés de la manie de parvenir aux places, où l'esprit d'industrie l'emporte sur celui d'ambition, et où la vie sociale est essentiellement industrielle. On s'est donc progressivement assuré que ce dernier genre de vie est celui où se développent et se perfectionnent au plus haut degré l'instruction, les arts, les mœurs, la justice ; et comment nier que l'état où ces choses sont le plus répandues et le plus parfaites ne soit aussi celui où les hommes disposent de leurs forces avec le plus de liberté ?

7. Ainsi il y a à tirer des recherches qu'on vient de lire ces deux conclusions générales : que le progrès naturel des choses nous conduit à la vie industrielle, et que ce mode d'existence est celui où nous devenons le plus libres.

8. On a contesté tout à la fois la vérité de ces résultats et celle des moyens par lesquels j'ai dit que nous pouvons les obtenir. Voici les objections qu'on m'a faites.

Première objection. — D'une part, en convenant de nos progrès vers le régime industriel, on a nié encore que ce régime fût aussi favorable à la vie morale de l'homme qu'à son existence intellectuelle et physique. On a reproduit contre l'industrie une partie des accusations banales que j'avais déjà réfutées : « Arts et mœurs sont des choses qui impliquent contradiction et dont le mouvement est inverse. Plus les arts s'élèvent et plus les mœurs déclinent. L'industrie ne nous enrichit qu'en nous énervant ; et elle ne nous tire de la dépendance des choses que pour nous mettre toujours davantage à la merci des hommes, etc. » Je néglige deux lettres où ces objections m'avaient été adressées, durant mon cours, pour m'occuper d'un écrit imprimé où je retrouve les mêmes idées exprimées avec plus de talent et de force.

Tel est, suivant l'auteur de cet écrit, l'état de faiblesse et de dégradation morale où les arts nous ont fait tomber que notre sûreté en est compromise, et que le dernier résultat de la civilisation est de faire de l'Europe une proie facile pour la première peuplade d'Asie que viendra armer et rendre invincible quelque fanatisme inattendu. « Amollis, incrédules, abâtardis par les jouissances, désarmés par l'industrie même, incapables de conviction et de sacrifice, nous sommes bons encore pour l'attaque, nous ne le sommes plus pour la défense. Ce qui jusqu'ici nous préservait du danger c'est que les Musulmans repoussaient tout perfectionnement dans l'art de la guerre et dans la discipline; mais l'instruction, la tactique et les connaissances militaires de l'Europe pénètrent dans l'empire turc par la route de l'Egypte, et ainsi disparaît ou s'affaiblit la garantie véritable de l'Occident contre l'Orient. Que l'Europe ne s'exagère donc pas ses moyens de résistance; qu'elle ne se croie pas défendue par ses découvertes accumulées et ses lumières toujours croissantes. L'empire grec aussi, orgueilleux héritier de la civilisation romaine, était riche des trésors de huit siècles de science; et qu'est-il arrivé néanmoins? L'enthousiasme de la religion s'est emparé d'une peuplade obscure, et cette peuplade a vaincu l'univers savant et la civilisation amollie. Disons-le franchement : si une horde de barbares, grossie par la victoire, ardente d'enthousiasme et commandée par quelque Omar fanatique, cernait une capitale quelconque de la vieille Europe.... on capitulerait avec elle. »

Je n'ai qu'une réponse à faire à ces plaintes, c'est qu'on méconnaît la nature de l'industrie et de la civilisation qu'elle fait naître ; on se laisse abuser par des ressemblances qui n'existent point; on confond les nations civilisées avec des barbares amollis et dégradés.

Il y a eu deux sortes de sociétés dans le monde : des guerrières et des laborieuses. Les premières, pleines de vigueur à leur origine, ont toujours fini par s'énerver ; les secondes, faibles en naissant, tendent par leur nature à acquérir toujours plus de force.

Le beau temps des sociétés guerrières, c'est leur premier temps. Elles se montrent nobles, ardentes, énergiques, tant qu'elles sont pauvres et militantes. Mais quand leur objet est atteint, quand elles ont cessé de lutter, quand elles n'ont plus qu'à jouir des biens que leur a donnés la guerre, elles oublient les vertus de la guerre sans apprendre celles de la paix. Elles perdent il est vrai la rudesse de leurs formes, elles deviennent élégantes, voluptueuses, recherchées, polies : on ne saurait dire véritablement qu'elles se civilisent. « Changez quelques noms, dit un historien, levez une légère écorce et vous trouverez dans les marquis de Louis XIV les compagnons de Brennus et de Belloveze, si ce n'est que les petits barbares du dix-septième siècle portent des perruques, de l'ambre et des dentelles [1]. » C'est ainsi que se civilisent les dominateurs de profession : guerriers farouches dans l'origine, ils deviennent avec le temps des sibarites efféminés; le changement qui se fait en eux ressemble moins à un progrès de la civilisation qu'à une dégénération de la barbarie. Voilà, si je ne me trompe, l'espèce de culture que les Turcs ont trouvée autrefois dans le Bas-Empire; voilà celle qu'ils sont parvenus à vaincre et à étouffer. Je ne nie point qu'il n'y ait beaucoup de celle-là en Europe, et que cette civilisation, née de la barbarie, ne nous défende mal contre les barbares; mais ce n'est pas celle qu'engendre l'industrie.

La société industrielle a eu une destinée toute opposée à celle des peuples guerriers. L'époque la plus rapprochée de son origine a été son époque la moins noble. Elle a passé son enfance dans la servitude, pauvre, faible, ignorante, humi-

---

[1] M. Lémontey, *Essai sur l'établissement monarchique de Louis XIV.*

liée, accablée d'injustices et d'outrages. On ne peut rien inférer contre elle des triomphes que la barbarie a obtenus autrefois sur les dominateurs énervés d'Athènes, de Rome et de Byzance : ce n'est pas elle qui a été vaincue, à peine alors existait-elle ; elle était, je viens de le dire, dans l'esclavage et l'avilissement. Mais depuis elle a pris des forces ; elle s'est affranchie et développée ; elle a couvert le sol de l'Europe de populations innombrables, riches, intelligentes, actives ; et, quoiqu'elle n'ait encore acquis, sous tous les rapports et notamment sous le rapport politique, qu'une faible portion de la puissance qui lui est destinée, si les hordes nomades ou barbares de l'Asie voulaient recommencer leurs anciennes incursions en Europe, elles apprendraient bientôt la différence qu'il y a entre la civilisation de notre temps et celle qu'ils ont autrefois vaincue, entre les peuples que le travail a élevés et des peuples que l'exercice de la domination avait avilis. Il est puérile de croire qu'on peut donner à des barbares la force d'un peuple industrieux en leur donnant sa tactique militaire : ce serait peu d'instruire et de discipliner leurs troupes, il faudrait leur donner aussi les moyens de les recruter, de les nourrir, de les payer; il faudrait leur donner l'industrie qui crée, renouvelle et accroît sans cesse toutes les ressources. Désormais les peuples barbares ne pourront se mettre en mesure de lutter contre les peuples civilisés qu'en prenant leur civilisation, et en prenant leur civilisation ils perdront l'envie de leur faire la guerre : impuissans s'ils restent incultes, ils ne seront plus à craindre dès qu'ils voudront se civiliser. De ce que nous ne sommes plus susceptibles de leur fanatisme sauvage, faut-il donc conclure que nous sommes incapables de conviction ? est-il indispensable de croire au Coran pour être convaincu de la nécessité de la justice ? Si quelques persuasions religieuses se sont affaiblies, la plupart des idées morales se sont épurées et fortifiées. On a peut-être moins de foi dans de certains miracles; mais on sent plus vivement de certaines iniquités. Beaucoup d'incrédules croient très fermement à l'injustice de la traite, de l'esclavage, des monopoles, des priviléges, etc.; et quoiqu'on ne se passionne peut-être pas pour ces utiles croyances autant qu'on l'a fait trop souvent pour des billevesées, il faut pourtant bien qu'elles ne soient pas sans force puisque tant d'hommes se croisent contre elles d'un bout à l'autre de l'Europe, et que leur ligue formidable ne peut empêcher qu'elles se propagent et se trouve même entraînée à leur faire des concessions : le congrès de Vienne décrète l'abolition de la traite; la Russie affranchit ses serfs; l'Angleterre reconnaît l'indépendance des colonies espagnoles; la monarchie française traite avec la république noire d'Haïti; le gouvernement Anglais réforme ses lois commerciales et abandonne le régime prohibitif; celui de la France se plie au joug de la liberté de la presse, etc., etc. Voilà quelques-uns des hommages qu'on a rendus depuis dix ans aux croyances morales de l'industrie : tout cela prouve-t-il que ces croyances soient sans force? tout cela prouve-t-il que l'industrie nous ait *amollis, désarmés, abâtardis ?*

Encore une fois, nous n'avons rien de commun avec les dominateurs dégénérés que vainquirent autrefois des barbares plus robustes; nous ne sommes pas de la même civilisation : ils s'étaient élevés par la guerre, nous nous sommes élevés par le travail; c'était la domination qui les avait amollis, c'est le travail qui nous a fortifiés. Plus nous nous livrerons à l'industrie, plus nous acquerrons les connaissances et les habitudes qu'elle réclame, et plus, sous tous les rapports, nous acquerrons de puissance et de liberté.

Seconde objection. D'autres personnes, en reconnaissant que nos progrès de toute espèce se lient au développement de nos facultés productives, ont mis en doute qu'il dépendît de nous de développer ces facultés. « Des gouvernemens qui voudraient abuser de leurs avantages n'auraient-ils pas, m'a-t-on demandé, le pouvoir de rendre impossibles tous les progrès honorables et profitables que voudraient faire les nations industrieuses ? »

Je réponds que ces nations s'appartiennent; qu'elles ont l'initiative de leurs progrès; que ce sont elles qui font leurs gouvernemens et non leurs gouvernemens qui les font; que leurs gouvernemens ne sont que l'expression des idées et des habitudes politiques qui prédominent au milieu d'elles; qu'en un mot les obstacles à leurs progrès qui paraissent venir des gouvernemens ne viennent que de leurs propres idées.

« Mais, poursuivent les mêmes personnes,

n'est-il pas au pouvoir de ces idées d'empêcher que des idées meilleures ne deviennent prédominantes, de maintenir leur autorité sur ces nations, et d'y perpétuer les mêmes obstacles? »

Je réponds que non, et l'expérience l'atteste. A quelle époque en effet les obstacles à tout progrès ont-ils été plus forts que dans la grossièreté de nos premiers âges, et lorsque les populations de l'Europe n'étaient encore que des ramas de maîtres féroces et d'esclaves abjects? Cependant a-t-il été au pouvoir de l'avilissement et de la barbarie qui gouvernaient en ces temps de nous empêcher de devenir ce que nous sommes? n'est-il par permis de concevoir quelque espérance en voyant les serfs du moyen âge devenus les nations florissantes et nombreuses de l'âge présent? sommes-nous moins capables de progrès que nous né l'étions à cette époque? avons-nous plus d'obstacles à vaincre, ou moins de moyens de les surmonter? Je ne veux sûrement pas nier la puissance des erreurs et des vices qui nous travaillent encore, et qui constituent tout ce qu'il y a d'excessif dans les dominations du temps; mais j'espère que ces travers ne sont pas indestructibles. Je crois fermement que le jésuitisme est destiné à être vaincu en nous par l'esprit de morale; que la manie honteuse des priviléges cédera tôt ou tard à l'esprit d'équité; que les idées favorables à l'émancipation des colonies et à la liberté du commerce remplaceront enfin l'esprit de monopole et l'esprit colonial, etc., etc. Quelle nation a été plus entêtée que la nation anglaise du système qui fonde la prospérité d'un pays sur l'appauvrissement de tous les autres? cependant ne la voyons-nous pas embrasser aujourd'hui d'autres idées? Les nations reviennent donc de leurs méprises, cela n'est pas douteux; et il est certain aussi qu'à mesure que des idées plus vraies deviennent franchement prédominantes, le sceptre passe tout naturellement dans leurs mains.

Troisième objection. Enfin d'autres personnes, en reconnaissant la possibilité de corriger un peuple de ses préjugés et de le faire passer sous l'empire d'idées nouvelles et meilleures, trouvent beaucoup trop lente cette manière d'opérer le bien. Il faut convenir, m'a-t-on dit, *qu'une telle méthode n'a rien de bien offensif pour le pouvoir, et qu'il doit peu s'inquiéter des progrès qu'elle pourrait faire* [1].

Il ne s'agit ni d'offenser, ni de flatter le pouvoir; il s'agit de reconnaître comment on peut combattre utilement le despotisme : faut-il faire la guerre aux vices sur lesquels il s'appuie, ou seulement aux fripons qui les exploitent?

Je sens, comme un autre, tout ce que méritent de haine les hommes qui profitent *sciemment* des travers d'une nation pour l'opprimer ; mais je sais aussi que lorsque ces hommes se sentent protégés par la corruption, l'ignorance ou la pusillanimité du grand nombre, ils se rient entre eux des haines isolées qu'ils inspirent et des attaques particulières dont ils sont l'objet. On se persuade qu'il est possible de détruire un abus avant d'avoir détruit le vice ou l'erreur populaire sur lesquels il est fondé, avant d'avoir rendu prédominantes les idées et les habitudes qui lui sont contraires : c'est une illusion déplorable et qui nous a énormément nui.

Qu'ont fait contre la tyrannie de la censure toutes les révolutions politiques opérées parmi

---

[1] Revue encyclopédique, cahier de janvier 1825.

nous depuis près de quarante années? a-t-on vu cette tyrannie disparaître avec les pouvoirs à l'existence desquels on la croyait liée? nullement; et pourquoi cela? parce que sa force n'était pas seulement dans le pouvoir mais dans nos préjugés; parce que la censure ne répugnait pas assez à la raison commune; parce que, dès lors, on pouvait la conserver où la rétablir sans faire violence au sens commun; parce que la nation ne sentait que faiblement encore l'importance de la liberté de la presse; parce qu'on avait la simplicité de croire que la discussion des affaires publiques ne regardait pas le public, ou bien que la liberté d'écrire n'intéressait que les écrivains, ou je ne sais quelle autre bêtise encore. Pourtant la censure a fini par être réellement abolie; et, tandis qu'aucune révolution n'avait pu la détruire, il semble qu'aucune contre-révolution ne saurait désormais la rétablir, puisqu'elle est répudiée par la contre-révolution même. Sait-on comment nous en sommes venus là? par le bénéfice du temps; par l'effet de la discussion, qui est parvenue à ruiner dans les esprits les mauvaises raisons qui la soutenaient; parce qu'on sait beaucoup mieux à quel point elle est inique, insolente, effrontée ; parce qu'on a vu qu'elle ne respectait personne, pas plus les grands que les petits, pas plus les princes que les sujets ; parce qu'enfin la liberté des débats publics est bien près d'être devenue une nécessité publique, et que personne n'est plus guère disposé à supporter dans qui que ce soit l'insupportable prétention d'imposer silence à tout le monde.

Je passerais successivement en revue tous les genres d'oppressions qu'un peuple peut souffrir que je serais assuré d'en découvrir ainsi les appuis dans des erreurs répandues, dans des vices accrédités. Bien loin de tirer leur force du despotisme, c'est de ces vices et de ces erreurs que le despotisme en général reçoit la sienne. Ce sont eux qui le constituent, qui le maintiennent, qui le perpétuent ; et l'on aurait beau le détruire sous une forme, ils ne cesseraient, tant qu'ils seraient les plus forts, de le reproduire sous une autre.

Non-seulement on n'est pas sûr de corriger un abus en faisant la guerre au pouvoir qui le protège, mais pour le détruire, il ne suffirait pas même toujours d'avoir pour auxiliaire le pouvoir : il y a de cela mille preuves.

Louis IX, en 1260, voulut abolir la sauvage coutume des duels judiciaires : les seigneurs ecclésiastiques et laïques le traitèrent d'*imbécille*, de *bigot*, de *papelard*, de *béguin*, de *tyran*, de *parjure*, etc., etc. Ses ordonnances n'eurent point d'exécution, et trois siècles plus tard cet usage n'était pas encore entièrement abandonné[1].

Le même roi, en 1265, voulut proscrire une coutume bien plus sauvage encore, *le droit de prise*, c'est-à-dire le droit que s'arrogeaient les gens de la cour, dans les voyages du roi, de prendre chez les particuliers tout ce qui était à leur convenance : il ne fut point obéi. En 1315, Louis-le-Hutin renouvela les mêmes prohibitions : il ne fut point obéi. Philippe de Valois les renouvela en 1345 : il ne fut point obéi. Le roi Jean les renouvela en 1351, et il fut sans doute mal obéi; puisque, dans le courant de la même année, il fut obligé de réitérer les mêmes défenses. Charles V, en 1367, voulut au moins modifier cet odieux usage; il laissa subsister le droit de prendre en imposant seulement l'obligation de payer : on usa du droit et on laissa de côté

---

(1) Dulaure, Hist. phys. civ. et mor. de Paris, t. II, p. 241, de la prem. édit.

OBJECTIONS ET RÉPONSES. 429

l'obligation. Charles VI, en 1407, décréta que *le droit de prise* serait suspendu pour quatre ans dans tout le royaume : on continuait donc toujours à en user. Il se maintint encore durant plusieurs règnes, dit Dulaure [1].

On a commencé, en 1776, à décréter l'abolition de la traite des nègres [2] : il y a de cela quarante-neuf ans, et la traite des nègres dure encore. Il a fallu, en Angleterre, seize ans de débats parlementaires avant qu'on ait pu se résoudre à renoncer à cette infamie. Elle a été proscrite en France en 1791, et elle y est encore ouvertement tolérée en 1825. Les princes de l'Europe, qui font entre eux, suivant la remarque de Montesquieu, tant de conventions inutiles, ont voulu, une fois, comme il le demandait, « en faire une générale en faveur de la miséricorde et de la pitié » : en 1814, un acte du Congrès de Vienne a aboli le commerce des esclaves : cet acte, de la part de plusieurs peuples,

---

(1) Ib. p. 573, 574 et 586 à 591. Voir la manière dont s'exerçait le droit de prise dans une ordonnance de Charles V, rapportée p. 587 de ce volume. C'est une pièce fort curieuse.

(2) L'exemple a été donné en Amérique par l'état de Virginie. Voy. l'*Hist. de l'abolit. de la Traite*, par Thomas Clarkson.

n'a reçu presque aucune exécution, et il s'écoulera peut-être un quart de siècle avant qu'il soit franchement et généralement exécuté.

Il serait bien aisé de multiplier les exemples. Je ne finirais point si je voulais rapporter toutes les preuves qu'on a de cette impuissance des lois à faire exister ce qui n'est pas encore établi dans les esprits, à donner de la force à ce qui n'a pas acquis un appui suffisant dans les opinions et dans les habitudes. A vrai dire même, on ne fait pas les lois; c'est le temps qui les fait. Il faut qu'une chose existe en réalité avant que l'on puisse concevoir la pensée de la consacrer en principe : le projet de vivre en société n'a pu naître que de la société déjà formée; l'idée de la propriété n'a pu venir que de l'habitude où étaient depuis long-temps les hommes de respecter mutuellement leurs possessions; il s'était certainement opéré bien des mutations avant que des lois songeassent à sanctionner les échanges; on recueillait depuis long-temps les biens de ses parens décédés avant qu'on eût érigé en droit la transmission héréditaire des fortunes. Telle est la marche naturelle de l'esprit humain. Il ne faut pas croire qu'on ait fait des lois d'abord, et qu'ensuite on ait agi conformément à leurs préceptes. Non : on s'est d'abord avisé de quelque idée nouvelle, qui a paru plus juste, plus utile, plus raisonnable que les usages établis; peu à peu cette idée s'est répandue, et, lorsqu'elle a été prépondérante les plus forts l'ont convertie en loi [1].

On voit donc combien peu il suffit, pour opérer une réforme, d'empêcher que le gouvernement la contrarie; puisque, la plupart du temps, il ne suffit pas même qu'il la favorise. En général, ce n'est pas le pouvoir qu'il importe de convertir à une croyance nouvelle pour la faire véritablement prévaloir; c'est le public, c'est nous-mêmes. Quand le public sait bien ce qu'il veut et veut bien ce qu'il sait, le gouvernement finit toujours par le vouloir. Ce n'est pas que pour fonder un nouvel ordre de choses le concours du pouvoir ne fût en tout temps utile et ne devienne à la fin indispensable : il n'est pas douteux que l'industrie, pour établir son règne, ne fût heureuse

---

[1] On trouve à cet égard des réflexions fort judicieuses dans un ouvrage déjà ancien, intitulé : *de l'homme et de la société*. Voyez le chapitre 34. Cet ouvrage, assez peu connu, est de M. Salaville.

d'avoir dans les pouvoirs établis des hommes qui la comprissent et qui voulussent la seconder. Mais c'est encore à elle qu'il appartient de former de tels hommes et de les porter à la tête des affaires: c'est le public qui fait les bons ministres comme c'est lui qui fait les bonnes lois. On veut toujours rapporter au cabinet anglais la gloire des réformes qui s'opèrent en ce moment en Angleterre: il faut d'abord en faire honneur à la nation anglaise. Ce n'est pas M. Canning qui fait l'Angleterre; c'est l'Angleterre qui a fait M. Canning. Le grand mérite de ce ministre c'est d'être l'homme de son temps, et d'obéir à des idées qui, dans son pays, sont devenues dominantes. Les écrivains politiques qui attribuent à des noms propres les maux que souffre le public, en croyant le servir le trompent, et en voulant le flatter l'outragent. Quoi de plus injurieux en effet à adresser à une nation que de lui dire qu'elle ne peut rien pour elle-même; que sa destinée dépend de tel de ses membres qu'on lui représente comme un sot ou comme un fripon; qu'elle n'est ignorante ou éclairée, heureuse ou misérable que parce qu'il plaît à tel ministre qu'elle soit cela ou cela? Combien ne la servirait-on pas mieux et ne l'honorerait-on pas davantage en lui montrant que c'est elle qui fait sa bonne et sa mauvaise fortune ; que c'est elle-même qui se gouverne ; qu'elle ne peut pas ne pas se gouverner ; que, voulût-elle ne pas s'occuper de son sort, elle en déciderait encore ; que lorsqu'elle ne se gouverne pas par sa raison, son activité, son courage, elle se gouverne par son imprudence, son apathie, sa pusillanimité ; qu'il ne dépend pas d'elle, en un mot, de se dérober à sa propre influence ; qu'elle est sa maîtresse malgré qu'elle en ait, et qu'en aucun temps elle ne peut accuser qu'elle-même de ce qu'elle éprouve d'oppressions et de misères.

Pour moi, je l'avoue, je ne puis voir les excès du pouvoir sans songer avec amertume aux travers publics qui les rendent possibles. Je sens très bien que si les injustices dans lesquelles il tombe étaient mieux comprises et plus universellement ou plus fermement réprouvées, elles ne se commettraient pas. C'est donc au public que je suis toujours tenté d'en attribuer le blâme ; c'est à lui que je voudrais réserver les reproches, les sarcasmes, les traits amers qu'on adresse uniquement à ses ministres. Ou plutôt je sens qu'en évitant de perdre son temps à faire la guerre aux dépositaires infidèles ou malhabiles de sa puissance, il faut éviter aussi de lui adresser à lui-même des paroles envenimées. Il est sans doute la principale cause du mal; mais il en est aussi la première victime; il est plutôt abusé que corrompu, et il est sensible qu'on ne le guérirait pas de son erreur par des invectives. Il n'y a vraiment qu'une chose qui serve, c'est de l'éclairer, c'est de lui donner de la nature des choses des idées si simples, si vraies, si fortes, si propres à saisir sa raison et sa conscience, qu'il devienne comme impossible de faire le mal sans le blesser dans sa conscience et dans sa raison. En un mot, de quoi s'agit-il? de faire prévaloir une croyance, un système, n'est-ce point? de substituer aux idées qui gouvernent un ordre d'idées qu'on juge plus dignes de gouverner? Eh bien, je dis qu'à moins d'un miracle il est impossible d'établir solidement un nouvel ordre d'idées dans les lois, avant de l'avoir fait passer réellement dans les esprits : il faut conquérir l'assentiment éclairé du grand nombre.[1]

---

(1) Je dis l'assentiment *éclairé*, parce qu'il n'y a que celui-là qui puisse conduire au but. La nature ne se départ pas plus

Ainsi, pour revenir à la dernière objection qu'on m'a faite, il est certain que les populations industrieuses ont en elles-mêmes le moyen de fonder le régime industriel; mais il est certain aussi que pour être capables de fonder ce régime, il faut d'abord qu'elles l'aient appris, et qu'il ne peut s'introduire dans leur législation avant d'avoir pénétré dans leur intelligence. Or, il s'en faut bien que les doctrines de l'industrie aient encore fait de grands progrès dans l'esprit public.

Voulant chercher quel est le régime le mieux approprié à la nature de l'homme, le plus favorable au développement de toutes ses facultés, le plus propre à le rendre libre, j'ai dû faire d'abord la revue des principaux modes généraux d'existence par lesquels l'espèce humaine a passé. Je

de ses lois en faveur des réformateurs qu'en faveur de leurs adversaires. Lorsqu'on remue les passions brutales, on obtient des résultats conformes aux passions qu'on a soulevées. La raison seule peut produire des effets raisonnables. Je ne dis pas qu'elle n'ait besoin de devenir forte, et qu'elle ne doive user de ses forces pour désarmer la sottise et l'iniquité; mais je dis que c'est elle qu'il faut faire agir, si l'on veut obtenir des résultats qui soient dignes de son suffrage.

me suis élevé, de degrés en degrés, jusqu'à la vie industrielle, et j'ai trouvé que ce mode d'existence est le seul où nous puissions acquérir une vraie liberté. Il me reste maintenant à considérer ce genre de vie dans les divers ordres de fonctions et de travaux qu'il embrasse dans l'agriculture, les arts, le commerce, les échanges, etc.[1]; à exposer les conditions auxquelles il nous est possible de devenir libres dans ces divers modes d'activité, et à montrer comment la liberté de chacun contribue à celle de tous les autres. C'est ce que je tâche de faire dans une seconde partie de cet ouvrage dont la publication, j'espère, ne suivra pas celle-ci de trop loin. Peut-être aurais-je dû borner ici ma course; mais j'avais devant moi une route si belle, que j'ai cédé au désir d'aller jusqu'au bout, sans trop examiner si mes forces pourraient m'y conduire.

(1) *Voy*. l'introduction, page 17.

FIN.

TABLE ANALYTIQUE.

PRÉFACE.

	Pages
Origine de ce livre.	i
S'il forme un traité de politique.	ibid.
Ce que c'est que la politique.	ij.
La politique a la société pour objet.	ibid.
Sous quel rapport elle la considère, et ce qui la distingue des autres sciences, qui s'occupent aussi de la société, chacune à leur manière.	ibid.
Elle s'occupe de ce qui constitue la société, de ce qui la fait être, et de sa meilleure manière d'être.	iij
Il est pour les sociétés humaines des manières d'être presque infinies.	ibid.
Un peuple a aussi des manières très diverses de s'ordonner et d'agir conséquemment à sa manière fondamentale de vivre.	ibid.
Quel est le genre de vie et le mode d'organisation le mieux approprié à la nature de l'espèce, le plus favorable au développement de toutes ses facultés? voilà ce que recherche la politique.	iv
Tel est aussi l'objet de ces recherches sur la liberté. En traitant de la liberté, l'auteur traite donc de la politique.	v
On a demandé quel est l'ordre de nos facultés que nous devons préférablement cultiver; c'est une question puérile : nous devons cultiver toutes nos facultés.	ibid.
Mais quel est le genre de vie le plus favorable à cette culture? voilà la question importante.	vij
La vie industrielle est celle où peuvent se perfectionner au plus haut point non-seulement les arts qui nous enrichissent, mais le savoir et les vertus qui nous honorent.	ibid.
La société industrielle trouvera ici les moyens d'éclairer et d'affermir sa marche.	ibid.
Ce qui a manqué à l'auteur pour rendre son livre aussi utile qu'il l'aurait voulu. A quoi il s'est attaché en écrivant.	viij

INTRODUCTION.

Objet et plan de l'ouvrage. Méthode que l'auteur a suivie.

Nous ne devenons libres qu'en devenant industrieux et moraux.	1
Erreurs où l'on tombe sur les sources de la liberté.	2
On ne voit pas les obstacles où ils sont.	ibid.
On ne voit qu'une partie des obstacles.	4
On prend pour des obstacles certains moyens.	5
On n'attache pas à d'autres moyens assez d'importance.	6
Il faut ne considérer que les masses : c'est dans l'état de leur industrie et de leur morale que sont tous les moyens de la liberté et tout ce qu'elle rencontre d'obstacles.	7
Tous les progrès dépendent d'elles, surtout les progrès politiques.	9
Tous sont favorables à la liberté.	10
Tous sont liés entre eux, et contribuent à l'extension les uns des autres.	11
Combien les progrès moraux sont particulièrement indispensables à la liberté.	14
Direction de l'auteur dans ses recherches sur la liberté; plan de son livre.	16
Il ne considère pas la liberté sous le rapport du *droit*; il cherche uniquement comment elle s'établit en *fait*.	18
Avantages de cette méthode; combien elle est favorable aux progrès de la science.	20
Combien elle peut influer utilement sur la conduite politique des populations.	22
Importance de ce travail; ce qu'il pourrait, s'il était bien exécuté, pour l'avancement de la politique et les progrès de l'ordre public.	24
Puissance des bonnes définitions. Exemple.	25
Les bonnes définitions sont aussi possibles dans les sciences morales que dans les sciences physiques, malgré la différence naturelle de ces deux ordres d'idées.	26

CHAPITRE PREMIER.

Ce qu'il faut entendre par le mot Liberté.

L'homme a des besoins et des facultés.	28
On a cherché si le mobile de ses facultés était en lui ou hors de lui; ce n'est pas là ce que je cherche.	ibid.

Quelle est la liberté dont je m'occupe, et ce que j'entends
par ce mot. 29
L'homme ne peut être libre que dans la sphère ouverte
par la nature à son activité. 30
Dans cette sphère, sa liberté est bornée par son igno-
rance; 32
Par ses vices; 33
Par ses injustices. 34
C'est peu de s'abstenir de l'injustice, il faut ne pas la tolé-
rer, en note. 36
L'homme est d'autant plus libre qu'il est moins ignorant. 37
D'autant plus qu'il est moins vicieux. 38
D'autant plus qu'il est moins inique. *ibid.*
D'autant plus, en un mot, que, sous tous les rapports, il
a plus développé ses facultés, et en a mieux réglé l'usage :
la mesure de la liberté c'est la civilisation. 39
Examen des définitions qu'ont données de la liberté l'As-
semblée Constituante, Bentham et d'autres publicistes. 40
Examen particulier de l'opinion qui fait dériver la liberté
de l'état du gouvernement. 50
En quoi finalement elle consiste, et quelle est sa vraie définition. 54

CHAPITRE II.

Influence de la race sur la liberté.

Les hommes sont d'autant plus libres qu'ils sont plus cul-
tivés; mais toutes les races sont-elles susceptibles du
même degré de culture? 55
Distinction des races. *ibid.*
Signalement des plus caractérisées et des plus distinctes. 56
Division des peuples d'après la race. 58
Nouveaux traits caractéristiques des principales races. 60
Fixité de ces caractères; ils sont indépendans du climat,
du sol, des alimens. 62
Ils paraissent provenir de cette tendance à la *variation* qui
est commune à toutes les espèces vivantes, surtout dans
l'état de domesticité; ils se transmettent et se perpétuent
par la génération. 64
Influence de ces différences : doit-elle être moins sensible
dans les hommes que dans les autres espèces d'animaux? 67
Toutes les variétés sont susceptibles de culture, mais pas
au même degré. 68

On ne saurait par la culture donner à toutes les races la même force physique ; 69
Ni la même puissance intellectuelle. 70
La supériorité de civilisation coïncide généralement avec la supériorité d'organisation physique. 72
Il y a eu moins d'hommes distingués dans les races obscures que dans la blanche. 73
Les premières, considérées dans leur ensemble, ne sont pas parvenues à un degré de culture aussi élevé. 74
La race blanche se distingue des autres dès les premiers temps de son histoire; 75
Encore plus dans les temps postérieurs. 76
On ne peut attribuer son plus haut développement au climat; 77
Ni à de meilleures institutions ; car ces institutions meilleures sont l'effet et non la cause de sa supériorité. 78
L'infériorité des nègres de nos colonies ne tient pas seulement à leur état de servitude. *ibid.*
Les races obscures n'ont pas même su s'approprier la civilisation de la race blanche. 80
Importance de son rôle ; étendue de sa domination ; ses progrès ; sa force expansive. *ibid.*
Les autres races paraissent revenir à sa couleur et à ses traits ; et être toutes sorties d'elle. 81
L'infériorité de celles-ci, sous le rapport de l'intelligence, semble devoir les rendre inférieures sous leur rapport moral. 82
Quelques preuves tirées des faits. *ibid.*
Mon objet, dans tout ceci, n'est pas de justifier notre conduite envers les races obscures : notre supériorité, loin d'excuser nos injustices, ne sert qu'à les rendre plus odieuses. 85
Tout ce que je veux prouver, c'est que la liberté dépend avant tout de la perfection naturelle de nos facultés : or cela est incontestable. 87
Il n'est pas vrai que nous devions craindre le sort des Chinois : les écrivains qui nous menacent de leur servitude ne tiennent pas assez compte de la différence des races. 88

CHAPITRE III.

Influence de la culture sur la liberté.

Si la race influe sur la liberté, à plus forte raison la culture. 91
Cette vérité contredite ; procès fait à la civilisation. *ibid.*

On croit que les nations, à la différence des individus, ont d'autant moins de sagesse qu'elles ont plus d'années. 92
Auteurs anciens et modernes qui ont accusé la civilisation de faire dégénérer les hommes. ibid.
Examen de ce reproche. Qu'est-ce que la civilisation ? 97
Ce mot ne désigne pas seulement le progrès des arts, des sciences, de la richesse ; mais aussi de la morale. 98
Il n'est pas vrai d'ailleurs que les arts corrompent les mœurs. 99
Ils nuisent à la guerre, mais non aux vertus guerrières. 100
Ils sont très favorables au courage civil. 102
La richesse ne corrompt pas plus que les arts qui la produisent. Ce qui corrompt, c'est la manière de s'enrichir, et non la richesse. 104
De tous les moyens de réformer les mœurs, le progrès de la richesse est le plus efficace. 106
Il n'est pas vrai que des peuples aient péri par excès de culture. On ne sait dans quel ordre il convient de placer les peuples cultivés : c'est nous qui sommes les anciens et non les peuples des premiers temps historiques. 108
Si des peuples ont péri, c'est faute de vraie civilisation, et surtout parce que, de leur temps, la barbarie était encore en majorité. 110
Combien peu nous méritons le reproche d'être trop civilisés. 112
Les désordres de la société sont le symptôme d'un défaut et non d'un excès de civilisation. 114
La liberté d'un peuple n'est pas toujours égale à sa civilisation. ibid.
Etat de connexion où tous les peuples sont entre eux, et comment l'état de chacun est modifié par celui des autres. 115
Exemples. 116
Quoique la liberté ne soit pas égale à la civilisation, chaque peuple est d'autant plus libre qu'il est plus civilisé. 117
Voir si l'étude des faits confirme ces remarques. 118

CHAPITRE IV.

Liberté compatible avec la vie des peuples sauvages.

Si la liberté est en raison de la civilisation, les sauvages doivent être les moins libres des hommes, car ils sont les moins civilisés. 119
Idées contraires des philosophes du dernier siècle. 120

Réfutation de ces idées. 122
Combien la vie sauvage est peu favorable au développement des forces physiques. 125
Combien elle est contraire aux progrès de l'intelligence ; 136
Et à ceux des mœurs ; 140
Et à ceux de la sociabilité : état violent des relations des hommes dans la vie sauvage. 144
A aucun autre âge, l'homme ne fait de ses forces un usage aussi borné, aussi stérile, aussi déréglé, aussi violent, aussi dommageable, et par conséquent à aucun autre âge, il ne jouit d'aussi peu de liberté. 150
Elémens de liberté qu'on découvre dans la vie sauvage ; commencemens d'industrie, de morale privée, de justice sociale. 152
Voir ce que deviennent ces germes dans les âges subséquens de la société. 154

CHAPITRE V.

Liberté compatible avec la vie des peuples nomades.

Divers écrivains ont fait de la liberté l'attribut de la vie nomade, comme d'autres en avaient fait l'attribut de la vie sauvage. 155
Réfutation de leurs idées. 158
Les peuples nomades jouissent d'un peu plus de liberté que les peuples sauvages. 163
Leur esprit ne se meut pas dans un cercle aussi étroit ; ils peuvent faire un usage un peu plus étendu de leurs facultés naturelles. *ibid.*
Ils savent en faire à l'égard d'eux-mêmes un usage un peu mieux réglé. 165
Ils commencent à mettre quelque calcul dans leurs relations avec les autres hommes ; au lieu de massacrer leurs prisonniers, ils les asservissent ; c'est un progrès vers la liberté : un esclave est plus libre qu'un homme mort. 166
Sous tous les rapports, ils usent un peu mieux de leurs forces : ils sont donc un peu plus libres sous tous les rapports. 167
Ces progrès pourtant sont encore peu sensibles. *ibid.*
Imperfection de leur industrie ; 168
De leurs mœurs ; 172
De leurs relations sociales. 176
Sophisme singulier de Fergusson sur la sécurité que procure l'état de guerre. 179

Le principe des violences et de la brutalité des peuples pasteurs est dans leur genre de vie. 181
Ce mode d'existence rend raison de leurs guerres continuelles ; 182
Et de toutes les imperfections de l'homme à cet âge de la société. 185
Toutefois on retrouve ici les germes de liberté aperçus dans la vie sauvage, et on les y retrouve plus développés à tous égards. 187

CHAPITRE VI.

Liberté compatible avec la vie des peuples à esclaves.

L'homme se nourrit d'abord de fruits et d'animaux sauvages ; puis de la chair des animaux qu'il a subjugués ; puis des produits du sol qu'il a fait cultiver par son esclave. 189
C'est à tort qu'on nomme agricoles les peuples qui font travailler la terre par des esclaves : on devrait donner à tous les peuples des premiers âges de la civilisation des noms pris de la guerre, et non des noms empruntés à l'industrie. 190
Peu de gens doutent que les peuples qui se font nourrir par des esclaves ne puissent être des peuples libres. Qui n'a entendu parler de la liberté des Grecs et des Romains ? 192
Ces peuples ont effectivement joui de plus de liberté qu'aucun de ceux de l'époque précédente. Progrès qu'ils avaient faits. 195
On ne peut cependant admettre qu'avec beaucoup de restriction ce qu'on dit de leur culture, surtout de celle des Romains, celui de tous les peuples qui a fondé le plus énergiquement son existence sur l'esclavage. 198
C'était avec l'industrie et les capitaux des nations vaincues que ce peuple exécutait la plupart de ses ouvrages. *ibid.*
Son industrie à lui, c'était la guerre ; ses œuvres c'étaient des pillages et des massacres. 199
Combien il a retardé les progrès de l'espèce. Sans lui, la civilisation eût été bien plus en mesure de se défendre lorsque commencèrent les irruptions des barbares. 200
Combien chez lui, pendant long-temps, l'industrie fut grossière ; état de la ville jusqu'au règne d'Auguste et même de Néron. *ibid.*
Combien les arts et les mœurs sont plus perfectionnés parmi nous qu'ils ne le furent jamais à Rome. 202

L'obstacle aux progrès des Romains était dans le genre de vie qu'ils avaient adopté. 204
Ce genre de vie demandait une guerre perpétuelle. *ibid.*
Tableau de leur organisation. 205
Ils étaient très fortement constitués pour la domination ; mais de quelle liberté pouvaient-ils jouir ? 209
Ils avaient besoin, pour être propres au brigandage, de rester grossiers, brutaux, superstitieux. 210
Effets que la guerre et l'esclavage exerçaient sur l'industrie et la population. 211
Effets qu'ils avaient sur les mœurs : explication des habitudes rigides que montrent quelquefois les peuples pillards, et ce que devient cette rigidité lorsque le pillage les a enrichis. 214
Effets que la guerre et l'esclavage avaient sur les relations sociales des Romains ; situation violente où ils se trouvaient ; tout ce qu'ils avaient à souffrir et tout ce qu'ils avaient à craindre. 217
Dernier résultat de leur régime. 226
Effets que le même régime avait produits chez les Grecs. *ibid.*
En quoi il diffère dans nos colonies ; combien ses effets y sont encore désastreux. 228
Néanmoins l'esclavage, lorsqu'il commença à s'établir, fut un progrès ; les esclaves, *servi*, étaient des hommes conservés, *servati*. Combien ce changement dans les relations des hommes eut des résultats avantageux. 233

CHAPITRE VII.

Liberté compatible avec la vie des peuples à priviléges.

L'idée d'abolir l'esclavage n'avait pu venir dans l'antiquité, et pourquoi. 238
Ce qui excita à le modifier dans le moyen âge. 239
Régime féodal ; la condition des esclaves y était un peu meilleure ; cet état a servi de transition au régime des priviléges. 242
Comment ce régime s'établit. 244
État social qui se manifesta lorsque cette révolution fut accomplie. *ibid.*
Chacun, dans cet état, appela *ses libertés* les priviléges dont il jouissait au détriment de tout le reste. 249
Quelle liberté était compatible avec des libertés pareilles. 250
Combien le régime des priviléges était préférable à celui de l'esclavage. *ibid.*
L'industrie humaine y pouvait prendre plus d'essor. *ibid.*

Les mœurs y devaient devenir meilleures ;	252
Et les relations sociales aussi.	253
Il y avait, sous ce régime, progrès incontestable vers la liberté : nous avions plus de vraie liberté avant la révolution qu'on n'en posséda jamais à Sparte ou à Rome.	254
Cependant cet état n'était bon que par comparaison avec ceux qui l'avaient précédé ; car, en lui-même, il opposait encore à la liberté d'immenses obstacles.	255
Effets qu'il avait relativement à l'industrie ;	256
Relativement aux mœurs ;	263
Relativement aux relations sociales.	268

CHAPITRE VIII.

Liberté compatible avec la vie des peuples dominés par la passion des places.

La révolution détruisit parmi nous le régime des priviléges.	270
En détruisant les hiérarchies factices, elle ne voulut pas détruire les inégalités naturelles, bien loin de là.	ibid.
C'étaient les apôtres du privilége qui avaient été des niveleurs.	279
La révolution voulut que toutes les professions, tous les travaux, tous les services légitimes fussent livrés à la concurrence universelle.	ibid.
Plusieurs causes empêchèrent que la liberté ne sortît du nouvel état social qu'elle proclama, la passion des places entre autres.	280
Caractère de cette passion.	281
D'où elle était née ; comment elle s'était accrue.	282
Avec quelle force elle agit durant la révolution et quelles causes contribuèrent à l'exciter.	285
Comment le chef du gouvernement impérial s'appliqua à l'enflammer et quel parti il en tira ; force qu'elle a conservée après la chute de l'empire.	287
Comment elle agit relativement à la liberté.	289
Elle lui est moins contraire que la passion des priviléges.	ibid.
Elle nuit moins aux progrès de l'industrie, des mœurs, de la justice.	ibid.
Combien cependant elle est encore préjudiciable.	293
Ordre social qu'elle substitue à l'ancien régime des priv.	ibid.
Élève une administration gigantesque, qui hérite de tous les priviléges des ordres et des corporations.	294
Progrès qu'elle fait faire aux dépenses publiques ;	295

Et par suite aux impôts. 298
Excite le pouvoir à pervertir toutes les institutions. 299
Entretient les passions les plus propres à perpétuer le régime qu'elle engendre. 300
Détruit partout le désintéressement et le courage qui seraient capables de la réformer. 301
Tableau succinct de ce régime. 302
Obstacles qu'il met aux progrès de l'industrie. 303
Influence corruptrice qu'il exerce sur les mœurs. 308
Trouble qu'il porte dans les relations sociales. 310
Résumé de ses effets sous ces divers rapports. 312
Il y a deux manières de sortir de cet état : retourner au régime des priviléges, ou bien arriver au régime de l'industrie. 313
Efforts tentés pour nous ramener au régime des priviléges, et progrès marqués que nous faisons vers le régime industriel. 314
Ce qui constate et caractérise ces progrès. 316

CHAPITRE IX.

Liberté compatible avec la vie des peuples purement industrieux.

Il y a toujours plus ou moins d'industrie dans la société. 321
Il s'en faut bien pourtant que la société puisse toujours être qualifiée d'industrielle. 322
Ce que j'entends par peuple *industrieux* ou *industriel*. 323
Les états de l'Union Anglo-Américaine offrent un modèle assez exact d'une société fondée sur l'industrie. 324
Liberté que comporte cette manière de vivre. 327
Reproches qu'on a faits à l'industrie. *ibid.*
Ces reproches réfutés par la simple exposition des faits. 330
L'homme n'est pas libre par cela seul qu'il applique ses facultés à l'industrie ; mais ce n'est que dans l'industrie qu'il peut devenir vraiment libre. 331
C'est là que les facultés humaines peuvent prendre le plus de développement. 332
Ce n'est que là qu'on étudie convenablement les sciences et qu'on en fait de bonnes applications. 333
Combien la division que l'industrie introduit dans les travaux est favorable à la puissance non-seulement de l'espèce mais des individus. 335
Exemples des progrès que peuvent faire les nations qui appliquent leurs forces à l'industrie. *ibid.*

L'industrie n'est pas moins favorable au progrès des mœurs qu'à celui de l'intelligence.	538
C'est dans l'industrie qu'on acquiert la fortune comme il faut le faire pour apprendre à en bien user.	539
Les mœurs des peuples industrieux ne sont ni relâchées, ni rigides sans motif : leur caractère essentiel est d'être raisonnables.	540
Il n'y a de paix possible que dans l'industrie, comme il n'y a de mœurs et de vraies connaissances que là.	542
On a cherché la paix dans des formes de gouvernement, sans avoir égard à la manière de vivre et au régime économique de la société ; c'est l'erreur des politiques de tous les temps et de toutes les écoles.	ibid.
Combien cette erreur est grossière : il n'est pas d'organisation qui puisse faire régner la paix dans un pays où l'on veut fonder sa subsistance sur l'esclavage, les priviléges, le monopole, les exactions, les rapines.	547
Il faut trouver avant tout un mode d'existence avec lequel la paix soit compatible, elle ne l'est qu'avec l'industrie.	ibid
Que dans l'industrie on ne se fait pas violence ; que les concurrens n'y sont pas ennemis.	548
Que chacun y est aussi heureux que le permet l'étendue de ses facultés.	549
Que tout le monde y peut prospérer à la fois.	550
L'industrie est inoffensive sous quelque aspect qu'on la considère ; l'action des associations n'y est pas plus hostile que celle des individus.	552
On s'associe dans l'industrie comme dans la guerre.	554
Mais non pour le même objet.	556
Combien ces associations diverses produisent des effets différens ; les unes sont une source de discorde et de ruine, les autres un moyen d'union et de prospérité.	557
Le gouvernement dans l'industrie n'est pas plus hostile que les associations particulières.	558
Ni la société dans ses rapports avec les autres peuples, plus que le gouvernement dans ses rapports avec les citoyens.	560
Ces vérités établies par l'exemple de l'Amérique.	563
En somme, la vie industrielle est celle où les hommes usent de leurs forces avec le plus d'étendue, de variété et de perfection ; elle est donc celle où ils deviennent le plus libres.	566

CHAPITRE X.

Obstacles qui s'opposent à la liberté dans l'industrie, ou bornes qu'elle rencontre dans la nature des choses.

Tous les hommes dans l'industrie ne peuvent pas être également libres, parceque tous n'y peuvent pas donner le même degré de développement et de rectitude à leur facultés. 369
Les inégalités y sont moins sensibles que dans aucun autre mode d'existence. 370
Cependant elles y sont encore très réelles. 372
Ce régime détruit les inégalités factices; mais c'est pour mieux faire ressortir les inégalités naturelles. *ibid.*
Quand des hommes se seraient associés sur le principe de l'égalité la plus parfaite et ne feraient jamais qu'un usage légitime de leurs facultés, la seule différence de ces facultés produirait entre eux des inégalités fort grandes. 373
Il paraît impossible de prévenir le développement d'une classe pauvre. *ibid.*
Les efforts qu'on ferait pour la secourir ne serviraient qu'à l'augmenter. 375
Une seule chose pourrait la réduire; ce serait qu'elle même sût régler le penchant qui la porte à s'accroître. 376
Il doit donc y avoir dans la société, par la nature même des choses, des hommes très inégalement riches. 378
L'inégalité des richesses en introduit dans tout le reste. 379
Ces inégalités une fois établies tendent naturellement à se perpétuer. 381
Combien il est difficile aux hommes des conditions inférieures de s'enrichir; *ibid.*
De s'instruire; 385
De contracter de bonnes habitudes morales. 386
D'ailleurs, s'il y a continuellement des familles qui s'élèvent, il y en a continuellement qui déclinent; les mêmes degrés ne sont plus occupés par les mêmes personnes; mais il y a toujours des gradations. 388
Non-seulement il n'est pas possible de détruire les supériorités sociales, mais cela n'est pas désirable lorsqu'elles ne sont dues qu'à un usage plus moral et plus éclairé de nos forces. 390
L'industrie est si loin d'exclure les inégalités sociales qu'elle en implique au contraire l'existence. 391
Si les hommes dans ce genre de vie ne peuvent être également riches, instruits, éclairés, vertueux, ils ne peuvent être également libres; la conséquence est forcée. 392

Il y a cela seulement que les inégalités y sont beaucoup moins sensibles et que tout le monde y est à sa place. 394

CHAPITRE XI.

Résumé et conclusions. — Objections et réponses.

Où sont les obstacles à la liberté? Quelle est la bonne manière de les combattre? Telle est la question que cet écrit devait résoudre. 397
On ne voit les obstacles que dans les dépositaires de la force publique. 398
C'est une erreur : ce qu'on appelle tyrannie du pouvoir n'est que la tyrannie de quelque préjugé ou de quelque vice du public. 399
Tous les travers du public ne sont pas politiques. Obstacles que mettent à notre liberté nos vices privés. ibid.
Elle souffre autant de notre ignorance que de nos vices. 400
Il est toujours en notre pouvoir de devenir plus libres. 401
Un homme peut modifier d'une manière utile à sa liberté, lui, les personnes qui l'entourent, et jusqu'au public tout entier. 402
Cela est difficile, mais cela est possible : les plus grandes révolutions ont été commencées par de faibles individus. 403
Aisé ou non, ce moyen est le seul que nous ayons de nous rendre libres; nous ne le sommes jamais qu'en raison de la perfection de nos facultés 404
Cette théorie avait besoin d'être développée. Résumé des observations dont on l'a vue naître, et des sujets que j'ai parcourus. 405
Conclusions à tirer, relativement à la marche de la civilisation, du tableau que j'ai tracé des principaux âges de la société. 406
L'homme n'a jamais changé d'état spontanément, et par projet; il a été conduit par la force des choses. ibid.
La marche de l'homme n'a pas été plus spontanée dans les voies du travail que dans celles de la violence. 408
L'homme n'eût jamais travaillé, s'il n'y avait été contraint par la victoire; et, d'un autre côté, le travail n'eût fait aucun progrès, si l'injustice et l'insolence du vainqueur n'avaient été contenues. 409
De ce double effort sont résultés deux mouvemens distincts, l'un d'ascension de l'esprit d'industrie, l'autre de décadence de l'esprit de domination. 410
Décadence des classes dominatrices et progrès des classes laborieuses. ibid.

Le mouvement de la civilisation consiste à nous conduire
à la vie industrielle. 413
Plus nous approchons de cette manière de vivre, et plus
nous acquérons de liberté. *ibid.*
Objections élevées contre la vérité de ces résultats. 414
Première objection : Il est vrai que nous faisons des progrès vers le régime industriel ; mais il n'est pas vrai que
ce régime soit favorable à la liberté. *ibid.*
Réponse. 417
Deuxième objection : Il est vrai que l'industrie et la morale sont favorables à la liberté ; mais il n'est pas vrai
qu'il dépende de nous de devenir industrieux et moraux. 422
Réponse. *ibid.*
Troisième objection : Il est possible de nous faire passer
sous l'empire d'idées nouvelles et meilleures ; mais cette
manière de nous rendre libres est trop lente et trop
favorable au pouvoir. 424
Réponse. *ibid.*
Conclusion de l'ouvrage.

FIN DE LA TABLE ANALYTIQUE.

www.ingramcontent.com/pod-product-compliance
Lightning Source LLC
Chambersburg PA
CBHW070535230426
43665CB00014B/1696